姜徳相　山田昭次　張世胤　徐鍾珍ほか

関東大震災と朝鮮人虐殺

論創社

本書は韓国・東北亜歴史財団の支援を受け刊行された。

日本語版『関東大震災と朝鮮人虐殺』の刊行に寄せて

山田昭次

はじめに

本書に収めた諸論文は、韓国の東北亜歴史財団の主催により２０１３年８月22日から23日にかけてソウル市西大門区統一路81の林光ビルディングにある同財団大会議室で開催された「関東大震災90年韓日学術会議　関東大震災と朝鮮人虐殺事件」に際しての諸報告である。報告者は、韓国人５名、在日韓国人１名、日本人３名である。これらの報告を収録した韓国語版『関東大震災と朝鮮人虐殺』は既に２０１３年12月に東北亜歴史財団から出版された。本書はその日本語版である。

本書の概要と種々の問題提起

本書は３部で構成され、第１部では在日韓国人姜徳相《カン・ドクサン》と山田昭次の報告が掲載されている。

姜徳相は関東大震災時に布告された戒厳令を重視し、朝鮮人暴動の流言の発生源として官憲説を取る。彼は「極端にいうと戒厳令は朝鮮人に対する宣戦布告だ」という。軍隊は戒厳令に基づいて朝鮮人虐殺を始め、さらに在郷軍人・青年団員・消防団員、その他の民衆によって構成された自警団がこれに加わったと、彼は見る。彼はこの戒厳令布告の背景として日本の朝鮮侵略の過程、特に朝鮮に対する植民地支配の下で行われた朝鮮人の抵抗に対する過酷極まりない軍事的弾圧を挙げる。具体的にいうと、1919年3月1日に起った3・1独立運動に際しての過酷な弾圧、また1920年に中国東北地方の間島地方の朝鮮人の独立運動に対して馬賊をも使った残忍な弾圧、1918年から22年にわたって行われた日本のシベリア出兵に対して勇敢に戦った朝鮮人ゲリラに対する弾圧を挙げる。つまり、彼はこうした朝鮮人に対する過酷な弾圧が継承されて関東大震災朝鮮人虐殺になったと見るのである。つまり、彼は「朝鮮支配に至る韓日の宣戦布告なき韓日戦争、こういったものの連続の中震災下の虐殺になったと考えるべきです」と言う。つまり、朝鮮人虐殺は連続した国家犯罪の一つと見るのである。以上のように、彼は朝鮮に対する日本の国家の侵略と植民地支配の歴史に対する巨視的な視点から関東大震災朝鮮人虐殺事件を見た。そして震災の記憶は在日韓国・朝鮮人のトラウマになっているという。

山田昭次は姜徳相の巨視的観察と違って微視的に観察し、1923年前夜からの在日朝鮮人労働者や社会主義者・無政府主義者の運動と日本人の社会主義者や労働者との間に生じた連帯の萌芽に危機を感じた官憲の動向に関東大震災時の官憲主導の朝鮮人虐殺の原因を見た。また山田は朝鮮人が暴動を起こしたと誤認した官憲の責任のみならず、誤認に気づいた後も朝鮮人暴動説を主張して誤認の国家責任を隠した官憲の事後責任も追及した。しかし山田は天皇制国家に信服し、朝鮮人虐殺を愛国的行為と考えた多くの日本人民衆にも責任があると考えた。

また、山田は2001年に検定に合格した「新しい歴史教科書をつくる会」編集の中学校歴史教科書や横浜市教育委員会が2013年に発行した中学校用副読本『わかるヨコハマ』では、朝鮮人虐殺者としては自警団のみが挙げられ、軍隊や警察は消され、かつ「虐殺」と言う表現が「殺害」に変えられたことを指摘し、かつその背景には日本の戦争責任や植民地支配責任の認定を避けて日本の軍事大国化を目指す現首相安倍晋三に代表される自民党極右派などの動向があることを指摘した。

第2部では姜孝叔《カン・ヒョウスク》は日本での関東大震災朝鮮人事件の研究史をまず述べ、次いで虐殺された朝鮮人の人数を記した史料を数種類挙げ、最後に朝鮮人虐殺事件に対する裁判の問題点にも言及した。

虐殺された朝鮮人の人数を確定するのは非常に困難である。警視庁による弾圧を避けるために、「在日本関東地方罹災同胞慰問班」と言う名称を名乗って朝鮮人犠牲者の実態調査をしたグループの1923年11月25日までの報告の集計によると、朝鮮人犠牲者数が合計6661人である。しかし慰問班の報告書を掲載した1923年12月5日付の『独立新聞』には、このうち3240人については「以上は屍体さえも探せなかった同胞」と記されている。これは警察が死体を隠したためにやむなく記載した推定数値である。警察は虐殺された朝鮮人の遺体を徹底的に隠したのである。[1]

このことは虐殺された朝鮮人の遺族にとっては極めて深刻な問題だった。京都で発行された1923年11月22日付『中外日報』に掲載された「虐殺鮮人の骨はどうしたのか　在留鮮人の深い慨嘆」と題する記事は、「彼等鮮人遺族として痛切に感じていることは既に虐殺されたことは不運として忍び難い恨みも忍んで諦めるが、一つ諦めようとして諦め難いのはせめて遺骨だけなりとも捜し出して懇ろに葬りたいが、それすらできないことである」と、虐殺された上に警察によって遺体も隠された朝鮮人の遺族の深刻な悲しみを伝えた。[2]

遺体が発見されない朝鮮人遺族の悲劇の一例を挙げよう。朴徳守《パク・ドクス》は震災当時群馬県で土建業に従事していたが、会社の金を持ち出して逃げた部下の一人を追って東京に向かい、そのまま消息が絶えてしまった。東京に向かう途中か、または東京で虐殺され、その遺体は隠されてしまったのであろう。韓国の朴徳守の故郷には遺骨がない彼の墓碑が建立された。朴徳守の息子の朴載熙《パク・テヒ》は、1998年11月3日に初対面の私に対して「もし私の父が死んだ場所がわかったら、教えて下さい」と言われた。だが朴載熙は父の死に場所がわからないままに、2003年3月10日に享年80歳で他界してしまった。この事例のように、関東大震災時に虐殺されて遺体を取り戻すこともできず、韓国の故郷に遺体のないが墓碑が建立された事例が他にもあるかもしれない。こうした調査を韓国の研究者に期待したい。

田中正敬は、まず2012年に発行された現行の日本の中学校歴史教科書を分析し、「新しい歴史教科書をつくる会」が自由社から出版した教科書は関東大震災朝鮮人虐殺に言及せず、同会から分裂して組織された「教科書改善の会」が育鵬社から出版した教科書は、関東大震災朝鮮人虐殺に言及しても、流言や虐殺された朝鮮人の人数、中国人虐殺や軍隊の虐殺には言及していない問題点を指摘した。田中はこうした現在の問題点を指摘すると同時に、姜徳相、琴秉洞《クム・ビョンドン》、朴慶植《パク・キョンシク》たち在日韓国・朝鮮人研究者や地域の中で歴史教育に携わった中学校・高校の教員、あるいは日朝協会、歴史教育者協議会などの関東大震災朝鮮人虐殺の調査・研究と朝鮮人犠牲者の追悼が歴史教科書中の関東大震災朝鮮人虐殺の記述を改善してきたことを指摘した。これは千葉県で歴史教育に携わった中学校・高校の教員の関東大震災朝鮮人虐殺事件の調査活動を調べてきた田中の独自の発見である。(3)

徐鍾珍《ソ・ジョンジン》は、日本の保守勢力の教科書攻撃の状況を述べた上で、現在の日本の小学校・中学校・高校のすべての検定教科書の旧版と新版の関東大震災朝鮮人虐殺事件に関する記述や図版を比較して分析を行い、結論として「全死者と行方不明者の総数に対する記述に検定意見がついて、総数が縮小される変化があり、犠牲者数を漠然と記述し、虐殺した主体について明確に記述した教科書が少なく、自警団の図版のように虐殺事件を連想させる図版も少ない」ことなどを指摘している。

金仁徳《キム・インドク》はまず韓国での在日朝鮮人史研究の現状を概観した上で、韓国の中学校・高等学校の歴史教科書の在日朝鮮人史の記述を検討し、在日朝鮮人史の記述には制限的な叙述しかなく、また関東大震災朝鮮人虐殺の記述がないものがあることを指摘し、かつ関東大震災朝鮮人虐殺に関する歴史教科書の記述の案を提示した。そして最後に関東大震災朝鮮人虐殺の解明のための市民社会の積極性の必要と共に、国家レベルでの日韓の共同調査団の結成を提案した。

第3部では張世胤《チャン・セユン》が1919年4月に上海に設立された大韓民国臨時政府の機関紙『独立新聞』、および朝鮮で発行された『東亜日報』、『朝鮮日報』などの新聞の関東大震災報道を紹介し、また韓国、朝鮮民主主義人民共和国、日本、アメリカでの関東大震災朝鮮人虐殺事件の研究を紹介し、かつ2013年に韓国や日本で開催された関東大震災朝鮮人虐殺事件に関する討論会、日韓共同学術会議、セミナーなどにも言及し、最後にこの事件の究明のために政府機関や団体、学会、教育界、市民団体、言論などが多様な交流と協力することを提起した。

森川文人は今日日本では京都や東京で「在日特権を許さない市民の会」、略称「在特会」が在日朝鮮・韓国人に対して「不逞鮮人追放！」、「うじ虫韓国人を日本から叩き出せ！」などと叫んで攻撃を繰り返している今日の状況の背後には、労働者の雇用の非正規化やその他の方法による労働者搾取の強化によって資本の利益を図る新自由主義の下で労資の対立を民族的対立に転換させようとする国家の政策が展開していると見做し、そのような今日の状況で民衆の国際的連帯はどのようにしたならば可能かという問題意識で、関東大震災時の朝鮮人虐殺事件を論じた。すなわち、彼は当時、日本の朝鮮支配とその下での民族差別に対する在日朝鮮人と日本人社会主義者との連帯の萌芽があったが、日本の国家はナショナリズムの煽動により日本人民衆を民族排外主義に転換させたと論じた。

彼は、以上のような現在の日本の状況と関東大震災時の日本の状況の両者を踏まえて、日本弁護士連合会が２００３年８月25日に小泉純一郎首相に提出した勧告書で、関東大震災時の朝鮮人・中国人虐殺事件の被害者やその遺族に対してその責任を認めて謝罪することを求めた意義を高く評価した。

金鍾洙《キム・ジョンス》は、１９８５年以後に韓国人と日本人、在日韓国・朝鮮人が連帯しつつ、関東大震災朝鮮人虐殺事件の調査と民衆への訴え、あるいは虐殺犠牲追悼の営みを続けてきた過程について貴重な報告をした。

終わりに

以上のように関東大震災時朝鮮人虐殺事件は韓国人や在日韓国人・朝鮮人、日本人の研究者や市民運動家によって多彩な調査と報告が行われるようになった。

最近では新しい事実も発見された。２０１３年11月19日に韓国国家記録院は駐日韓国大使館で発見した震災時被殺者名簿を公開した。

また私は拙著『関東大震災時の朝鮮人迫害―全国各地で流言と朝鮮人虐待』(創史社、２０１４年)で、関東大震災時の朝鮮人迫害は関東地方のみならず、全国的に行われたことを明らかにした。虐殺は関東地方に限られていたが、しかしその他の地方でも朝鮮人飴売り行商の飴を買わないとか、朝鮮人労働者に対する警戒が強化されて彼らが解雇されると言った迫害が行われ、在日朝鮮人は極度の生活の困窮に追い込まれた。関東地方に隣接する東北地方や中部地方では新聞が朝鮮人が爆弾やピストルを持ってくるといった流言を盛んに報じたので、迫害は特にひどかった。これらのことを見ただけでも、今後日韓双方で調査し、協力することの必要が示されている。しかし今後は日本と朝鮮民主主義人民共和国の間の国交正常化の早期実現を図り、同国の人々とも連帯した関東大震災朝鮮人虐殺事件の調査・研究・犠牲者追悼などの営み実現を志さねばなるまい。

幸いにして日本ではこれまで関東大震災朝鮮人虐殺事件の調査や朝鮮人犠牲者の追悼に従事してきた人々を結集して、２０１０年9月24日に「関東大震災朝鮮人虐殺の国家責任を問う会」が成立し、虐殺事件や朝鮮人・中国人・日本人犠牲数などの調査と公表を要求する衆参両院議長と内閣総理大臣宛の署名者５３４４筆の請願書を２０１４年５月21日に紹介議員たちに手渡した。残念ながら審議未了となったが、同会は第2次国会請願書署名の募集活動を再開し、２０１５年5月20日に衆参両院議長と内閣総理大臣宛の署名者２９０４筆の請願書を紹介議員に手渡した。

また韓国では２０１４年5月26日に国会議員、弁護士、牧師、学者、市民、遺族などにより「関東大震災朝鮮人虐殺事件の真相究明および犠牲者名誉回復に関する特別法推進委員会」が設立された。

こうした結果、日韓両国の連帯運動が強化される展望が開けた。今後、朝鮮民主主義人民共和国の民衆との連帯も図られねばならない。

注

（1）警察が虐殺された朝鮮人の遺体を隠した事例については、拙著『関東大震災時の朝鮮人虐殺とその後―虐殺の国家責任と民衆責任』（創史社、２０１１年）１０２～１０７頁を参照されたい。

（2）この記事の全文は、私が編集した『関東大震災朝鮮人虐殺問題関係史料　Ｖ　朝鮮人虐殺関連新聞報道史料』４（緑蔭書房、２００４年）20頁に収録してある。

（3）田中正敬は、自己のゼミナールに参加している学生と共に千葉県の小学校・中学校・高校の教員やその他の市民が千葉県での朝鮮人虐殺事件の調査と犠牲となった朝鮮人に対する追悼の運動を調べて、田中正敬・専修大学関東大震災史研究会編『地域に学ぶ関東大震災―千葉県における朝鮮人虐殺その解明・追悼はいかになされたか』を２０１２年に日本経済評論社から出版した。

関東大震災と朝鮮人虐殺◉目次

第Ⅱ部　関東大震災についての研究と教育

韓国における歴史教育の中の在日朝鮮人と関東大震災朝鮮人虐殺事件……金仁徳　146

第Ⅲ部 関東大震災と残された課題

第Ⅰ部　韓日関係と関東大震災の歴史的意義

山田昭次　姜徳相

日本人民衆は関東大震災時朝鮮人虐殺事件の歴史的意味をどのように受け止め、今日の日本の政治的思想的状況にどのように対処すべきか

山田昭次

はじめに——関東大震災朝鮮人虐殺事件に対する私の問題観について

私に与えられた課題は「日本人民衆は関東大震災時朝鮮人虐殺事件の歴史的意味をどのように受け止め、今日の日本の政治的・思想的状況にどのように対処すべきか」と言うことである。まず、この問題に対する私の問題観を述べれば、左記のようである。

① 関東大震災時朝鮮人虐殺は1923年9月1日から6日にかけて関東地方の諸地域で軍隊・警察・自警団によって行なわれた。ただし千葉県習志野に駐屯していた騎兵隊は、捕虜収容所に収用しておいた朝鮮人たちを7日以降に周囲の村の農民に渡して虐殺させた。これらの朝鮮人は収容所で軍人により「不逞鮮人」と見做された朝鮮人であろう。

関東大震災時朝鮮人虐殺事件の問題点は、朝鮮人虐殺は植民地支配からの解放志向を抱く朝鮮人の動向と日本人の社会主義者や先進的労働者が連帯志向を持ち始めた状況を危険視した官憲によって引き起こされたのだが、

問題はそこに止まらず、官憲が早くも虐殺事件直後から行なった朝鮮人虐殺の国家責任隠蔽の一連の工作も問題視して、朝鮮人虐殺事件後の国家責任も明らかにしなければならない。

② 日本の民衆のごく一部は別として、その多数派は官憲が引き起こした朝鮮人虐殺に加担してしまった。したがって今日の日本民衆は朝鮮人虐殺の民衆責任を認め、虐殺に加担してしまった自己の内的原因を解明する責任を今日負っている。これは民衆責任であり、自己の過ちの内的原因の究明を避けてはならない。これを避けては以下に述べるような今日の日本の政治的・思想的状況と対決できない。

③ 関東大震災時朝鮮人虐殺事件の国家責任の隠蔽は戦前に行なわれただけではない。アジアに対する日本の侵略と植民地支配を反省する動きに対して1990年代にこれを「自虐史観」と罵倒するナショナリズムが自民党や知識人の間に勃興し、関東大震災朝鮮人虐殺の実態、とくに虐殺の国家責任を隠蔽する動きが再び始まっている。関東大震災時朝鮮人虐殺事件の歴史的意味を踏まえて、この動向と対決することが今日の日本人民衆の重要な課題である。

1　関東大震災前夜の時期の朝鮮の解放のための日本人・朝鮮人の連帯志向の萌芽の発生

関東大震災の前夜にあたる1921年から1923年の前半期には、在日朝鮮人の運動や日本人の社会主義者の動向や労働運動に連帯志向が現われた時期だった。

1921年1月21日から2月2日にかけてコミンテルンがモスクワで開催した極東勤労者大会で片山潜や徳田球一たち日本人代表団は、採択した「日本における共産党員の任務」で日本人共産主義者が当面実現すべき4つの課題の1つとして植民地、植民地的勢力圏の解放を挙げた（岩村登志夫「極東勤労者大会日本代議員団採択綱領」『史林』第62巻第3号、1979年5月、147頁）。

1922年11月に東京朝鮮労働同盟会が結成され、12月には大阪朝鮮労働同盟会が結成された（内務省警保局保安課『大正十五年中に於ける在留朝鮮人の概況』、朴慶植《パク・キョンシク》編『在日朝鮮人関係資料集成』第1巻、三一書房、１９７5年、２１5頁）。この時期には在日朝鮮人労働者の意識は急速に前進していた。１９２０年に刊行された内務省警保局保安課『朝鮮人概況　第三』には、在日朝鮮人労働者に関して「彼等は一般に知識の程度低く時代思潮を解する者なく、祖国回復問題に関して平然として無頓着なる者多し」と記されていた（朴慶植編、前掲書、92頁）。しかし１９２３年５月14日付内務省警保局保長の各府県長官宛「朝鮮人労働者募集に関する件依命通牒」は、「内地経済不振の際とて彼等鮮人の多数は就職難に苦しみ、浮浪無頼の徒を生ずる傾向あるのみならず、往々にして社会運動及労働運動に参加し団体行動に出でんとする傾向あり」と、朝鮮人労働者の思想的成長に強い警戒心を示した（朴慶植編、前掲書、38頁）。

『前衛』１９２２年3月号に「朝鮮人から日本の労働者へ」と題する朝鮮人の無署名論説が掲載された。この論説は、朝鮮人の運動は「偏狭な国粋運動でもなく、又もとより吾々のみの民族運動でもない。（中略）吾々も又世界無産階級の一部である」と言って、日本人労働者に連帯を求めた（１４６頁）。

１９２２年5月1日に東京市芝浦で開催された第3回メーデーに朝鮮人社会主義者白武《ペク・ム》は朝鮮人の友人４～５人とともに参加して挨拶を述べ、数千人の日本人労働者から熱烈な歓迎を受けた。彼は社会主義者や無政府主義の日本人知識人とは親近感を持って接していたが、日本人労働者とは交流がなかったので、日本人労働者との交流を求めようとしてメーデーに参加したのであった（吉岡吉典「朝鮮人がはじめて参加した第三回メーデー前後―白武氏にきく」『朝鮮研究』第40号、１９６５年6月、32頁）。

１９２２年7月29日付『読売新聞』は、新潟県の信濃川支流中津川の発電所工事を請負った土建会社の朝鮮人労働者に対する虐待や虐殺を報じた。いわゆる「信濃川朝鮮人虐殺事件」がこれである。この年の8月初旬、京城で組織された新潟県朝鮮人虐殺事件調査会や、東京在住の朝鮮人が組織した信濃川朝鮮人虐殺事件調査会の会員達が現地調査を行なった（山田昭次『金子文子―自己・天皇制国家・朝鮮人』影書房、１９９６年、１２３～１２４頁）。そして9月7日に東京市神田区美土代町の基督教青年会館で信濃川朝鮮人虐殺事件調査会主催の調査報告会が開催された。9月

9日付『東亜日報』によると、会場内に日本人約2千人、朝鮮人約5百人、会場の外に数千人が集まった。これは日本人の間にも在日朝鮮人に対する関心が生まれてきたことを示す。

『前衛』9月号に掲載された無署名の論説「日鮮労働者の団結」や山川均「当面の問題」は、日本人労働者の組合運動は朝鮮人先覚者と提携して朝鮮人に対する民族差別賃金の廃止を運動のスローガンにすることを提起した。

『赤旗』1923年4月号に同紙編集部から提出されたアンケート「無産階級から見た朝鮮解放問題」に対する27名の日本人社会主義者・労働運動家と2名の朝鮮人の回答が掲載された。

山川均は「我々は機会ある毎に植民地の放棄を権力者に迫るべきだと思う」と述べ、そのために「朝鮮の無産階級ならびにその代表者に対し、出来るだけ密接な関係を保つ事が必要だ」と述べた（33頁）。

南葛労働会の指導者川合義虎は、次のように述べた。

「日本の労働者階級は、朝鮮植民地の絶対解放を叫び、経済的にも政治的にも民族差別撤廃を主張し、具体的には朝鮮よりの軍隊撤去、日鮮労働者の賃金平等を要求し、運動場の完全な握手と、同一戦線に立つことを、最大の急務として努めなければなりません。」（35頁）

つまり、川合は究極的課題としては植民地支配の廃棄、目前の課題としては民族差別賃金の廃棄を主張した。1922年11月から全虎巌《チョン・ホオム》は南葛労働会亀戸支部に所属して活動をしていた（李珍珪《リイ・スンギュ》編『関東大震災における朝鮮人虐殺の真相と実態』朝鮮大学校、1963年、141頁）。したがって川合は目前の課題を無視できなかったのであろう。

金鍾範《キム・チョンボム》も、朱鐘建《チュ・ジョンゲン》も日朝労働者の連帯を主張した（前掲アンケート34頁、42～43頁）。

ただし、日本人論者の側には、朝鮮人に対して多くの日本人民衆のもつ偏見の深刻さを意識していない発言もあった。例えば、鉱夫連合組合連合会の坂口義治は次のように言った。

「吾人日本民族たるもの、かくのごとく怖るべき人類上の大義を無視して尚かつ朝鮮民族を征服支配せんとする意はどこにも発見され得ず。日本民族の大多数たる無産階級は既に此所に着眼せり！。只残るは少数の醒めざる権力階級者のみなり。」（前掲アンケート38頁）

坂口の見解は、関東大震災時に起きた官民一体の朝鮮人虐殺の事態を全く予想しない楽観論だった。北原静雄は大震災直後に発行された雑誌『進め』1923年12月号に掲載された論説「地震と社会主義―社会主義者の今後の途に就いて」で社会主義者たちは「自警団の竹槍を見て今更孤立の哀れさを感じた」と告白した（『関東大震災朝鮮人虐殺問題関係資料』Ⅲ、琴秉洞《クム・ビョンドン》編・解説『朝鮮人虐殺に関する知識人の反応』1、緑蔭書房、1996年、405頁）。社会主義者は大震災に際して自分達が民衆から孤立していることに気づいたのである。

こうした問題点があったが、究極的課題として朝鮮に対する植民地支配の廃棄と、目前の課題としての民族差別賃金の廃止が、日本の社会主義者や労働運動家の課題として意識された思想的意義は大きい。

2　植民地解放のスローガンを採択した1923年5月の東京のメーデーに対する警視庁の大弾圧

東京の1923年5月のメーデーの準備会は、激論の末にメーデーのスローガンの一つとして「植民地の解放」を採択した。その日は4月9日付『報知新聞』によると4月8日、『赤旗』5月号によると4月12日だった（60頁）。しかし警視庁は「植民地の解放」をスローガンとして掲げることを許可しなかった（『労働』1923年5月1日）。警視庁はさらに社会主義、その他の思想団体のメーデー参加も禁じた（『読売新聞』1923年5月1日）。そして事前検束を厳しく行ない、5月1日の前夜から日本人社会主義者70名、朝鮮人労働者50名、日本人労働者150余名を検束した（『報知新聞』1923年5月1日夕刊）。

5月1日当日の開会前の会場の芝公園の周囲をおびただしい警官が取り囲み、会場入口に配置された「朝鮮人掛」と「主義者掛」の警官が会場に入ろうとする朝鮮人や社会主義者を検束した（『東京朝日新聞』1923年5月1日夕刊）。

警視庁によって不許可になった「植民地の解放」のスローガンを記した旗は見られなかったが、しかし「朝鮮の同胞をも解放せよ」という声が会場から上がった（『報知新聞』1923年5月1日夕刊）。演壇に登った孫某は「自国の独立、プロレタリアの解放」と叫び（『中央新聞』1923年5月1日夕刊）、「労働者に国境はない」とも叫んだ（『労働』1923年6月1日）。すると、孫は「演壇下の私服から忽ち突き落とされ（中略）、四、五名の警官が目茶苦茶に蹴る、踏む、なぐるで（中略）、更に手をねじあげ、なお靴でけりながら検束した」（『東京日日新聞』1923年5月2日）。

デモ隊が芝公園を出て上野を目指して行進中にも刑事が朝鮮人30余名に飛びかかって引きずり倒し、蹴飛ばし交番に投げ込み、さらに頭髪をつかんで引きずり、自動車で運ばれる頃には朝鮮人たちの顔面、手足がはれ上がっていた（『報知新聞』1923年5月2日）。

中島千八の報告「労働祭を了えて」（『赤旗』1923年6月号）によると、この時期の東京のメーデーに際しての被検束者数は、下記のようで、第4回メーデーの披検束者は以前のメーデーより遥かに多かった。

1920年　第1回メーデー　6名
1921年　第2回メーデー　36名
1923年　第3回メーデー　125名
1924年　第4回メーデー　195名（52頁）

しかも関東鉄工組合の小池正次は、第4回メーデーを振り返って「今年も官憲の圧迫は例に依って峻険を極めた。無理解な警官の鮮人労働者に対する圧迫・迫害は実に甚だしかった」と報告した（『労働』1923年6月1日）。

以上の分析から1923年の東京の第4回メーデーの特徴を言えば、それ以前のメーデーに比べて警視庁の弾圧はきわめて厳しく、特に朝鮮人に対する弾圧が厳しかったと言えよう。その原因は第4回メーデーの準備会が「植民地の解放」をメーデーのスローガンの一つとして採択したことにあったのである。関東大震災の前夜の政治的・思想的状況がこのようであったことに留意する必要がある。

3　関東大震災時の朝鮮人虐殺

（1）官憲が流した朝鮮人暴動流言と朝鮮人虐殺の容認発言

〔はじめに〕

関東大震災は1923年9月1日午前11時58分44秒に起った。マグニチュード7・9の激震だった。その後2日までに余震が5回あった。大火災が発生し、全焼世帯は28万1千余、死者は9万1千余にも達した。

早くも1日の夕方から警官が朝鮮人が放火したとか、殺人をしたと言う流言が流れ始め、2日以降になると警官が、時には軍人も、流言を盛んに流し、内務省警保局長や埼玉県内務部長が朝鮮人取締の指令を発した。内務省警保局長が朝鮮人暴動を事実と認定したのは、9月2日と思われる。その上、警官は朝鮮人虐殺を容認する発言をしたので、民衆が朝鮮人虐殺を自慢する事態が現われた。以下、流言の事例を挙げる。

〔9月1日夕方に警官が流した流言〕

①寺田寅彦「震災日記より」9月2日の条（琴秉洞編・解説前掲書1、285頁）

帰宅してみたら焼け出された浅草の親戚の者が十三人避難して来ていた。（中略）昨夜上野公園で野宿していたら巡査が来て○○（朝鮮—引用者）人の放火者が徘徊するから注意しろといったそうだ。

②10月25日に東京市本郷小学校で開催された本郷区区会議員、区内有志、自警団代表の会合での曙町の村田自警団代表の報告（『報知新聞』1923年10月28日夕刊）。

九月一日夕方曙町交番巡査が自警団に来て「各町で不平鮮人が殺人放火して居るから気をつけろ」と二度まで通知に来た（下略）。

〔9月2日に警官や軍人が流した流言〕

①東京市麻布区本村尋常小学校一年生西村希代子作文「大じしんのおはなし」

(9月2日―引用者) ゆうがたになったら○○○○○○ (ふていせんじん―引用者) がせめてくるからとおまわりさんがいいにきました。(琴秉洞編・解説『朝鮮人虐殺関連児童証言史料』緑蔭書房、1989年、300頁)

②東京市京橋区高等小学校一年生鈴木四郎作文「思い出」

(9月2日―引用者) 日は西に傾いた。(中略) 巡査が「今晩は○○○ (不逞鮮―引用者) 人の夜襲がありますから気を付けて下さい」と叫びながらまわってあるいた。(琴秉洞編・解説、前掲書371頁)

③神奈川県橘樹郡中原村 (現川崎市中原区) の小林英夫の日記1923年9月2日の条

この日、午後、警察より「京浜方面の鮮人暴動に備うる為出動せよ」との達しあり。在郷軍人・青年団・消防団等、村内血気男子は各々武器を携え集合し、市之坪境まで進軍す (川崎市役所編・刊行『川崎市史』1968年、303頁)。

④横浜市磯子小学校高等科一年内田豊次の作文「震災時の有様」

九月二日は又恐ろしかったのは朝鮮人騒ぎだった。鮮人が暴れたといって巡査や又人々が刀や竹やりなどをもって鮮人征伐だといっていた。(琴秉洞編・解説、前掲書120頁)

⑤横浜市寿高等小学校一年生木川マツ作文「嗚呼焦土」

(9月2日―引用者) 石川の方で、がやがやものさわぎの声がする。なんだろう。兵隊「朝鮮人が乱暴するから来たのだ」といった。(琴秉洞編・解説、前掲書73頁)

〔朝鮮人虐殺を容認した警察官の発言と朝鮮人虐殺を自慢する民衆〕

①1923年10月22日付『東京日日新聞』掲載投書

私は三田警察署長に質問する。九月二日の夜、XX (鮮人―引用者) 来襲の警報を、貴下の部下から受けた私どもが、御注意によって自警団を組織した時、「XX (鮮人―引用者) と見たらば、本署につれてこい、抵抗したらば○

（殺―引用者）しても差し支えない」と、親しく貴下からうけたまわった。

②東京市本所区（現墨田区）に住んでいた川島つゆ手記『大震災直面記』（古庄ゆき子、1974年、27頁）

「○（鮮―引用者）人と見れば打殺してよろしい」

それを巡査が触れて歩いた。それが事実であるから致し方ない。（中略）向こう鉢巻に勢い立った親父達か「今日は六人やっつけてやった」とか「俺が第一番に手を下してやっつけたのだ」とか云うことを得々と語って、流行性変態振りを発揮して居た。

③9月3日の横浜市中村町（現横浜市南区）での民衆の会話（東京朝日新聞記者　西川春海「遭難とその前後」、横浜市役所市史編纂係編『横浜震災誌』第4巻、横浜市、1927年、431頁）

「旦那、朝鮮人は何うですい。俺ア今日までに六人やりました。」

「そいつは凄いな。」

「何てっても身が護れね、天下晴れての人殺しだから、豪気なものでサア。」

〔内務省警保局長および埼玉県内務部長の朝鮮人警戒の指令〕

①内務省警保局長電文

（9月3日午前8時15分、海軍無線電信船橋送信所から各地方長官宛。ただし、遺された電文には「この電報を伝騎にもたせやりしは二日の午後と記憶す」と記されている。したがって内務省警保局長が朝鮮人暴動を事実と思い込んだのは9月2日である。）

「東京付近の震災を利用し、朝鮮人は各地に放火し、不逞の目的を遂行せんとし、現に東京市内に於いて爆弾を所持し、石油を注ぎて放火するものあり。既に東京府下には一部戒厳令を施行したるが故に、各地に於て充分周密なる視察を加え、鮮人の行動に対して厳密なる取締を加えられたし。」（琴秉洞編・解説『関東大震災朝鮮人虐殺問題関係史料Ⅱ　朝鮮人虐殺関連官庁史料』緑蔭書房、1991年、158頁）

②埼玉県内務部長の指令

（9月2日夕刻に内務省から帰ってきた埼玉県地方課長が内務省から持ち帰った指令に基づいて埼玉県内務部長が電話により郡役所経由で埼玉県内の町村役場に送った指令）

「庶発第八号　大正十二年九月二日

埼玉県内務部長

郡町村長宛

不逞鮮人暴動に関する件

移牒

今般の震災に対し、東京に於て不逞鮮人の妄動これあり、又その間過激思想を有する徒（社会主義者を指す―引用者）これに和し、以って彼等の目的を達せんとする趣聞くに及び、漸次その毒手を振るわんとするの惧《おそれ》これあり候に付いては、此際町村当局者は、在郷軍人分会・消防隊・青年団は一致協力してその警戒に任じ、一朝有事の場合は、速やかに適当の方策を講ずる様至急御手配相成たし。右その筋の来牒により、この段移牒に及び候也。」（吉野作造『圧迫と虐殺』1924年、東京大学法学部「明治新聞雑誌文庫」所蔵、96～97頁）

（2）軍隊の出動と戒厳令の布告

〔軍隊の出動〕

地震が起ると、東京衛戍司令官は応急措置をとって近衛師団と第一師団に東京の警備に当たらせた。そして2日から3日にかけて弘前、仙台、金沢、宇都宮などから軍隊が東京に出動した。横浜にも2日に海軍陸戦隊が上陸し、3日には第一師団中の部隊が到着した。『関東戒厳司令部詳報』や司法省『震災後に於ける刑事事犯及び之に関する事項調査書』などによれば、9月1日から5日にかけて軍隊が東京府や千葉県で朝鮮人57～60人、中国人200人、日本人23～26人を殺害した。

〔戒厳令の布告〕

また戒厳令が2日に東京市とその隣接5郡に対して布告され、3日には東京府と神奈川県に対し、4日には埼玉、千葉両県に対して布告された。こうして戒厳司令官は地方行政事務と司法事務の指揮権を握り、かつ集会開催・新聞発行の禁止、兵器や火薬の検査・押収をはじめとする治安行動の権限を握った。

流言に加えて行なわれた軍隊の出動と戒厳令の布告は朝鮮人に対する民衆の迫害・虐殺を一層促進した。

（3）自警団のつくられ方とその思想

〔自警団の数とそのつくられ方〕

吉河光貞著『関東大震災の治安回顧』（法務省特別審査局、1949年）によれば、関東地方に組織された自警団の数は3689に達した。関東地方に隣接する東北地方や中部地方にも自警団が組織された（拙著『関東大震災時の朝鮮人迫害―全国各地での流言と朝鮮人虐待』創史社、2014年）。

自警団の設立過程には次の3種類がある。

①地震が起きた当初に夜警団として家主、地主、町工場経営者など地域有力者が組織したものが、朝鮮人暴動流言に接して自警団に転化したもの。

②関東大震災より数年前に警察の下請けの治安組織として地域有力者が組織した「保安組合」や「安全組合」などが朝鮮人暴動流言に接して自警団に転化したもの。

③埼玉県の事例のように、関東大震災時に官憲の指令によって青年団・消防団・在郷軍人分会などを母体として組織されたもの。

〔自警団員となった民衆の思想〕

当時の多数の日本人民衆の思想の特徴を言えば、第一には彼等は天皇制国家に信服する国民だった。埼玉県本庄市の馬場道博は関東大震災当時の民衆意識を回想して「当時日本の国民はお上のいうことは間違いないだろうという考えと、朝鮮人はそんな悪いことをしたのかという意識をもっていました」と証言した（関東大震災六十周年朝鮮人犠牲者調査追悼事業実行委員会編・刊『隠されていた歴史―関東大震災と埼玉の朝鮮人虐殺事件』増補保存版、１９８７年、４２７～４２８頁）。吉野作造も「責任あるＸＸ（官憲―引用者）が、この流言を伝播し且つこれを信ぜしむるに与って力があったことは疑いないようだ」と見た（「朝鮮人虐殺事件に就いて」、『吉野作造選集』九、岩波書店、１９９５年、１９９頁）。

つまり彼等は天皇制国家に対して強い忠誠心をもっている国家主義者だった。例えば、１９２３年10月22日に浦和地裁で開かれた熊谷朝鮮人虐殺事件の法廷で、一被告は朝鮮人虐殺の理由について「当時は秩序が紊れていましたから、国家のためと思いまして」と陳述した（『東京日日新聞』１９２３年10月22日夕刊）。１９２３年11月14日に千葉地裁で開かれた千葉県東葛飾郡浦安町での朝鮮人虐殺事件および日本人誤殺事件の法廷で一被告は「一太刀浴びせて殺したが、国家を思うためにやったのだ」と陳述した（『東京日日新聞』１９２３年11月15日房総版）。

第二に彼等はむやみに人を殺す不逞鮮人という朝鮮人像を持っていた。朴烈と金子文子は１９２２年11月に刊行した『太い鮮人』創刊号に次のような刊行の趣旨を述べた。

「日本の社会で酷く誤解されている『不逞鮮人』が果たして無暗に暗殺、破壊、陰謀を謀むものであるか、それとも飽く迄自由の念に燃えて居る生きた人間であるかを、我々とあい類以する境遇に在る多くの日本の労働者諸君に告げると共に（30字伏字）は、『太い鮮人』を発刊する。」（再審準備会編『金子文子・朴烈裁判記録』黒色戦線社、１９７７年、８１３頁）

朴烈と金子文子は無暗に人を殺す不逞鮮人という日本人民衆の偏見を正すために、この雑誌を発刊したのである。日本人民衆がこの不逞鮮人像を抱いたのは、三・一運動の時期以降の日本の新聞が朝鮮人の独立運動を報ずる場合、たいていこれに陰謀とか、暗殺、放火、強盗といったレッテルを貼ったからであろう。例えば「朝鮮独立運動の陰謀」とか（『読売新聞』１９１９年11月28日）、「不逞鮮人が独立陰謀の顛末、暗殺放火強盗を恣にす」（『読売新聞』１９

20年8月18日）といった具合である。

自警団員達の朝鮮人虐殺は無残な姿を呈した。

〔朝鮮人虐殺の実態〕

まず東京の事例を挙げる。

坂巻ふちは白髭神社近くの隅田川で見た数多くの朝鮮人死体の惨憺たる姿を次のように証言した。

「ひもを身体に結わえて朝鮮人が川にはいって死んでいるのです。（中略）十人くらいの朝鮮人がみんな足をゆわれて、三人くらいずつ一緒に、多い人は十人くらい一緒に足を少しつなげてね、だから皆つながっているんです。そして生きているのを放り込んだから水を飲んだでしょ、だから腹がふくれて何も身体についていない、素っ裸なのです。あお向けになっているのもいるし、うつ伏せしているのもいる。それが幾組だか数知れないほどです。それを私のこの目で確かめました。何と気の毒だと思って涙をこぼしながら歩きました。」（日朝協会豊島支部編・刊『民族の棘―関東大震災と朝鮮人虐殺の記録』1973年、10頁）

二橋茂一は9月2日の朝、東京市南葛飾郡大島町（現東京都江東区）で見た朝鮮人虐殺の状況を次のように語った。

「近所の人びとが走って行くので、なにごとかと見ますと、警官が一人の男を連行して行くのを一団の群衆が、朝鮮人、朝鮮人と罵りながらとり巻いています。そのうち群衆は警官を突きとばして男を奪い、近くの池に投げ込み、三人が太い棒を持ってきて、生きた人間を餅をつくようにボッタ、ボッタと打ち叩きました。彼は悲鳴をあげ、池の水を飲み、苦しまぎれに顔をあげるところをまた叩かれ、ついに殺されてしまいました。一団の人びとはかん声をあげて引きあげました。

すると、また別の一団がきて、死んでいる彼を池から引きずり出し、かわるがわるまた、丸太棒で叩きました。肉は破れ、血は飛び散り、人間の形がなくなるほどに打ち、叩きまた大声をあげて引きあげました。死人に鞭打つと言う言葉の通りで、その時の惨状は今も私のまぶたに残っています。」（清水幾太郎監修『手記・関東大震災』新評輪、1

975年、93〜94頁)

浦辺政雄は9月4日に東京市本所区(現東京都墨田区)の被服廠跡で次のような朝鮮人虐殺の光景を見た。

「被服廠跡地内のやや広い空間では、ひどい光景にぶつかった。十人くらいの人が、血だらけになった四人の朝鮮人を針金で縛って、一升瓶の石油をぶっかけたかと思うとそれに火をつけたのである。燃え上がる火に、のたうちまわると、こんどは手にもった焼けぼっくいで押さえつける。そして目を血走らせて口々に叫ぶ。『こいつら俺たちの兄弟や親子を殺したのだ』。私はとても見ていられない。『おとっつあん、向こうに行こう』と逃げるように現場を離れて、被服廠跡の外に出た。」(清水幾太郎監修前掲書、122頁)

横浜市では中村町周辺(現横浜市南区)に日本人の朝鮮人虐殺が集中した。まず田畑潔の回想を聞こう。

「横浜の中村町周辺は、木賃宿が密集した町だった。木賃宿には朝鮮人労務者が多く住みつき、数百人からいたように思う。

この近くの友人宅を訪ねていて地震にあった私は、だから、世に有名な朝鮮人虐殺の実態を、この目でつぶさに目撃することになった。二日朝から、朝鮮人が火をつけて回っているという流言がとぶと、ただちに、朝鮮人狩りが始まった。

根岸橋のたもとに、通称〝根岸の別荘〟と呼ばれる横浜刑務所があって、そこのコンクリート壁が全壊したため、囚人が一時解放されていたが、この囚人たち七、八百人が加わって、捜索隊ができた。彼らは町中をくまなく探し回り、夜を徹して山狩りをつづけたのである。

見つけてきた朝鮮人は、警察が年齢、氏名、住所を確かめて保護する間もなく、町の捜索隊にとっ捕まってしまう。ウカウカしていると警察官自身殺されかねないほど殺気だった雰囲気だった。そうしてグルリと朝鮮人をとり囲むと、何ひとついいわけを聞くでもなく、問答無用とばかり、手に手に握った竹ヤリやサーベルで朝鮮人のからだをこづきまわす。それも、ひと思いにバッサリというのでなく、皆がそれぞれおっかなびっくりやるので、よけいに残酷だ。頭をこづくもの、眼に竹ヤリを突き立てるもの、耳をそぎ落とすもの、背中をたたくもの、足の甲を切り裂くもの…

朝鮮人のうめきと、口々にののしり声をあげる日本人の怒号が入りまじり、この世のものと思われない、凄惨な場面が展開した。」（「真赤な川」『潮』1971年9月号、98〜99頁）

やはり中村町でのこの光景を見た美田賢二郎も「そのやり方は、いま思い出してもゾッとしますが、電柱に針金でしばりつけ、なぐるける、トビで頭に穴をあける、竹ヤリで突く、とにかくメチャクチャでした」と回想した（「振り下ろされたトビ」、『潮』前掲号、100頁）。

〔秋田雨雀の自警団論〕

在日朝鮮人たちと親しく交流をしていた秋田雨雀は、自警団員となった日本人民衆の思想の空しさを描いた戯曲「骸骨の舞跳」を1924年1月15日に書き上げた。彼は1月10日の日記に「国民思想の空虚を裸体にしたようなものにしよう」とその着想を記していた。この戯曲に登場した青年は自警団員を評して「他人の着せた衣服を大事に着ているだけです」という（現代史の会編『関東大震災』草風館、244頁）。「他人の着せた衣服」とは国家が国民に着せた衣服、つまり国民思想、または国民道徳を指している。

この青年は自警団員に向って朝鮮人を指して「この人を見てくれ賜え」と言った上で、「この人の今持っているものは／自然から貰い受けた、たった一つの／生命だけだ。／この人こそ本当の人間だ！／君達は一体何んだ？／君たちの持っているのは／黴の生えた死んだ道徳だけだ。／（中略）／諸君は生命のない操り人形だ！／死蠟だ！／骸骨だ！」と言う（現代史の会編、前掲書、257〜258頁）。つまり、秋田は朝鮮人こそ国家主義に汚染されてない本当の人間であり、日本の民衆は国家に操られている操り人形だ、蠟に化した死体だ、骸骨だというのである。

秋田は1923年11月26日付『読売新聞』に掲載した論説「民族解放の道徳」では「親切、無邪気、相互扶助的な精神さえも、それは全く自己の民族のみに限られたものであって、一歩利害を異にした民族に対しては、あらゆる残虐、無残な行為を生んで来る」日本の現状を克服するために、「国民道徳と私達の呼んでいるものから民族が解放されｌ」る必要を訴えた。つまり、秋田は日本人は国家を超えた普遍的な人類的な倫理に立脚しなければならないと説いたのである。彼の提言は、再びナショナリズムが勃興している今日の日本の政治的・思想的状況に対しても警告になっている。

〔官憲から弾圧された上に民衆から孤立した社会主義者たち〕

警察はきわめて早い時期から日本人社会主義者に対する弾圧を行なった。すなわち、1923年9月15日付『報知新聞』夕刊によると、9月1日の夜から警視庁傘下の警察署は社会主義者を検束し、さらに大阪警察署にも連絡して社会主義者を検束し、「その数は六〇余名に達した」。同年10月12日付『大阪毎日新聞』によると、警視庁特別高等課は管内各署と協力しておよそ1ヶ月にわたって20余の社会主義団体を襲い、社会主義者を一網打尽に検挙した。しかも検束は軍隊の力を借りたので乱暴を極め「六十余名の検束者中負傷せぬ者は絶無の有様」だった。社会主義者たちが警察から釈放されたのは、10月7日、8日頃だったが（『国民新聞』1923年10月12日）、社会主義者中「市内に止まることが一部民衆の怒りに触れて生命を脅かす臆恐怖から自発的に帰郷を申出ずる者があって」、平林初之輔は信州に、水沼辰夫は妻の郷里千葉に都落ちをした（『時事新聞』1923年10月13日）。

東京府南葛飾郡大島町では9月2日から朝鮮人虐殺が始まると同時に、社会主義者や平素警察に反抗的な人間は、自警団によって羅漢寺の墓地に連れて行かれて、竹槍や刀で斬殺された（座談会「純労働組合・南葛労働会および亀戸事件」『労働運動史研究』第36号、1963年5月、40頁）

9月3日、亀戸警察署は南葛労働会の川合義虎をはじめとする労働者7名、たまたま川合の家を訪ねた鈴木直一、純労働組合の平澤計七、中筋宇八、合計10名を検束し、彼等を習志野騎兵連隊の軍人に殺させた。その日は明確でないが、加藤文三『亀戸事件―隠された権力犯罪―』（大月書店、1991年）によると、9月4日の夜から5日未明にかけてのことらしい。

9月16日には東京憲兵隊分隊長甘粕正彦が無政府主義者大杉栄とその妻や甥を殺害した。

〔東京の労働運動の朝鮮人との連帯志向の放棄〕
1924年5月1日の第5回の東京のメーデーの準備会に際して朝鮮人との連帯の放棄が行なわれた。準備に際して「鮮人の側の提出標語たる『植民地解放』の如きは主催者幹事会に於いて否決したり。また委員として鮮人中より一名を挙げたるも、委員会には常にこれが出席を許さず」という事態が現われた（内務省社会局部第一部『朝鮮人労働者に関する状況』1924年7月。朴慶植編『在日朝鮮人関係史料集成』第一巻、三一書房、1975年、447頁）。社会主義者に対する官憲の弾圧と彼等の民衆からの孤立は、日本人労働運動指導者の朝鮮人との連帯志向の放棄をもたらした。

4 朝鮮人虐殺の国家責任を隠蔽する一連の工作

（1）朝鮮人暴動の捏造工作

〔官憲たちの朝鮮人暴動の捏造の方針の決定〕

1923年9月5日に臨時震災事務局警備部に各方面の官憲が集まって「鮮人問題に関して外部に対する官憲の採るべき態度」を合議決定しようとした。官憲内部でも朝鮮人暴動の実在が怪しまれ、朝鮮人暴動を事実と認定し、朝鮮人虐殺を引き起こした国家責任が問われかねない状況になったからである。

議論した挙句に次のことが決定された。

「朝鮮人の暴行又は暴行せむとしたる事実を極力捜査し、肯定に努むること。

尚、左記事項に努むること。
イ、風説を徹底的に取り調べ、これを事実として出来うるかぎり肯定することに努むること。
ロ、風説宣伝の根拠を充分に取調ぶること。」（姜徳相・琴秉洞編・解説『現代史資料　6　関東大震災と朝鮮人』みすず書房、1963年、80頁）

まことに苦し紛れの決定だった。流言を事実として扱い、流言を流した国家責任を隠そうと言う決定だった。

〔朝鮮人暴動を捏造した司法省発表〕

司法省は10月20日に「一部不逞鮮人」の犯罪があったという次の発表をした。

「今回の変災に際し、鮮人にして不法行為を為すものがあった旨、さかんに喧伝せられたが、今その筋の調査したところによれば、一般鮮人は概して純良であると認められるが、一部不逞鮮人の輩があって幾多の犯罪を敢行し、その事実宣伝せらるるに至った結果、変災に因る人心不安の折から恐怖と興奮の極、往々にして無辜の鮮人、又は内地人を不逞鮮人と誤って自衛の意を以て危害を加えた事犯を生じたので、当局はこれに就いても厳密な調査を行い、既に起訴したるもの十数件に及んでいる。」（『国民新聞』１９２３年10月21日）

要するに一部不逞鮮人が犯罪を敢行したので、その他の朝鮮人や日本人が誤殺されたのだと言うのである。

司法省発表の真否を検討するために、司法省が作成した「震災後に於ける刑事犯及之に関連する事項調査書」に記載されている朝鮮人の「犯罪」を内容別に整理したのが、ここに掲載した第１表「司法省調査による関東大震災時朝鮮人『犯罪』の信憑性の分析表」である。

この表の①の欄には、流言蜚語、放火、殺人、強姦、強盗等々といった恐ろしい罪名が記載されているが、しかし「犯人」の姓名は不明である。②の欄に属する強盗の「犯人」30名中29名は姓名不明で、姓名がわかる１名は所在不明である。③の欄に属する強盗強姦、殺人未遂の「犯人」は姓名は判明するが、すべて所在不明、逃亡、死亡である。確たる証拠もない、この①②③の欄に属する朝鮮人「犯人」は合計１１９名から１２０名に達し、「犯人」総合計１３８〜１３９名の約86%にも達する。

④の欄に属する３名は取調中、予審中、公判中のものであり、判決は下っていない。法的にいえば、判決が下ってない者は容疑者であっても、犯罪人ではない。それにも拘らず法を司る司法省が彼等を犯罪人にしてしまった。その１人の呉海模《オ・ヘモ》に対しては１９２３年11月３日に東京地裁はダイナマイトや雷管を持っていたが、それで人に危害を加

〈表1〉司法省調査による関東大震災時朝鮮人「犯罪」信憑性分析表

事件の証拠の信憑性の程度	罪　名	件数	人　数
①「犯人」の姓名不明	流言蜚語	2	2
	放火	1	1
	脅迫	1	30
	強姦	1	1
	強盗	1	15～16
	傷害	1	1
	公務執行妨害	1	1
	強盗傷人	1	3
	殺人予備	2	1
	放火殺人未遂	1	5
	殺人	1	1
	強姦殺人	1	4
	橋梁破壊	1	1
	爆発物取締規則違反	2	2
	窃盗	3	16＋数名
	毒殺予備	1	1
	小　計	20	85～86
② 30名くらいの一団の事件。1名を除き姓名不明。しかし姓名不明者も所在不明。	強盗	1	約30
	小　計	1	約30
③「犯人」の姓名は判明。ただし「犯人」は所在不明、逃亡、死亡。	強盗強姦	1	1
	殺人未遂	2	3
	小　計	3	4
①②③の合計		24	119～120
④鄭熙瑩は取調中。呉海模は予審中。卞奉道は公判中。	強盗（鄭熙瑩）	1	1
	爆発物取締規則違反（呉海模）	1	1
	銃砲火薬取締罰則違反（卞奉道）	1	1
	小　計	3	3
⑤「犯人」の姓名は明らかで、かつ逃亡、所在不明、死亡といったことは記されていない。	窃盗	11	11
	横領	1	1
	窃盗横領	2	2
	贓物運搬	1	2
	小　計	15	16
総合計		42	138～139

【出典】司法省『震災後に於ける刑事事犯及之に関する事項調査書』（姜徳相、琴秉洞編・解説『現代史資料　6　関東大震災と朝鮮人』）みすず書房、1963年、420～426頁）

【注】原文に「自称金某」とか、「自称李王源」などと記載されている者は、この表では①に分類した。

原文に「数名」と記載されている者は、この表では人数合計に合算しなかった。

える意思があったことは証拠不十分で、爆発物取締規則違反として認定する判決を下した(『東京朝日新聞』1923年11月3日夕刊)。いずれにしてもこの3人を犯人と判定できない。

⑤の欄に属する者は、窃盗・横領・贓物運搬の罪を犯したものである。彼等の姓名は明らかで、かつ死亡、所在不明、死亡といったことは記されていない。したがってこれは事実であろう。しかし東京区裁判所が1923年9月1日から11月30日までに受け付けた窃盗の数は4409件もあった(『法律新聞』1923年12月25日)。このように窃盗が多発したのは、震火災で衣食に窮したためであろう。朝鮮人の窃盗・横領・贓物運搬の原因も同じであろう。とすれば、これには政治性はない。東京地方裁判所検事正南谷知悌は、朝鮮人の犯罪について「或は多少窃盗罪その他の犯罪人を出すかも知れないが、流言のような犯罪は絶対ないと信ずる」と言ったが(『日刊新秋田』1923年9月10日、その他東京から離れた地方の諸新聞)、これは正しい見解だった。

(2) 虐殺された朝鮮人の遺体隠し

警察は朝鮮人虐殺の実態を隠すために虐殺された朝鮮人の遺体隠しを行なった。

東京府南葛飾郡を流れる荒川の四ツ木橋附近の河川敷に埋められた朝鮮人の虐殺遺体は、1923年11月13日と14日にわたって再度警官がいずこかに持ち去った(関東大震災時に虐殺された朝鮮人の遺骨を発掘し追悼する会編『風よ鳳仙花の歌をはこべ―関東大震災・朝鮮人虐殺から70年―』教育史料出版会、1992年、66~67頁)。

本庄警察署の巡査新井賢次郎は、同警察署を襲撃した自警団によって9月4日の晩から5日の朝にかけて虐殺された朝鮮人の遺体を焼くに当たって、お上から「数がわからないようにせよ」と命令された(関東大震災六十周年朝鮮人犠牲者調査追悼事業実行委員会編・刊『隠されていた歴史―関東大震災と埼玉の朝鮮人虐殺事件』増補保存版、1987年、100頁)。

警視総監は1923年11月6日付の内務省警保局長宛の報告書で「彼等(警視庁の弾圧を避けるために「在日本関東地方罹災朝鮮同胞慰問班」という名目で朝鮮人虐殺状況を調査していた朝鮮人調査団を指す―引用者)の遺骨引取方の申出

に対しては之を拒絶」したと報告している。(姜徳相・琴秉洞編・解説前掲書、326頁)。

この調査団の調査報告書によると、朝鮮人の総虐殺数は6661人だが、しかしこの中3240人については「以上は屍体さえも探せなかった同胞」と記されている(『独立新聞』1923年12月5日)。ここに虐殺された上に遺体まで警察に隠されて正確な調査を出来なかった朝鮮人たちの無念の想いが表明されている。

(3)関東大震災の歴史書編纂による警視庁の責任隠し

警視庁は1925年に『大正大震災火災誌』を発行した。この書籍には流言に対する警視庁の行動が次のように記され、警官が朝鮮人が暴動を起したと流言を放ち、しかも朝鮮人を殺しても差し支えないとまで言ったことは全く記されてない。

「本庁ハ流言ノ由来経路並ニ其真相ヲ偵察調査スルト共ニ、流言ヲ為スモノヽ捜査、検挙ニ努メ、自警団其他自衛団体並ニ個人ノ武器携帯ヲ厳禁シ、専ラ救護ノ事務ニ従事セシムルノ方針ニ則リテ、漸次之ヲ指導シ、又其犯罪ニ渉ルモノハ之ヲ検挙スルト共ニ、更ニ流言ノ信ズ可カラザル所以ヲ宣伝シテ軽挙ヲ戒メタルノミナラズ、鮮人ノ収容保護ニ就キテハ特ニ意ヲ用ヰタリ。」(12~13頁)

本書には445頁から451頁にかけて9月1日から3日にかけて流された流言が41種類も列挙されているが、警官が流言を流したことには一言も触れられていない。警視庁は本書によって警官が流言を流して民衆の朝鮮人虐殺を誘発した重大な責任を全く隠した。

5 アジアに対する日本の侵略と植民地支配の認識に対する攻撃の1990年代中期以降の登場

(1)横浜市教育委員会と東京都教育委員会の関東大震災時朝鮮人虐殺事件の史実の歪曲政策の登場

横浜市教育委員会が発行した市立中学校用副読本『わかるヨコハマ』2009~2011年度版には関東大震災時

に「自警団の中には朝鮮人を殺害する行為に走るものがいた」と記されていたが、２０１２年度版には「デマを言じた軍隊や警察、在郷軍人会や青年会を母体として組織された自警団などは朝鮮人に対する迫害を行い、また中国人を殺傷した。横浜でも各地で自警団が組織され、異常な緊張状態のもとで、朝鮮人や中国人が虐殺される事件が起きた」と変更された。ところが、２０１２年7月19日に開かれた市議会こども青少年・教育委員会で山田巧教育長は「虐殺と言う言葉は非常に強い、一定の主観が入った言葉だと考えておりますので、この部分については、例えば従前の表現に戻すといったことで改訂していきたいと考えてございます」と発言した。そして市教委は２０１３年５月８日に２０１２年度版を回収し、２０１３年度版では「自警団の中に、朝鮮人や中国人を殺害する行為に走る者がいた。横浜市内でも多数の犠牲者を出した」と「虐殺」を「殺害」と変え、しかも２０１２年度版に書かれていた軍隊・警察の朝鮮人虐殺の記述は削除した。こうして市教委は朝鮮人虐殺の国家責任も隠してしまった。

東京都教育委員会も、高校日本史の副読本『江戸から東京へ』２０１２年度版にあった関東大震災時の朝鮮人の「虐殺」という文言が、次のように２０１３年度版から消した。

> **２０１２年度版の記述**
> 「関東大震災朝鮮人犠牲者追悼碑」（東京都墨田区横網町公園に建立された碑を指す―山田）は、大震災の混乱のなかで数多くの朝鮮人が虐殺されたことを悼み、１９７３（昭和48）年に立てられた。
>
> **２０１３年度版の記述**
> 「関東大震災朝鮮人犠牲者追悼碑」は、震災発生50年にあたる１９７３（昭和48）年に立てられ、碑には、大震災の混乱のなかで、「朝鮮人の尊い生命が奪われました。」と記されている。

（２）自由主義史観の登場

こうした事態が起こる背景の一つには、日本のアジア侵略や植民地支配の認識を日本人の誇りを失わせる自虐史観だと罵倒するいわゆる自由主義史観の登場があると思われる。1995年7月、当時東京大学教育学部教授だった藤岡信勝が中心になって「自由主義史観研究会」が発足し、さらに同研究会が母体となって1997年1月30日に「新しい歴史教科書をつくる会」が設立された。この会の設立趣意書は次のように書かれていた。

「戦後の歴史教育は、日本人が受けつぐべき文化と伝統を忘れ、日本人の誇りを失わせたものでした。特に近現代に受けつぐべき文化と伝統を忘れ、日本人の誇りを失わせたものでした。特に近・現代史において日本人は子々孫々まで謝罪し続けることを運命づけられた罪人のごとく扱われています。」

この設立趣意書にも、「つくる会」が目指すところが、アジアに対する日本の侵略と植民地支配の歴史に眼をつぶっていわゆる愛国心、すなわちナショナリズムを勃興させようとしていることが示されている。

「つくる会」は中学校用の歴史と公民の教科書を編修し、2000年4月に扶桑社から文部省に検定を申請した。この教科書は2001年4月に検定に合格した。ただし歴史教科書は検定に際して137箇所も修正を求められたと言う。こうして扶桑社から『新しい歴史教科書』と『新しい公民教科書』が発行された。

ところが、「つくる会」は2006年6月に分裂し、「つくる会」から脱退した八木秀次（高崎経済大学教授）たちは「日本教育再生機構」を組織し、さらに教科書運動のために「改正教育基本法に基づく教科書改善を進める有識者の会」（略称「教科書改善の会」）を設立した。「教科書改善の会」は扶桑社の子会社育鵬社から中学校用の歴史と公民の教科書を発行し、「つくる会」は自由社から発行した。

「つくる会」と「教科書改善の会」が作成した中学校用歴史教科書に描かれた関東大震災時の朝鮮人虐殺像の問題点を明らかにするために作成したのが、第2表である。

①の欄に記載した「つくる会」の白表紙本では関東大震災のことは一切言及していない。しかし検定を通過した②では朝鮮人・中国人・日本人社会主義者の虐殺に言及している。これは検定に際して文部省が修正を要求した結果であろう。しかし「虐殺」と言わず「殺害」と表現し、かつ朝鮮人虐殺者としては自警団のみが挙げられて、軍隊や警察の朝鮮人虐殺については沈黙し、虐殺の国家責任を隠している。③④⑤の欄に挙げた教科書もほぼ同様である。

〈表 2〉「つくる会」と「教科書改善の会」編修の歴史教科書が描く関東大震災時朝鮮人虐殺

① 2000 年 4 月に検定を受けるために提出した「つくる会」編集、扶桑社版中学校用歴史教科書白表紙本
(関東大震災に関する記述は全くない。)
② 2001 年 4 月検定合格「つくる会」編集、扶桑社版『新しい歴史教科書』
1923 年（大正 12）年 9 月 1 日には、関東地方で大震災が起り、東京・横浜などで大きな火災が発生して、約 70 万戸が被災を受け、死者・行方不明者は 10 万を超えた（**関東大震災**）。この混乱の中で、朝鮮人や社会主義者の間に不穏な企てがあるとの噂が広まり、住民の自警団などが社会主義者や朝鮮人、中国人を殺害する事件がおきた。
③ 2005 年 4 月検定合格「つくる会」編集、扶桑社版『新しい歴史教科書』
1923 年（大正 12）年 9 月 1 日、関東地方で大震災がおこり、東京・横浜などで大きな火災が発生して、約 70 万戸が被害を受け、死者・行方不明者は 10 万をこえた（**関東大震災**）。この混乱の中で、朝鮮人や社会主義者の間に不穏な企てがあるとのうわさが広まり、住民の自警団などが社会主義者や朝鮮人、中国人を殺害する事件がおきた。この関東大震災の結果、日本の経済は大きな打撃を受けた。
④ 2009 年 4 月検定合格「つくる会」編集、自由社版『新編　新しい歴史教科書』
1923 年（大正 12）年 9 月 1 日、関東地方で大震災がおこった。東京・横浜などで大きな火災が発生して、死者・行方不明者は 10 万をこえた（**関東大震災**）。この関東大震災の結果、日本経済は大きな打撃を受けたが、地震の多い近代都市づくりに得た教訓は多く、震災設計の基準づくりや都市防災への研究がはじまった。 （注）この混乱の中で、「朝鮮人や社会主義者の間に不穏な計画がある」とのうわさがひろまり、住民の自警団などが朝鮮人やそれらと間違えられた中国人、日本人を殺したり、軍人が独断で社会主義者を殺す事件がおきた。
⑤ 2011 年 3 月検定合格「教科書改善の会」編修、育鵬社版『新しい日本の歴史』
1923 年（大正 12）年 9 月 1 日、関東地方で発生した大震災は、東京・横浜という人口密集地を直撃しました（**関東大震災**）。この地震は死者・行方不明者 10 万数千人、焼失家屋 45 万戸という大被害をもたらし、わが国の経済に深刻な打撃を与えました。交通や通信が途絶えた混乱の中で、朝鮮人や社会主義者が、住民のつくる自警団などに殺害されるという事件もおきました。なお、震災後は、後藤新平らによって新たな都市計画が進められました。

このように自由主義史観によって関東大震災時の軍隊、警察による朝鮮人虐殺の史実は歴史教科書から排除され、文部科学省の教科書検定も、これを放置した。ここに官民一体の朝鮮人虐殺の国家責任の隠蔽が行われている。

（3）自民党極右派安倍晋三の登場とアジアに対する日本の侵略と植民地支配認識の歪曲の動向

自由主義史観のこうした動きは、これと歴史観を同じくする自民党極右派安倍晋三たちの動きと密接な関係があると思われる。

安倍は官房副長官当事に「つくる会」の中学校用歴史教科書の検定合格に尽力したのである。「つくる会」の会長だった西尾幹二の回想によると、「つくる会」の中学校用歴史教科書の検定合格のために安倍は次のように奮闘した。

「安倍官房副長官は、政府の中でただひとり、自らの立場が危うくなるまで、教科書問題で私たちを支援した。（中略）今だから言うが、安倍さんは外務省が、次官以下首脳部で研究会をつくって検定妨害のための教科書内容のチェックを始めたのを知り、私の前で外務官僚へ電話をかけ、越権を激しいことばで叱責し、方向を変えようとした。」（西尾幹二「小泉純一郎と安倍晋三―誰が本当の改革者か」『Voice』２００３年12月号、54頁）

外務省首脳部はアジアに対する日本の侵略や植民地支配の実態を隠した教科書が登場する結果、アジア諸国から非難されて日本の外交が困難になることを恐れて「つくる会」の中学校用歴史教科書の内容の検討を始めたのであろう。しかし、安倍は外務省首脳部のこの動きを阻止してこの教科書の検定合格に努力したのである。そして現在彼が党首である自民党は、２０１２年12月6日の衆議院議員選挙に向けて11月21日に発表した公約で「自虐史観偏向教育を行なわせない」とし、また「『近隣諸国条項』など、教科書検定制度を見直す」と主張した（『朝日新聞』２０１２年11月28日）。この検定基準の「近隣諸国条項」とは、１９８２年に文部省が教科書検定でアジアに対する侵略や植民地支配の実態を曖昧にしていることが問題視され、中国をはじめ韓国や朝鮮民主主義人民共和国からも抗議がなされたので、同年8月26日に宮澤喜一官房長官は教科書の記述を「政府の責任において是正する」と政府の方針を発表し、その結果、11月24日に官報に発表された追加の教科書検定基準、すなわち「近隣アジア諸国の間の近現代の歴史事象の扱いに国際理解と国際協調の見地から必要な配慮がされていること」という教科書検定基準を指す。自民党公約のこの「近隣諸国条項」の見直しの方針は、安倍たち自民党極右派の主張が自民党の主張にまでなったことを意味する。そこで１９９０年代中期からの安倍たち自民党極右派のこれまでの動向とその動向が人気を集めるに至った経過を最小限度述べることにする。

１９９３年8月9日に非自民8党連立内閣の首相に就任した細川護熙は、その翌日の記者会見でアジア・太平洋戦争について「私は侵略戦争であった、間違った戦争であったと認識している」と述べた（『朝日新聞』１９９３年8月11日）。すると、8月11日、「英霊にこたえる議員協議会」、「遺家族議員協議会」、「みんなで靖国神社に参拝する国会議員の会」、すなわち自民党の靖国関係三協議会の座長等は、官房長官に会って細川発言は「遺憾な発言。遺族の心境を考えても認められない」と抗議した（『読売新聞』１９９３年8月12日）。三協議会は同年8月23日に「大東亜戦争を如何に総括するか」をテーマとして「歴史・検討委員会」の設置を決定し、同委員会は１９９５年に『大東亜戦争の総括』を出版した。この書物は「大東亜戦争」は日本の自衛戦争であり、アジア解放の理念をもった戦争であると主張したものだった。安倍は１９９３年7月18日の総選挙で衆議院議員になったばかりの時期だったが、「歴史・検討委員会」に委員として参加した（歴史・検討委員会編・刊『大東亜戦争の総括』展転社、４４３～４４６頁）。

１９９４年6月30日に村山富市社会党委員長を首相とする社会党・自民党・さきがけ3党連立内閣が成立し、7月12日に決定された共同政権構想には「戦後五十年を契機に、過去の戦争を反省し、未来の平和への決意を表明する国会決議の採択」が挙げられた（和田春樹、石坂浩一、戦後50年国会決意を求める会編『日本は植民地支配をどう考えてきたか』梨の木舎、１９９６年、１１４頁）。安倍はこの動きを阻止するために１９９４年12月1日に結成された「戦後50周年国会議員連盟」の事務局次長になり、１９９５年6月9日の国会決議に際しては、これに反対して国会を欠席した（和田春樹、石坂浩一、戦後50年国会決意を求める会前掲書、91～93頁、１３８頁）。

１９９６年6月27日に中学校教科書の検定結果が発表され、すべての歴史教科書に従軍慰安婦が登場した。藤岡信勝は文部大臣への公開書簡で教科書の従軍慰安婦の記述の削除を要求した（藤岡信勝『「自虐史観」の病理』、文藝春秋、

1997年、12〜26頁)。右翼国会議員もこの教科書に反発して1997年2月27日に衆参両院の議員62名が参加して「日本の前途と歴史教育を考える若手議員の会」の設立総会が開かれた(『産経新聞』1997年2月28日)。その後参加議員は増え、1997年11月現在、会員は107名となった。安倍は事務局長だった(日本の前途と歴史教育を考える若手議員の会編・刊『歴史教科書への疑問—若手国会議員による歴史教科書問題の総括』展転社、1997年、516〜517頁)。

安倍は2000年4月5日に成立した第二次森喜朗《よしろう》内閣の官房副長官に就任し、2001年4月26日に発足した第一次小泉純一郎内閣でも官房副長官に就任した。

安倍は朝鮮民主主義人民共和国の日本人拉致問題に関って日本人大衆から人気を集めた。小泉純一郎首相は2002年9月17日に訪朝して金正日総書記と会談した。この会談で金は日本人拉致を認めて謝罪し、拉致被害者中8人は死亡、5人は生存していることを発表した。同時に日朝国交正常化交渉の再開、朝鮮に対する植民地支配に対する日本の謝罪、国交正常化後の北朝鮮に対する経済協力、核やミサイル問題の解決などを記した「日朝平壌宣言」が両者によって採択された。この時安倍は小泉に随行し、日本人拉致問題の処理を担当することになった。

2002年10月15日に拉致被害者の日本人5人が一時帰国という条件で帰国した。しかし10月24日に日本政府は5人を北朝鮮に戻さず永住帰国させ、そのうえで平壌から5人の家族を呼び寄せる方針を決定した。この方針は5人とも受け入れた(『朝日新聞』2002年11月8日)。2002年11月17日に安倍は帰国した5人が朝鮮に残した家族全員を日本に出国させる確約がなければ、次回の国交正常化の日程協議に応じない考えを示した(『朝日新聞』2002年11月18日)。

安倍は「北朝鮮は(中略)できるだけ早く正常化したい、国のたて直しに日本の援助を仰ぎたいと思っているようだ」と言い(『朝日新聞』2002年11月2日)、また「国交正常化が進まないで困るのは北朝鮮だ」と言った(『朝日新聞』2003年4月16日)。しかも安倍は「北朝鮮は、こちらで強硬な態度をとったからといって、すぐに暴発するような単純な国ではない。それどころか正しい方法でタイムリーに圧力をかけていけば、一時的にせよ、政策を変えることができる」と言って強硬政策を主張した（安倍晋三「ブッシュ大勝は日本のチャンス―日米同盟で北朝鮮制裁を国連安保理に提起する」『Voice』２００５年1月号、74頁）。つまり安倍は、経済的な困難に直面している北朝鮮が早く国交正常化し日本からの経済援助が実現されることを望んでいる弱みにつけ込んで強硬政策を主張したのである。

２００４年5月22日、小泉首相は再度訪朝し、その結果拉致被害者の子供５人が来日した。しかし日本政府が認定した拉致被害者16人および拉致の可能性のある多数の「特定失踪者」の解決が残されていた。２００５年10月31日に第三次小泉内閣成立に際して官房長官に昇格した安倍は11月７日の記者会見で拉致問題の全面的解決が国交正常化の前提であることを強調した（『朝日新聞』２００５年11月7日夕刊）。

拉致は明らかに犯罪である。しかし安倍の強硬政策の主張は、朝鮮に対する日本の過酷な植民地支配の実態を知らない日本民衆の多数派から一面的な被害者意識に基づくナショナリスティックな反応を引き起した。

大嶽秀夫は「安倍氏は（中略）北朝鮮に厳しい態度を取ったことで一躍注目を集め、国民的人気を得た政治家である」と評した（「安倍晋三著『美しい国へ』を読む」『論座』２００６年10月号、37頁）。

実際に安倍の人気は高かった。２００５年10月31日から11月１日にかけて朝日新聞社が行った世論調査によると、小泉首相の次の首相として最も期待されたのが安倍で、彼の支持者は33％に達した。2番目は麻生太郎だが、支持率はわずか5％で、安倍の人気は麻生の人気を大きく引き離していた（『朝日新聞』２００５年11月2日）。

２００６年9月20日に安倍は自民党総裁選挙で当選した。20日夜から21日にかけて朝日新聞社が行った世論調査によると、安倍が総裁になって良かったとする者が57％を占めた（『朝日新聞』２００６年9月23日）。

そして9月26日に第一次安倍内閣が発足した。9月29日付『朝日新聞』投書欄に掲載された会社員飯野己子男《きねお》の投書「拉致の解決に新内閣に期待」には、「安倍内閣が誕生した。私は北朝鮮による拉致被害者の救出に期待したい」と記されていた。ここにも日本人民衆の多くが安倍に大いに期待した点が示されている。

小泉首相の最初の訪朝に際して在日朝鮮人作家の金石範は、日本政府や東京都が不問のまま80年も放置されている関東大震災時の朝鮮人虐殺問題に言及し、「私は平壌会談でそれを議題にせよというのではない。ただそのような歴史的事実と向き合う姿勢がほしいということだ」と言った（『朝日新聞』２００２年９月１日）。

つまり、彼は小泉が平壌会談で日本人拉致問題を取上げる際に日本が朝鮮に対する植民地支配によって日本が犯した罪を念頭に置いて欲しいと要望したのである。しかし小泉にも、安倍にも、朝鮮に対する日本の植民地支配責任を真剣に考えることはなかった。平壌宣言では朝鮮に対する日本の植民地支配についての謝罪の言葉だけはあったが、しかし植民地支配に対する補償は否定され、日韓条約と同じく経済協力のみが約束されていた。多くの日本民衆の多くが北朝鮮に対しての補償を念頭に置かず、安倍の強硬政策に共感する結果となったのも、平壌宣言のこうした欠陥によるところが大きいのであろう。中村陽三は２００２年９月19日付『朝日新聞』に掲載された投書「両国民の悲劇、国の償いこそ」で「日朝間の真の平和は両政府が関与した犯罪について互いに謝罪し、補償することから始まる」と述べた。民衆の内部にこうした見解がなかったのではない。しかしこうした見解を持つ者は少数派に止まった。東京大学法学部教授北岡伸一は、「拉致問題で国民は『国家』という服で自衛しないといけないとわかったのではないか」と見なした。換言すれば、拉致問題は「これまで薄弱だった日本人の国家意識が覚醒した過程だ」と評価した（『毎日新聞』２００３年９月11日）。

極右派の安倍が党首である自民党が「自虐史観偏向教育などを行なわせない」とか、「『近隣諸国条項』など、教科書検定制度を見直す」ことを目指していることは重大な問題である。しかしそれ以上に重大なことは、北朝鮮の日本人拉致問題が明確になったことがきっかけとなってこの問題に関わった安倍の人気が急上昇し、日本の植民地支配責任を棚上げしたナショナリズムへ日本の民心が急傾斜していることである。こうした政治的・思想的状況の下で東京都教育委員会や横浜市教育委員会の関東大震災時の朝鮮人虐殺の史実の抹殺が行なわれたと見なければならない。私たちは、日本の民心が現在自民党極右派の言動に引きずられて、植民地支配責任を棚上げしてナショナリズムに傾斜していく思想的・政治的危機状況に現在直面していることを自覚して関東大震災時朝鮮人虐殺事件の歴史的意味を深く考えねばなるまい。

おわりに

在日朝鮮人歴史家琴秉洞は、彼が編纂し1996年に緑蔭書房から刊行した『関東大震災朝鮮人虐殺事件問題関係史料　Ⅳ　朝鮮人虐殺に関する植民地朝鮮の反応』の解説の末尾にこの事件の研究や追悼に戦後の日本が努力をしてきたことを理解した上で、日本人の運動に朝鮮人虐殺の国家責任を問う行動が欠けていることを次のように厳しく批判した。

「大震災時の朝鮮人虐殺は天下周知の明白な大量虐殺事件なのに、日本政府の答えは全くなく、その政府の卑劣さを追及する国民的・大衆的、または国際的な運動基盤もなく、国会での本格的な論戦もない、と言うことをどう考えればよいのか。

もとより、真摯にして善意に満ちた個別研究も多くあり、大震災記念日の節目ごとに、自己の責任と見る、罪障感と誠意から大きな行事や行動、そして研究発表も少なからずあり、多くの人びとが参加しているのを承知しているし、有難いことだと思っている。しかし国全体というより政府自体の答弁もなく、それを促す程の運動体もないのを私は何故か、考えざるを得ないのである。」

これは戦後の日本人の運動の前進面を評価しつつ、そこに見られる国家責任の追及の欠如を指摘した鋭い批判だった。私は彼の批判に応えて、朝鮮人虐殺事件の調査と朝鮮人犠牲者の追悼の上に、朝鮮人虐殺事件の国家責任を問う民衆責任があることを説いて、2003年に『関東大震災時の朝鮮人虐殺―その国家責任と民衆責任』（創史社）を著し、2011年にはその改訂版『関東大震災時の朝鮮人虐殺とその後―虐殺の国家責任と民衆責任』を著した。

2010年9月24日にそれまで関東各地で朝鮮人虐殺事件の調査と犠牲者の追悼を行なってきた人々によって「関東大震災朝鮮人虐殺責任を問う会」が成立した。しかしこれを取り巻く政治的・思想的状況は、上述のように極めて厳しい。安倍は病気のために2007年9月25日に退陣したが、2012年12月26日に第二次安倍内閣が成立し、さらに2014年12月24日に第三次安倍内閣が成立し、日本の軍事大国化への道を進めながら憲法改悪への歩みを進めている。こうした日本の政治的・思想的状況と対決しつつ、関東大震災朝鮮人虐殺事件の国家責任を問う運動はなされねばならない。

なお、本稿は韓国での報告の一部を修正・補完した。

日韓関係史からみた関東大震災——一国史を超えて

姜徳相

最初に研究史について述べておきたいと思います。戦後日本で関東大震災下朝鮮人虐殺を歴史研究の対象にした人は在横浜の研究者斉藤秀夫さんで、「関東大震災と朝鮮人さわぎ」(『歴史評論』99号、1950年11月号)です。摂政の宮(昭和天皇)の箱根行幸で警戒体制を布いた横浜の警察が「朝鮮人要注意」の流言を流したという立論で、教えられる点が多かったのですが、「さわぎ」というテーマに異和感があり、それは「日本人さわぎ」であろうとの批判を含めて私も研究してみようと思い、約5年かかりましたが、その結果がみすず書房『現代史資料6『関東大震災と朝鮮人』』(1963年10月)刊行と「関東大震災に於ける朝鮮人虐殺の実態」(『歴史学研究』1963年7月)、「大震災下の朝鮮人被害者の調査」(『労働運動史研究』1963年7月)、「つくりだされた流言」(『歴史評論』1963年9月)で、時を同じくして京都大学の松尾尊兊さんが「関東大震災と朝鮮人虐殺」(『思想』1963年9月、64年2月)を発表されました。その後、かくされていた歴史の実像をめぐって二人の考えが違うという問題が出てきました。それは何かと言うと「流言」・朝鮮人が井戸に毒を入れた、爆弾を投げた、婦女を強姦したとかいう流言・蜚語がどこから出たのかと言うことです。松尾さんは、流言は日本の根深い朝鮮民族に対する民衆的な偏見、差別感が根っこにあって、そこから出たんだと、だから流言・蜚語が出た場所は一ヶ所ではなくて、震災地域、関東一円、至る所に流言の発生源があるという主張をされました。

私は、流言発生は日本人一般ではなくて、それよりも朝鮮人を監視、或いは取り締まるという事を専門にしていたプロがいると、それは憲兵であり特高警察「鮮人係」であると、その警察の部局にいた者は日常「鮮人」を警戒視することで訓練を受けていると、そういうことを記した文書などもたくさん残っている。その頃の朝鮮人は関東一円に2万人しかいなく、ほとんど工事現場のような所にいて、一般民と接点を持ち、隣に朝鮮人がいるという存在ではなかった。差別感とは隣にちょっと変な習慣を持っているとか、わからない言葉を喋ると言うことで発生する事が多い。近所に朝鮮人をほとんど見られない状況で、もし偏見があったにしても、自分の命、家族の生命、財産を必死に考えている人が「朝鮮人が毒を入れた」とかと考える余裕があるのかと、いうのが私の考えでした。この論争はしばらく続くのですが、結果的には松尾さんの方から言われたことですが、私の主張は悪いのは帝国主義であって、民衆にはないのだと、民衆免罪論ですね。だから朝鮮人が殺られたのは帝国主義の犠牲、日本民衆も帝国主義の犠牲であるのだという立場に立つのがあの頃の国際主義でした。それもそうだなと言う感じもしましたが、この問題はその後も決着つかないで、事あるごとに官憲説、民間説、横浜説などの話が脇から出てきたりして、関東大震災朝鮮人虐殺が何故起こったのかという事に関しては、常に責任の所在が曖昧にされるというのが事実です。私は１９７５年の中公新書「関東大震災」でも同じ事を主張しました。その後、「60年に思う」と題して資料を残す事を怠った日本社会への愚痴めいた事を書いたりしました。その後、いろんな個別の研究がでてきましたが、その中で特に気がついたのは、真相を究明するということで、埼玉県の中山道沿いの熊谷、本庄、神保原や、千葉の習志野、船橋の周辺で、どこどこの村でどういうことがあったか、地域史の形で進んでいくということ、東京でも亀戸や荒川の土手で何があったか、地域史の問題として地域の人の証言を取り入れる形で、一つ一つの研究が固まっていくという実り多い成果が生まれていることでした。まだその頃までは証言者が生きていました。証言する人が最後に自分の見た事を正直に話す、時代の修正がつくと言う難点もありますが、大雑把ですが、大枠では出来ているのです。地域の細かいところを確定していく作業がそこで出てきたという事と、もう一つは日本の研究者の中には追悼という問題として考えてみるという人が出てきた。過ちを繰り返さない為、どう追悼していくか、そう意味で慰霊碑問題・慰霊碑がどこに建っているか、誰が建てたかというような事が出てきました。そこで問題になったのは慰霊碑を建てたのは日本人も多いけれど、誰が加害者かと言うことが、すべて消えていたと言うこと。被害者が誰で加害者が誰かということ。このような問題があるということです。

関東大震災80周年の時、朝鮮史研究会で「関東大震災80年を迎えて改めて考えること」を大会報告しました。ここで松尾さんや斉藤さんの横浜説に流言がどこから出てきたかのことで問題になり、その問題が曖昧なものになったという事だけど、ここで私は改めて官憲説が主体だとはっきりと申し上げたのです。会場にはたくさんの人が来ていましたが、あまり大きな異議は出なかったと思います。その後10年、私は個別な研究はしていませんでしたが、私なりにこの10年間いろいろ考えて、見ている内にどうも何か違和感が残りました。私の官憲説もしっくりしないと考えている内に到達したのが戒厳令です。２００８年に出したものですが「戒厳令なかりせば」（関東大震災85周年シンポジウム実行委員会編『震災・戒厳令・虐殺――関東大震災85周年朝鮮人犠牲者追悼シンポジウム』三一書房刊所収）というのが、私の今の考え方の始まりです。どういう事かというと官憲説だけど、もっと補強されるわけです。戒厳令とは軍隊が権力を掌握する事です。内乱または戦争、この二つ以外は発令されない、だから戒厳令が発令された以上は内乱が起きたということ、では誰が内乱を起こしたのかと言うと朝鮮人です。水野錬太郎がはっきり言っています。敵は朝鮮人だと。９月２日午前10時頃から警察官は朝鮮人は殺しても構わないと言っています。いろんな地区の署長が随所で言っている。それを聞いている人がたくさんいる。そういうことで考えて見ると戒厳令下に人が殺されている。戒厳令とは剣付き鉄砲を持った兵隊が街角にいる訳です。警察よりはるかに強力な治安組織ですね。その厳戒の中で例えば自警団がつくられたにせよ、自警団が人を殺しているのを戒厳軍隊が何故阻止しないのか、という問題になります。それは実際の人殺しは戒厳軍がやった、軍隊が主力で警察は別軍、自警団が民兵となったが、途中で「朝鮮人暴動」は事実にあらずとなり、軍隊・警察の蛮行はかくされ自警団の殺害行為だけが残されていくという形で問題が収斂されたからです。そこで私は極端にいうと戒厳令は朝鮮人に対する宣戦布告だと思います。それをどのように実証するのかという問題ですが、戒厳軍隊が実包を持って千葉の習志野や市川の国府台から東京に進攻して、江東地区を中心に虐殺を展開する形をとる。これはもういろんな形で軍隊の殺害記録がありまして実証されています。

市川の砲兵旅団第一連隊がどのような形で出てきたかを簡単に述べると、1日夜10時に出兵しますが、まだこの時は戒厳令引かれていません。その時は避難民を救護するという目的で兵隊が出てきますが、ところが途中、2日の9時頃から彼らは小松川で人殺しを始めるのです。これはその時、戒厳令が発布されたと言うことです。出先の将校が勝手に判断して200人の人殺しをするということはありえないわけですから、小松川を嚆矢として江東一帯に続発しています。戒厳令で軍隊が戦争を始めた。それを見た民衆たちが自分たちもお国の為に力を尽くすというこれも主として在郷軍人、青年団員、消防団員が中心となり自警団となるわけです。彼等は率先且つ能動的に権力と結びつく、何故ならこの人たちはかつて帝国軍人として兵器を行使した経験をもつ人たち、帝国軍隊のOBとして強力なネットワークを持っています。そういう意味で戒厳令が対朝鮮人の国民連合となったと言うことです。

ならば、なぜ朝鮮人が敵かという問題です。この筋書きは官憲説を補強する形になりますが、街角で非常線が張られます。自警団員の通行人あらためが始まります。その時皆に「15円55銭」を言えと強要されます。坪井重治という詩人が格調高い詩を書いていますが、「15円55銭」の発音は濁音の連続で、朝鮮語には濁音がないから「ちゅうこえんこちゅうこせん」としか言えません。すぐ朝鮮人とわかるのです。その場で朝鮮人はあの世送りです。日本人でも方言があって言えない地方人や琉球人は間違えて殺された人もいました。「15円55銭」というのはまさしく朝鮮人改めで、言葉というのは民族そのものですから朝鮮民族に対する敵視の思想が秘められているのです。では「15円55銭」が朝鮮人の民族的特徴という事を自警団の魚屋、八百屋のおっちゃんたちが何故知っていたかと言うことです。先ほど私は関東一円に朝鮮人は2万人しかいないと言いましたが、魚屋のおっちゃんたちは近所の朝鮮人は見たことがないと思います。ところが彼らに「15円55銭」を言わせる。誰がそれを教えたか。それは官憲たちです。その証拠にこういう文書があります。大正2年、韓国を併合してまだ3年ぐらいかしか経ってないときです。「朝鮮人識別資料に関する件」という文書があります。これは内務省の警保局が警察、役所の窓口で朝鮮人を識別するためのノウハウを書いた文書です。和服を着て喋らなければ日本人とわからないので、こういう形で朝鮮人を識別して尾行をして調査の対象にするのです。その言動によって甲乙の符号を付けます。甲は民族心が強く日本に対して反抗的な人物ということで5人尾行が付きます。乙というのは甲程度でなくても民族心を持っている者、その他は脳天気な者と識別する、人を甲乙に分け居留する朝鮮人を警戒するという制度の根本になるものです。ここには「身長内地人ト差異ナキモ、姿勢直シク腰ノ屈ムモノ及ビ猫背少ナシ」「顔貌亦内地人ト異ナラズモ、毛髪軟ニシテ且少ナク髪ハ下向ニ生ズルモノ多シ、顔面ニ毛少ナク俗ニ「ノッペリ」顔多シ」髭、鬚ナドハ一般ニ薄シナド。

言語上

「発言ニ抑揚頓挫アリ流暢ナリ」

「発音に濁音（ガギグゲゴ）ハ最モ困難トス」

「発音ノ際ラ行ラリルレロハ判明セズ、例エバ（ラ）ハ（ナ）、（リ）ハ（イ）」等々。

よく調べています。

「正座ニ堪ヘズ胡座ス、其ノ胡座ニ当リ左足ヲ右足ノ上ニ載セ膝トヲ交フルハ殆ド一定ノ例タリ」

「婦人ニ対シテハ正面ヨリ見ズ側視スルノ習慣アリ」

「書類（諸証書類又ハ信書等）ヲ蔵スルニ極メテ小サク折リ畳ミ、巾着及袋中ニ納ムルノ風俗アリ」

「一般ニ褌ヲ用ヒズ」

そういうことまで書いている。つまり「こいつらは何をするかわからんぞ」識別して看視するという観点に立っているものです。要注意人物に指定されるのです。

権力が「15円55銭言ってみろ」「らりるれろ言ってみろ」「君が代唄ってみろ」「都々逸唄え」朝鮮人が知るわけがないのを役人は知っていて、民兵（自警団）になった連中にこれらを教え込んで朝鮮人を識別して虐殺を行う形になったと思います。
では何故朝鮮人を警戒しなくてはならないかという問題です。
私は震災で何故戒厳令が出たかを考えるとき、震災での虐殺事件の前提としてすくなくとも30年に亘る前史、即ち甲午農民軍との戦争、そして露日戦争後日本の強占に反対して全土を鮮血で染めた7年に亘る義兵戦争を含めた「敵視」の思想形成を語らねばならぬと思っていますが、時間の関係で省略、朝鮮総督府という権力のあり方、そして3・1運動に続く「満州」、シベリアでの独立戦争を中心に話を進めたいと思います。

1910年朝鮮総督府が出来ます。総督は現役の陸海軍大将ではないと資格がないのです。どうしてか。つまり軍事的に対応しないと統治出来ないということです。それが憲兵政治です。それは軍隊が義兵を「討伐」して「差別と暴力」の植民地政権を作った。別の見方をすれば、活火山の上に立っている権力だからです。

2千万の朝鮮人の怨嗟の目に囲まれたから針鼠のように武装しなくてはならない、という権力。だから総督が現役の陸海軍大将であり、憲兵の支配する統治しか出来ないのです。憲兵の権限は三ヶ月以下の懲役、罰金100円以下の犯罪、これに対しては片手で検事、片手で判事の憲兵が犯罪即決令でその場で処刑出来る。こういう江戸時代以前の権限を持つ政権が出てきたと言うことです。これはまさに軍政ということです。軍政下に朝鮮の支配、土地調査事業から鉄道、道路が作られたのです。

そのやり方はどうだったのか。ひとつだけ例をあげます。憲兵統治下の道路工事を俗称「鉛筆道路」といいますが、あの町からこの村までと決めると地域の農民の田地を没収し、労力を徴発、一日一食すら難しとする人たちが弁当を携帯して終日無償にて駆使される。「素より極貧の民なれば労役に出たりとて宿屋に泊るの資力なく終日瓜をかじりて労役したる後、夜ははかなき露宿の夢を結ぶ、嗚呼この如き細民の苦痛、何の機関によりて仁者に訴えんや彼らの怨恨の焦点たる憲兵」（中野正剛「我が観たる満鮮」）

権力がのさばればのさばるほど、二千万民衆の怨嗟の的になっていくこと、逆に言えばその反動がもたらす敵意の増幅と言うことです。

自分たちの支配が強まれば強まるほど朝鮮人の報復は怖いと思う、そういう支配者の後ろめたさを持った政権だと思います。

それは朝鮮民族は敵だ、民族主義を除かない限り日本人は安住できないという考えになる。即ち朝鮮人のもつ固有の民族性が敵視の対象となるのです。

1913年に出来た朝鮮人識別法は、怖い植民地朝鮮人が日本に来る、だから特徴をみて識別しなくてはならない、識別して監視しなくてはならないということになるのです。これは警察や役場の連中の必読書なのです。

そういうことを前提に1919年の3・1運動を考えてみたいと思います。

3・1運動弾圧は徹底した武力行使でした。「現代史資料」25、26巻という本は3・1運動弾圧資料集です。これは全部日本側軍部の資料です。日本の現地の陸軍が討伐をした、3・1運動で朝鮮人と対決をしたその毎日、毎日の戦果を陸軍省に報告した資料です。これを「日次報告」と言います。「日次報告」に出て来る数字だけでも千人を越える死者が数えられています。そのひとつを見ますと「3月10日平南孟山ニ再ビ天道教徒100憲兵分遣所ニ突入シ、歩兵ト協力発砲撃退ス、憲兵1即死、補助員1重傷、暴民約50死傷ス。「現代資料25・105頁」にこういう報告があります。詳報によると「暴徒ノ死傷ハ事務室ノ内及ビソノ前ニオイテ銃弾命中シタ者51名ニシテ負傷者13名ニシテ負傷者ハ受傷後逃走セリ」とある。

総計で67名死んでいます。100名のデモに76発の弾丸が使われています。67名死んだというのは百発百中、皆殺しという敵意がないと出来ないと言うことです。日本の「つくる会」の人たちは3・1運動の「裁判の結果死刑者は一人もいなかった…世界一寛容な判決」といっているが、裁判以前の無数の即決の死刑があったのです。日本軍自身忠清南道で「暴民死刑十四傷不明」と報告しています。

水原堤巌里で教会へ放火殺害された人はデモもしていません。指揮官有田中尉は朝鮮人は即ち独立を考える不逞の徒という認識です。「朝鮮独立運動の血史」を書いた朴殷植によると兵力を使用して鎮圧した死者は7504名、民衆のデモを鎮圧する権力のあり方としては異例なのです。日本で米騒動がありました。私は朝鮮の3・1運動より米騒動の方が過激なデモだったと思います。米蔵に行ってぶち壊して米担いでくる訳ですから。この時日本政府は寺内内閣、内務大臣が水野錬太郎です。これ覚えといて下さい。水野錬太郎は、米騒動では戒厳令は布かなかった。騎馬隊は出ました。デモが騎馬隊に蹴散らされるということはあったと思いますが、死者は無いです。3・1運動後に中国で五四運動が起きます。これも軍閥政府、そして軍閥政府の後ろには外国の日・米・英・仏がいますが、反権力闘争に間違いないです。中国全土で多くの学生、労働者が蜂起しましたが死者は無いです。半植民地権力でも人は殺さなかった。しかし植民地朝鮮の3・1運動は五四運動とも米騒動とも違うもの凄い死者がでているという特徴があります。

これは戦争状態が伏流化しているということが日本の朝鮮支配ということです。つまり朝鮮人が日本の統治に黙って従っていれば仮の平和があります。しかし一旦自分の声をあげたら皆殺しの対応が待っているという構造です。1923年に起こりました震災の4年前のことです。3・1の翌年中国の間島（延辺）、今の朝鮮族自治州、ここに日本軍が乱入しました。何故乱入したかというと義兵戦争で朝鮮領内を追われた義兵達が間島にいる朝鮮人大衆を拠り所にしてそこで義兵戦争を継続していた訳です。本国内で3・1運動が起こると俄然彼らは勇気づけられ武装闘争を再開した。またロシア革命がウラジオストックまで波及してきて、シベリアに出兵していた日本軍が敗退を重ね追い詰められてくるという状態でした。中国では五四運動が起こって日本が21ヶ条の要求を取り下げざるをえない、日英同盟も破棄（1922年）されたという状況が続きます。つまり単なる民族独立運動ではなく国際的な反日気運と社会主義という思想を持った解放運動という局面がこの頃から見え始めるのです。そういうものと日本軍は植民地防衛の為、最前線で戦っていたのです。大事なことはこの最前線にロシア、中国だけでなく朝鮮がいるということです。『西伯利出兵憲兵史』（憲兵司令部、1928年。のちに国書刊行会、1976年）という本があります。その中で日本軍に対して最も勇敢に戦ったのは朝鮮人ゲリラだったと書いています。尼港事件で日本人が皆殺しになる事件がありました。その時に中心的だったのも朝鮮人ゲリラだった。そういう意味での現場の日本軍部、官憲は今まで連続的に見てきたように、朝鮮独立運動への敵視がより強くなる、社会主義思想が加わっているという恐怖感を持ってくる、日本が朝鮮支配で一番警戒したのは、朝鮮問題が国際化するという事でした。だからあらゆる手をつくして防衛しようとする、しかし実際には逆に展開している。1920年代、日本軍の戦略には3・1運動、間島事件、シベリア出兵、この3つの経験が新たな朝鮮人への敵対関係即ち民族問題だけではなくて総合されて思想、社会「主義者」まで含めた、要するに思想狩り、関東大震災朝鮮人虐殺になっていったのではないかと思います。日本の憲兵隊は「大正3年~9年戦役」という言葉を使っています。対独戦争。3・1運動、シベリア戦争、間島での戦争を意味している言葉です。

間島での朝鮮人への日本軍の軍事行動、日本では知られていませんが一つ例をあげます。

1920年10月中国で発行された「震壇」という新聞があります。中国にある臨時政府系のグループが出していた新聞です。「十月二十九日日本軍数百名ハ突如トシテ延吉県細鱗河方面ニ至リ、韓人家屋数百戸ヲ焼キ韓人ニテ銃殺セラレタル者夥シ、又翌三十日午前八時三十分延吉県街ヲ距ル約二里帽山東南青溝村附近韓人部落七十余戸ハ日軍ノ為ニ一炬ニ付セラレ併セテ五百余発ノ銃弾ヲ発射シ、同村ヲ包囲攻撃セリ、同村居住韓人三百余名ノ中、辛シテ遁レタルモノ僅ニ四、五名ノミ、其ノ他老若男女ハ火ニ死セスハ銃ニ傷ツキ、鶏犬タリトモ遺ル所ナク、屍体累々トシテ横リ、地ニ満チ、血ハ流レテ川ト成シ、見ル者涙下ラザルハナシ。」カナダの宣教師も同じような実見談を書いています。この時間島で受けた朝鮮民衆の被害は中国政府が日本政府に対して損害賠償要求を出していますが、数字にすると次のようです。中国でおきた事件ですから当然中国政府が国際問題として要求したのです。それによると殺された者3103名、捕らわれた者238名、強姦76名、家を焼かれた数2507戸、焼かれた学校31校、焼かれた教会7棟となっています。作戦の特徴は独立軍と一般市民の区別がなかった、家宅捜索で独立新聞が発見されれば「不逞鮮人」の烙印がおされた。朝鮮そのものが不逞な敵、日本の秩序に従わない異端となり、即処刑されたことであります。

これをやったのが朝鮮にいた駐屯日本軍です。越境して攻撃をしようと言い出したのは誰かというと日本の右翼です。建言をしたのです。黒竜会頭山満、内田良平の連中です。内田の文書を読みます。

「朝鮮独立騒擾再ビ黙視ガタク明石大将（明石元二郎前朝鮮軍憲兵司令官）ニ面会シ其由テ来ル所以ヲ述べ、改革意見ヲ陳述シ、翌大正九年ハ更ニ朝鮮ニ遊ヒテ海外ニ於ケル不逞輩ノ陰謀ヲ察知シ内閣諸公及総督府当局者ト連絡シテ主謀者タル李喜侃ヲ誘出シテ悦服セシメ其陰謀ヲ中止セシムルト共ニ田中（義一）大将ニ意ヲ具シ朝鮮出兵ヲ請ヘリ。其結果第二ノ騒擾事件トシテ重大ナル風雲ヲ捲キ起コサントシタルヲ、僅カ其ノ分派タル一部ノ暴風所謂琿春事件ヲ勃発シタルノミニシテ事無キヲ得タリ……」以上は朝鮮軍の「間島出兵」は自分の功であるとの自慢話であるが、彼の関心は間島だけではないもっと広い満州、朝鮮の国境地帯にいる朝鮮人なのです。文書を引用してみます。「比際西比利亜の撤兵は西比利亜過激派中に在る鮮人と満州に在る独立団を通して自由に軍事的連絡を通するを得せしむるものなるが故に通化、海竜城、金城、興京、懐仁、寛甸地方に集合しつつある処の在満鮮人独立団員三十余万人にして悉く武装して一斉に江を渡り鮮地に殺到し来らば我守備軍如何にして之を防圧すへきか、況んや彼等の背後には米露支三国の援助あり、加ふるに土着鮮人全部之に嚮応するの形勢歴然たるものあるに於てをや、之の時に当り我当局は尚ほ平然として漸進的施政方針を取り以て大乱を未発に防止するを得へしとするか、篤と賢慮廻らされ度次第に御座候」というにあった。謀略の将軍明石元二郎や陸軍大臣田中義一が内田の陰謀に加担してどんな意見を述べたかは不明であるが、賛成または黙認したとみられ、その上で内田は朝鮮総督府、朝鮮軍の要路と協議、諒解事項と思われるのが九月一日付の「在外不逞鮮人撲滅策」である。

撲滅策の要領は親日派養成と中国人馬賊を利用することで手足になったのは、部下1500名を有する長江好とその参謀日本人中野清助であった。

以下中野の「不逞鮮人討伐ニ関スル覚書（天楽覚書・1921年7月）」の要点を摘記すると長江好、中野清助が朝鮮総督府の丸山鶴吉参事官、山口特別高等課長、千葉了京畿道警察部長、三浦衛生課長らと朝鮮ホテルで会見したのは7月初旬、討伐の経験など意見交換がありその後「弾丸購入金及諸費用の受領」別に中野に謝礼金の意味で「金一千五百円」の交付があった。重要なのは次の文言です。

中野が「言ヲ改メ余等帰隊後不逞鮮人ヲ捕縛シタル時ノ処置ニ付キ質問シタルニ対シ、山口高等課長曰ク、不逞鮮人ヲ捕縛シタル際ハ日本官憲ニ引渡サザランコトヲ望ム、此等ヲ日本官憲ニ引取ルモ実ニ後ノ始末ニ困難ナリ、現ニ間島方面ヨリモ多数不逞鮮人トシテ押送シ来ルト雖モ断罪ノ結果証拠不充分トカ或又弁護士等ガ細工スルトカデ至極面倒ナルノミナラズ、タトヘ処刑スルモ出獄ノ後彼等ハ更ニ猛烈ナル悪漢ト化シ如何トモ手ノ下シ方ナク頗ル困却スルガ故ニ郷等ガ既ニ不逞漢ト認定シタル者ハ即時摘宣ニ殺戮シテ呉ヨ……尚ホ捕縛シタルトキ押収ノ証拠品及姓名ヲ最近ニ在ル日本憲兵ニ通告又ハ引渡サレタシ、且出来得ルタケ日本憲兵ト連絡ヲ保ツ様ニ行ハレ度シ」

馬賊に朝鮮人の即決処刑を命ずる驚くべきものであった。中野清助と長江好が会ったという丸山鶴吉は結局参謀中野の献策で「本当に長江好が覚悟してやって呉れるならば支那馬賊の手で不逞鮮人を一掃することが出来るのだから最も有効な方法である、殊に日本人の中野が参謀であるから……」と回想している（丸山鶴吉『五十年ところどころ』大日本雄弁会講談社、１９３４年）

馬賊がどんな「討伐」をしたのか一例をあげます。

「大正九年十月下旬部下ノ総招集ヲ行ヒ……安図県ニ向ヘリ、蓋シ不逞鮮人ノ光復団ト称スルハ奉天省安図県乳頭山ニ在リ四十余戸ノ鮮人ト三戸ノ支那人ヨリ成ル部落ニシテ我日本人ナドハ一歩モ足ヲ踏ミ入レ能ハザル、日本排斥ノ部落ナリ、此全部落挙テ光復団員ニシテ種々ナル計画ハ此処ニ於テ謀議セラルナリ、依テ先ヅ我部隊ハ該部落ヲ襲撃シ家屋四十余戸ヲ焼キ払ヒ光復団員、練兵教官及第二隊長、外交部長及同部員三名並区長、副区長、光復団兵卒等十余名ヲ毒瓦斯ヲ使用シ殺戮セリ」その他「十七才以上ノ男子ハ全部殺害」「男子ヲ銃殺シタルハ恵山　警察署及憲兵分隊ニテ協議ノ結果」などなど。

焼殺、銃殺時に絞殺、斬首、毒ガスなどの残忍極まりない殺戮をした。

こうしたことをした内田はその時の首相の原に会って意見を交換しているのです。日本が間島に出兵するために中国領ですから口実がなくてはいけない、口実のために金で馬賊を使います。馬賊に金をやって朝鮮人の村民を全部殺せという指令を出します。その馬賊が毒ガスとかいろんな武器をもらって朝鮮人殺しをする、朝鮮総督府の山口特高課長が馬賊の参謀と会い、中野清助というのは後で勲章をもらっています。

1960年頃、私は中野に会っています。中野は青山の頭山満の屋敷跡に住んでいました。背の小さい70才くらいのおじいちゃんでした。

会って話を聞いたらいろんな話をしていました。朝鮮総督府が介在したとか丸山鶴吉が介在したとか。それを教えてくれたのが同居人の渋谷礼治という人、その頃友邦協会（旧朝鮮総督府の高官たちの親睦団体）で理事をしていた人。当時私たちは友邦協会で勉強していたので、このことに関心を持っていたら今のうち聞いとけよということで梶村秀樹と二人で話を聞きました。内田は関東大震災虐殺事件の収拾策にも関心が強く、「震災前後の経綸について」（内田良平）なる真相かくしの一策を献じています。

関東大震災につながる話としてはこの時馬賊と別に、日本の討伐隊の坂本俊馬という人がいます。階級は大尉です。この人が討伐記録（「西間島旅行記事」大正9年10月、私家版）を残しています。自分が西間島一帯をぐるぐる回って何百人やっつけたという報告です。この男は震災時の小山憲兵司令官の副官です。つまり人間というのは自分の経験、人間的なつながりで行動するもので、先ほど述べたように植民地の反乱と革命情勢という帝国主義の危機の前線にいた重要な連中はみんな震災時に日本に帰ってきて当局の要職についています。これこそまさに震災の虐殺のもうひとつの大きな背景だと私は思います。これが1920年～1921年にかけてあったと言うこと、震災の2年から3年前の出来事です。こういう時間的な事、自分の職務と日本に戻って来たときの職務と連関があると思います。何故あれらが思想問題になったか、人脈の話をします。戒厳司令部が出来て警備部が出来ます。ここでいろんな政策を出します。対策会議が開かれ参席する人間がいますが、これらの軍人、官僚の経歴、まだ調べたばかりですが、もっと調べれば出てきます。帝国主義の第一線にいて民族運動をつぶす、植民地戦争をやったという第一線にいた人たちだというのがよく分かります。例えば水野錬太郎は震災時の内務大臣です。3・1運動時の朝鮮の政務総監です。最高指揮官です。震災時東京の警視総監、赤池濃と言います。この男は3・1運動時の朝鮮の警務総監です。民族弾圧の警察の最高実力者です。朝鮮総督府の内務長官宇佐美は震災時東京府知事です。朝鮮総督府の要職にいた者が東京の、政府の一番大事な治安の要職にいたという、偶然ではないということです。高級将校、軍隊、軍人たちを見ると簡単なスケッチですが関東大震災時の軍事参議官、4人いる中で一番偉い大庭二郎は3千何百人を殺した間島事件の侵攻軍総司令官です。

関東大震災時の第一師団・師団長石光真臣、彼は3・1運動時の憲兵司令官です。関東大震災時の戒厳司令部の参謀長、阿部信行、彼は後に朝鮮総督になる者ですがシベリア出兵軍の参謀長です。シベリア出兵軍の高級参謀武田額三、イルクーツク特務機関の機関員ですが、関東大震災時の野重砲第7連隊（市川の江東地区の朝鮮人虐殺の連隊）の連隊長です。中岡弥高、彼も同じく特務機関員です。震災時の朝鮮憲兵隊司令官、那須大三郎はシベリア戦争ウラジオ派遣軍憲兵司令官です。神奈川方面の戒厳令司令官になった斉藤恒少将は間島侵入戦争の裏面の立役者であり、「討伐ニヨリ鮮人ノ殺サレタルニ対シ救恤ノ必要ナシ……彼等ニ対スル当然ノ懲戒ナリ」とうそぶく人物でした。まだまだたくさんいると思います。私は全部調べていません。必ずこの人脈はもっとあると思います。

実務級で言うと麹町憲兵隊長特高課長兼任甘粕正彦、例の大杉栄、伊藤野枝、甥の橘少年を殺した人物ですが、のちに「大逆事件」をでっちあげられた朝鮮人無政府主義者朴烈を逮捕した「功労者」でもあります。彼は3・1運動時の朝鮮憲兵隊京幾道揚坪憲兵派出所隊長、朝鮮で活躍した功によって褒賞下賜金400円をもらっています。どういうことをしたのでしょうか。関東大震災時の東京憲兵司令官、小山介蔵の副官・坂本俊馬が西間東一帯の不逞鮮人討伐隊長であることはすでに紹介しました。馬賊の長江好と密接な関係を持った思想憲兵として辣腕をふるった服部もりき、彼は赤坂憲兵隊長です。全部ではないですがここまで来ると偶然では無いです。更には関東戒厳司令官に参加した宇都宮14師団参謀長井染禄郎大佐、彼はウラジオで特務機関長でしたがこういっています。

震災で朝鮮人殺しをしただけではなくて、日本人、中国人含めて社会主義者の思想狩りをする訳ですがその背景になる事がここにでています。無論彼らの経歴から見てよく分かる事です。彼らがどういう考えを持っていたかと言うことを証明する意味でこれから言います。

「今回の不逞鮮人の不逞行為の裏には社会主義者やロシアの過激派が大なる関係を有するようである。社会主義者の計画は支那人並びに鮮人を煽動して不逞の挙動並びに不徳なる行為をなさしめ治安を乱し官憲が大災最悪に遭遇して奔命しておるのを幸いとして官憲の無力を宣伝し盛んに不穏当なる流言蜚語を放ち各種の奇怪きわまる浮説を宣伝せしめ官憲の不信を流説し官憲と人民の間に対抗勢を作らんとすることを策する一方、鮮人を煽動して不逞行為をなさしめ内乱暴動を全国に波及せしめ以て一挙に彼らの希望する極端なる民主政治を実現せんと企んだ（省略）彼らの財源は言うまでもなく上海にその源を有するロシアの過激派と不逞鮮人との間には余程密接なる連絡があるようだ。ヨッヘ氏滞在中においてもロシアの過激派と不逞鮮人と社会主義者との間にある連絡があったように思う。要するに今回の不逞行為はかの三者の三角関係を根拠として行われたものであることは疑いないことである。」とは戒厳司令部の井染大佐の発言です。同じようなことを言っているのはまだいるのです。要するに植民地の反乱と社会主義的な抗日勢力の出現とシベリア出兵或いは青山里戦斗の失敗または敗戦、シベリア出兵というのは敗戦ですから、そういうのに対する危機感というのが震災時の戒厳行動となったと思います。

だから15円55銭が敵になり朝鮮人の主義者狩りが隠密に行われ余波として中国人社会主義者や労働者が殺され、日本人の社会主義者は朝鮮人を煽動したという罪名をきせられて殺されるという問題がここに出て来ると言う訳です。地震という偶然、差別と偏見が流言を生んだ、そして興奮した人たちが殺人者になったというものではないだろうと思います。そうした一国史というか、国内史観を脱して朝鮮の民族解放斗争の国際化を背景とする侵略と抵抗が生み出した民族対決です。これが戒厳令になる。戒厳令は朝鮮人に対する皆殺し宣言と同じだということです。まだまだいろんな証拠はありますが、大筋私の考えはこういうことだということです。

もっと歴史的にみていく、１９２３年をみるのではなくその前年、さらにその前の年、朝鮮支配に至る韓日の宣戦布告なき韓日戦争、こういったものの連続の中、震災下の虐殺になったと考えるべきです。自警団が見境無く朝鮮人は敵だと襲いかかりますが、あれは日本の侵略戦争時の兵隊。彼らは朝鮮の戦争を経験している、満州、シベリアを経験している、除隊をして帰ってくる、兵隊に行く時には人殺しを教育をされている、そういう属性を持たない限り街の魚屋のおっちゃんが人殺しを簡単にできるものではないというのが私の考え、そういう意味では国家犯罪です。国家が侵略というのをする事によって、国民を一色に染め上げていく、軍隊は当然そういう機能を持っている訳で、それと不屈な朝鮮人、容易になびかない朝鮮人という対抗関係。そしてもう一つは急速に変わっていく国際関係という問題があると思います。

このように見ないとどうも私は納得いかない。流言が誰からでたという問題ではないと言うことです。

さて私に与えられたもうひとつの課題「在日100年の歴史についてこの事件はどういう意味を持つのか」について述べます。

日本政府は1923年末の国会で二人の代議士から朝鮮人に謝罪しないのかと質問をされました。首相の山本権兵衛は「目下調査中」と答えたのみでその後調査も謝罪もありません。解放後韓日会談が妥結に向う頃、共産党議員の質問に対して時の池田勇人首相は「寡分にして存ぜず」と答弁しました。つまり日本民衆に刷り込まれた流言蜚語の取り消しはなかったのであります。

その結果の一つを竹久夢二は「東京災難画信」で次のように伝えています。

即ち子供の間の「自警団遊び」の流行であります。

「萬ちゃん、君の顔はどうも日本人ぢゃあないよ」豆腐屋の萬ちゃんを摑まへて、一人の子供がさう言ふ。郊外の子供達は自警団遊びをはじめた。「萬ちゃんを敵にしやうよ」「いやだあ僕、だって竹槍で突くんだらう」萬ちゃんは尻込みをする。「そんな事しやしないよ。僕達のはただの真似なんだよ」さう言っても萬ちゃんは承知しないので餓鬼大将が出てきて、「萬公！敵にならないと打殺すぞ」と嚇かしてむりやり敵にして追っかけ廻しているうち本当に萬ちゃんを泣くまで殴りつけてしまった。子供は戦争が好きなものだが、当節は大人までが巡査の真似や軍人の真似をして好い気になって棒切れを振りまわして通行人の萬ちゃんを困らしているのを見る。

ちょっとここで、極めて月並みの宣傳標語を試みる。

「子供達よ。棒切を持って自警団ごっこをするのは、もう止めませう」

（「都新聞」1923年9月19日）

朝鮮人は差別されて当然、怖いから避ける存在、暴力を行使しても良い対象となった。それがどんな差別現象となったのか韓日の二人の文学者の記録を紹介しましょう。一人は永井荷風、一人は金達寿です。

先に永井荷風の1930年と1936年の日記。

「昏黒三番町に往かむとて谷町通にて電車の来るのを待つ。悪戯盛りの子供二三十人ばかり群れ集り、鬼婆〜鬼婆〜と叫ぶが中には棒ちぎれを持ちたる悪太郎もあり、何事やと様子を見るに頭髪雪の如く腰曲りたる朝鮮人の老婆、人家の戸口に立ち飴を売りて銭を乞ふを悪童ら押取巻棒にて叩きて叫び合へるなり、余は日頃日本の小童の暴虐なるを憎むこと甚し、この寒き夜に遠国よりさまよひ来れる老婆のさま余りに哀れに見えたれば半圓の銀貨一片を与えて立ち去りぬ。」

（『断腸亭日乗』1930年正月8日）

「此日の東京日日の夕刊を見るに大阪の或波止場にて児童預所に集まりいたる日本人の小児、朝鮮人の小児が物を盗みたりとてこれを縛り、逆さに吊して打ち叩きし後布団に包み其の上より大勢にて踏殺したる記事あり、小児はいずれも十才に至らざるものなり、然るに彼等は警察署にて刑事が為す如き拷問の方法を知りて、之を実行するは如何なる故にや、又布団に包みて踏殺する事は江戸時代伝馬町の牢屋にて囚徒の間に行われたる事なり、之を今、昭和の小児の知り居るは如何なる故なるや、人間自然の残忍なる性情は古今ともにおのずから符合するものにや、怖るべし、怖るべし、嗚呼怖るべきなり。」

（『断腸亭日乗』1936年4月13日）

金達寿の回想。

「白衣の朝鮮服を身につけた母と私が……人通りの多い街中を歩いている」時「2、3人づれの私と同じ年くらいの子供が私たちに向かって」「チョーセンジンだ。やーいチョーセンジン。」といった。私はその「チョーセンジン」という日本語がまだ分からなかったからぼんやりとした眼差しを彼等に向けただけで側を通りすぎたが……そのうちの一人が「いぃー」と私に向かって目をむき赤い舌を出して見せた。それで私は初めて彼等は私たちに向かって何か悪意がある言葉を投げたものだということがわかった……いわば私は「朝鮮人」に向かって「チョーセンジン」ということが侮蔑語であり悪口であることを日本へ渡って初めて外に出た第一日のうちに早くもわかった訳だった……その後も同じことはずっと続いた。というよりそれは今日なお、生涯続いているといってよいかと思う。」

（金達寿『わがアリランの歌』より）

「なかには石をなげつけてくるものもある……母は「イノムチャシクドル！」と言いながら……足下の石ころを拾って投げ返すこともあった……母は私に向かって言うのだった。「お前だけは私を避けないで、こうして一緒に歩いておくれよ、お前の兄ときたら道ばたで出会ってもあれはどこの誰だという顔をして、私を避けて行ってしまうんだよ。お前からそうされたら私はもう生きて行けないよ」

（同）

金達寿先生の渡日は1930年で荷風日記と同じ頃であるが、先生の体験の時より少し遅れて1934年に渡日し1938年に小学校1年生になった私の体験と共通します。丁度中日戦争が勃発した直後で子供の世界にも「戦争ごっこ」が流行していました。私は常に「支那軍、蔣介石軍」にされて追いかけ廻され、日本軍の大将は中島敦と言ったが、私はその時受けた心的外傷は忘れられないし、蔣介石に対する妙な親近感は今でもあります。「とりまきとりまきエッサッサ」という遊びもあって、朝鮮の子を5、6人餓鬼どもが包囲して「チョーセンジン、チョーセンジンとパカにするな、同じ飯食ってとこちがう」と朝鮮訛りの日本語で囃し立てた。女の子などはその渦中に入ると座り込んでただ泣くだけでした。私も道で母に会っても気づかない振りをした。1944年祖母が来日し駅頭で私を見つけて懐かしがって「ドクサーン」と声をかけられた時逃げ出した事もあります。

これは小学生1938年〜1944年の痛恨の記憶の一駒です。

ケンカをしても「朝鮮ャロー」と言われると勝負はついたし、私の母は妹が泣くと「巡査が来るから泣き止め」と言ったし、日本の母親達は「鮮人が来るから泣き止め」と言った。嘘のような本当の話であります。

虐殺の記憶がどのように残って在日を包囲していたのか二つの官憲資料を引用しておきます。

空襲下における震災／虐殺の記憶（1944年）

「殊に注意を要する傾向は段々空襲の危険性が増大するに連れまして、内鮮人双方共に関東大震災の際に於けるが如き事態を想起しまして善良なる朝鮮人迄内地人の為に危険視せられて迫害を加へられるのではないかとの杞憂を抱き又内地人の方面にありましては空襲等の混乱時にありまして朝鮮人が強窃盗或は婦女子に対し暴行等を加へるのではないかとの危惧の念を抱き双方に可成り不安の空気を醸成し果ては流言飛語となり其れは亦疑心暗鬼を生むという傾向のある事実であります。現に内地人の方面にありましては非常事態発生の場合の自衛処置として日本刀を用意し或は朝鮮人に対する警察取締の強化を要請する向があり就中一部事業主等にありましては杞憂の余り之が取締を警察の手より軍隊に移して貰い度いと公然と要望するに至って居る者もある様な状況であります。一方朝鮮人の側にありましては再び斯かる迫害を受くるに非ずやとの危惧の念より警察に保護を陳情する者がある様な状況にありますので一旦非常事態発生の際には細心の注意と万全の処置を講じて置くことがなければ不祥事件の惹起する危険性が充分にあるのであります」（警察部長会議に於ける保安課長説明要旨［1944年1月14日］、内務省警保局保安課［治安状況に就て］『集成』第五巻、15－17頁）

「疑心暗鬼」を生み出す治安当局

「第一に民族独立運動の状況でありますが、朝鮮人の思想分子の中には、数としては多くはありませぬが、（昨年中の検挙者数168名）未だに朝鮮独立の悪夢より醒めず、殊に最近に於てはその行動が漸次謀略的になって行く傾向があるのであります。即ち此の例としましては、昨年警察庁に於て検挙しました学生を中心とするグループは、空襲

の際には、
（イ）防空防火を妨害する為、用水其他の設備を破壊すること
（ロ）物資輸送を迫害する為輸送機関を破壊すること
（ハ）混乱に乗じ、悪質なる流言を流布して、一般朝鮮人の団結を図り、対内地人的に対立せしめ、之を暴力蜂起に誘導すること。
等を計画し夫々分担を決定して居った事実があり、又最近に於ては、之も目下警視庁に於て検挙取調中でありますが、在京の朝鮮人苦学生が秘密グループを組織して
（イ）空襲の際市内各地に朝鮮人を集合せしめて、敵機と呼応して不穏行動を敢行すること。
（ロ）敵落下傘部隊の降下ありたる際は之に参加して我軍と抗戦すること。
（ハ）日ソ開戦したる場合はソ連側に投じその援助を受けて朝鮮の独立を図ること。
等の不穏計画を樹て、同志を糾合し、策動して居った事実があります」

「第三には内地人の朝鮮人に対する関係であります。

現在一般朝鮮人の間にも空襲其の他非常事態が発生した場合、善良なる朝鮮人迄内地人の為に危険視せられて迫害を加えられるのではないかと心配して居る向が相当あるのであります」

「要するに非常事態の発生した場合に於ける朝鮮人の指導取締は、
（イ）民族的不穏分子に対しては、事前より視察内偵を厳にして取締を加へて蠢動の余地なからしむること。
（ロ）一般朝鮮人に対しては如何なる事態が発生するとも必ず、帝国の勝利に帰することを確信せしめ、又当局の指示に依って行動する限り絶対にその身辺を保障することを徹底せしむこと。
（ハ）内地人に対しては徒らに朝鮮人を危険視して軽挙妄動することのないように注意すること。」（内務省警保局「朝鮮人の指導取締に就て」１９４３年、『集成』第五巻、13頁）

首を切り、手足をもぎ、生きたまま火中に投じ、縛って海や川に投げ、縛って通行人にのこぎり引きで一寸きざみのあの世行きなど、残忍な殺害について一言の謝罪なく、放火、投毒、強姦などの汚名の名誉回復もなしの90年間。日本社会は朝鮮人には住みづらい外国でした。それは解放直後の同胞社会の一挙の崩壊、即ち230万人の人口が半年の間に65万人になったことで示されます。アメリカに負けたのはしようがないが、朝鮮人に威張られるのは我慢ならないという空気は日本全国にみなぎり、その恐怖から脱れるために逃げ出した人も多数ありました。強制連行で労働現場にいた人も同じで、震災の記憶は在日のトラウマとなっていました。そして新宿で、鶴橋で韓民族憎悪はなお現在進行形であります。

第Ⅱ部　関東大震災についての研究と教育

姜孝叔　田中正敬　徐鍾珍　金仁徳

関東大震災当時の被虐殺朝鮮人と加害者についての一考察

姜孝叔

1　はじめに

本稿を韓国で報告した２０１３年は関東大震災当時におきた朝鮮人虐殺90周年を迎えた年である。１９２３年9月１日正午ごろ、東京を中心とする日本の関東地方で大地震が発生した。そして、その直後、朝鮮人が井戸に毒薬を入れたとか、日本人を殺害したとか、暴力を振るった、といった流言に振り回された日本の軍隊・警察・民衆によって多くの朝鮮人が虐殺された。この事件は一般的に、「関東大震災当時の朝鮮人虐殺」、あるいは「関東大地震当時の朝鮮人虐殺」事件と呼ばれている。「大震災」と称するのは、大地震がおこった直後に、火災、津波などの二次災害が発生したからである。本稿では、二次災害を含む意味において、「大震災」と呼ぶこととしたい。

関東大震災当時の朝鮮人虐殺に関する研究は、その間数十年にわたり、特に日本の学会において、その発生の背景や流言、加害者、東京・千葉・横浜・埼玉・栃木・茨城などで行われた朝鮮人虐殺者の数、虐殺場所および遺骸の埋め立て場所の調査が多角的な視点から行われ、多くの成果をあげてきた。最近では、日本政府のみならず、日本の民衆責任を問う研究が発表され、市民団体の関連活動も展開されている。

現在、日本の国立国会図書館で「関東大震災、朝鮮人」という検索語で検索してみると、３２８件の関連文献が確認され、そのうち、２０１２年に9件、２０１１年に12件が新たに発表されたことがわかる。[1] それにくらべ、韓国では、２０１１~２０１２年に3、4編が発表、発刊されたのみである。

現在公開されている解放前（戦前）の日本側の関東大震災関連文献は１９２３年に集中しているが、なかでも、吉野作造の「朝鮮人虐殺事件に就いて」が注目される。[2] 翌年、吉野と安光泉、植民編輯部[3]によって「朝鮮人虐殺」が発表されたが、その後、１９４５年に解放をむかえるまで公開された文献のうち、関東大震災と関連した朝鮮人虐殺問題をとりあげた文献は、現在のところ確認できない。

解放以後における関東大震災当時被殺朝鮮人に関する日本学会の研究については、１９５０年代後半から始められたこと、関連する用語は、いくつかの変遷を経て、40周年を迎える１９６３年に至って初めて「被虐殺朝鮮人」という言葉が使用されはじめたことが確認される。

１９５８年、斎藤秀夫は「朝鮮人さわぎ」[4]という否定的な用語を使用したが、１９６０年、在日研究者である姜在彦は、「朝鮮人迫害」[5]と称した。慎重に表現を選んで使ったことがわかる。40周年をむかえた翌年の１９６３年7月、同じく在日研究者である姜徳相も、「大震災下朝鮮人被害者数の調査」[6]という発表において「朝鮮人被害者」という用語を慎重に使った。しかし、姜徳相が同じ7月に『歴史学研究』に発表した論文「関東大震災に於ける朝鮮人虐殺の実態」[7]というタイトルからわかるように、この時には「朝鮮人虐殺」という用語に変えた。二つの論文の調査および発表順序の詳細は確認しえないが、姜徳相は、「大震災下朝鮮人被害者数の調査」を通じて、単に朝鮮人の「被害」にとどまらない「虐殺」と言うべき虐殺者数や残酷さを客観的に確認し、立証できるようになったことから、「朝鮮人虐殺」という表現に変えたのではないかと思われる。このような認識は日本人研究者にも広がったものか、同年9月、『歴史評論』で羽仁五郎と吉岡吉典[8]が、「朝鮮人虐殺」あるいは「虐殺」という用語を使った。また、同年10月、戸沢仁三郎・藤島宇内[9]と松尾尊兊[10]も「朝鮮人虐殺」という用語を使用し、その後、現在にいたるまで、学術用語として、そして一般的な用語としてこれを使用してきている。

このように1963年以降、日本学会が「朝鮮人虐殺」という用語を自然に受け入れたことは、関東大震災当時日本の軍・警・民によって行なわれた朝鮮人虐殺が、文字通りの「虐殺」そのものであったことを物語っている。朝鮮人虐殺は、規模の大小をこえた集団虐殺（Genocide）の形で行なわれ、日本の関東地域の各地で確認される。

このような虐殺を確認しうる資料集としては、琴秉洞が刊行した、児童たちの証言、日本知識人および朝鮮の反応、それから日本の官庁資料などで構成した資料集が、研究の流れをつかむ上で大いに役立つといえる。(11) 同時期、姜徳相をはじめ、日本人研究者である山田昭次、平形千恵子、大竹米子、田崎公司、坂本昇、田中正敬、逢坂英明らによる日本陸海軍・戒厳令関係の資料集や、新聞報道関連の資料集などが発刊された。(12) 裵昭の写真資料集も、朝鮮人虐殺の場面を確認することができる貴重な資料集である。(13) また、関東大震災当時発生した朝鮮人問題と関連して、現場を踏査し、証言インタビュー等をとり、記録映画にまとめた資料である呉充功監督の『隠された爪跡』（1983）と『払い下げられた朝鮮人』（1986）は、両作品とも完成までそれぞれ長い年月を費やしたもので、貴重な内容が生々しく収録されている。(14)

関東大震災当時の朝鮮人虐殺研究の代表的な研究者である姜徳相、琴秉洞、山田昭次は、資料集発刊のほかにも、現地踏査をつうじた研究をすすめてきた中心的な研究者である。とくに、姜徳相は、「被害者数」や「虐殺の実態」を究明し、また、「戒厳令」と朝鮮人虐殺の雰囲気を助長した日本政府の異常な動きや日本社会の雰囲気をできるだけ明確にしようと努力した。山田昭次は、姜徳相・琴秉洞とともに、長い間同じ方向に向かって――すなわち、日本政府の失策を反省し、真実を究明するために――1970年代半ばから韓国、中国問題に関心を持ち、地道に関東大震災当時の被虐殺朝鮮人問題を取りあげてきた。また、被虐殺朝鮮人問題に関する研究活動だけでなく、その事実を日本人に広く知らせ、反省とそのための活動を行なうよう絶えず努力してきた。とくに、日本の軍・警・民によって行なわれた朝鮮人大量虐殺が問題となることをおそれた日本政府が、最初の埋葬場所から朝鮮人遺骨をほりだし、ほかの場所へ移した事実をつきとめ、移された遺骨埋葬地を究明するために努力し、日本政府に対しても真相究明を要求しているだけでなく、被害者の名誉回復のための努力とともに、虐殺の責任を日本政府と日本民衆に問うている。

また、1963・64年には、被虐殺朝鮮人関連資料集を発刊し、流言飛語に関する論文を発表した松尾尊兊をはじめ、松尾章一、高崎宗司など学会の中心的な研究者が、関連研究に力を尽くした。その他、流言飛語と報道関連、自警団および警察・在郷軍人・軍隊、朝鮮人差別、戒厳令、教育関連の研究が持続的に発表、発刊されてきた（関連参考文献の紹介は省略する）。

一方、50周年を迎えた1973年からは市民団体である追慕事業実行委員協会が結成され、埼玉県・千葉県・神奈川県・茨城県・栃木県・群馬県・東京などで、「犠牲者調査」や「追慕事業」が行なわれている。現在も、各地域では、毎年、追慕会を開催しており、関連研究者といっしょに遺骨埋葬地および犠牲者数を究明するための資料および聞き取り調査、現場踏査も持続的に展開している。さらに、日本弁護士連合会の法制的活動も行なわれている。

このように、日本側の研究動向は、資料調査中心の学会研究者と聞取り・現場調査中心の関連地域市民団体の運動史的動きが連動して行なわれているという特徴をもっており、そこに弁護士会の法制的レベルの動きが加わる総合的な性格をもっている。

これに比べ、韓国側の調査や研究は、ごく微々たる状況である。関連する日本文献の翻訳書をのぞけば、韓国の国立中央図書館や国会図書館、RISS（Reseach Information Service System）などで、「関東大地震」・「関東大震災」の検索語で検索をすると、論文や単行本をふくめて、数十件にすぎない。このように韓国学会の関連研究が不十分なのは、まず、事件の現場が日本国内であることがもっとも大きな理由としてあげられ、それによって、資料および聞き取り調査、現場調査などが困難であるということを基本的に抱えているからであるといえる。

これまで在日研究者や日本人研究者たちによって多角的な視点からの調査や研究がなされてきたが、今や、すでに蓄積されてきた研究成果に対する再照明が必要な時期である。これまで行われた資料調査、聞取り調査の内容自体、そしてそれらを基本とした先行研究に対する総合的で、より客観的な比較、分析、整理が要求される。それとともに、先行調査や研究にもとづいて実態調査に集中し、虐殺者数および遺骨埋葬や移葬場所など、事後処理に関する深い関心と研究が必要であるように考えられる。韓国でなければ解決できない調査および研究領域もあり、それは被虐殺朝鮮人の身元を究明し、その遺族をさがすことに他ならない。

本稿では、このような問題意識を前提に、まず、先行研究にあらわれた被虐殺朝鮮人数の比較と1924年3月に作成されたことが確認される新しい資料紹介を通じて、被虐殺朝鮮人数に対する再検討を試みたい。次に、加害者の中心であった自警団——彼らは、彼らに虐殺された朝鮮人と同じ民衆であった——に対する司法処理問題を、先行研究を通じて簡単に整理した後、群馬県藤岡事件の「判決文」に表れた被虐殺朝鮮人と加害者に対する差別的な裁判の内容を比較してみることにしたい。

2　被虐殺朝鮮人の数

90周年をむかえる2013年現在にいたっても、日本の関東地域、とくに東京・千葉県・埼玉県・茨城県・栃木県・群馬県・神奈川県を中心に、日本の軍隊・警察・民衆によって行なわれた被虐殺朝鮮人数は、明らかになった部分も多いとはいえ、依然として明確に究明されたとはいえない。

事件発生直後の日本での関連調査は、時代的制約のため自由ではなかった。当時、日本政府が事件そのものを隠蔽しようとしたことが、大きく作用したからである。[15] 朝鮮では、9月7日午後8時30分ごろ、ソウル慶雲洞天道教堂で、兪星濬以下21人が集まり、「在東京罹災朝鮮人臨時救済会」の発足を決定し、翌日、同場所で救済会を発足させた。本稿では、他の会と区別するため、この会を「救済会」と呼ぶことにする。9月8日には、救済会の臨時会長として兪星濬が選ばれ、救済会の目的を在東京罹災朝鮮人1万5千人の応急救済においた。すでに6日には、在日留学生辛泰嶽・任璟宰から、留学生会で常務委員5人、罹災朝鮮人状況調査委員3人を選定して救済に努めている、などの報告を受けて、留学生会の金洛永と連絡して多方面にわたり調査することを決定していた。事件の現場である日本現地の留学生が一早く状況調査委員会を組織し、救済活動などを始めたことがわかる。

一方、鍾路警察は、救済会が朝鮮人たちが東京地域で虐待された証拠や過酷な取り調べを受けた証拠を集めて世論を呼び起こし、日本当局に抵抗するという目的で実情の調査に力を入れることを予想し、救済会と中心人物を要注意団体および人物として京城地方法院検事に報告した[16]。

上海臨時政府は、1923年9月10日、外務大臣趙素昂の名義で、日本政府の山本権兵衛首相あてに外務部発行131号「大韓民国臨時政府の対日抗議公文[17]」をおくり、「人々は殺気を発し、天災地変による災いを韓国人に転嫁し、放火者も韓国人であり爆弾を投げ込んだ者も韓国人だと言って、兵隊を動かして戦争を宣布するのが、まるで大敵に臨むかのようである。民軍をおだて、武器を持たせ、老人、子供、学者、労働者を問わず韓国人を大量虐殺し、手段を選ばず韓国人を刺し殺した」と、流言や日本民衆による朝鮮人虐殺を批判した。この文書を通じて、当時上海臨時政府は、日本政府が関東大震災の原因を朝鮮人になすりつけ、戒厳令をしいて軍隊を出し、自警団をおだてて朝鮮人を虐殺したことを、一種の戦争と認識していたことがわかる。なお、当時の上海臨時政府は日本軍によって拘禁された朝鮮人の数を1万5千人ぐらいと把握していた[18]。

上海臨時政府は、このように日本政府を批判しながら、日本政府に対して臨時政府の公文をうけとってから5日以内に、①不法に強制拘禁された1万5千人の韓国人を即時釈放すること、②すべての災害区域にいる朝鮮人の安否確認と生命、年齢、住所、職業を調査して発表すること、③韓国人を残酷に殺害した者たちを厳重に処罰することなどを要求し、調査結果を記録して明らかにすることを要求した[19]。しかし、これに対して日本政府は答えなかった。

同年10月5日、上海居留朝鮮人たちは大会を開催し、虐殺事件を調査して世界に知らせ、日本の残虐無道さを糾弾するために『独立新聞』の社長であった金承学を中心に尹琦燮・呂運亨・趙徳津・趙琬九・李裕弼・趙尙燮を執行委員に選出した[20]。彼ら執行委員7人がそのまま日本に派遣されたかどうかは確認できないが、11月28日には金承学に第1次報告をした者（姓名不詳）が確認される[21]。本稿では、この報告書を『上海僑民報告書』と呼ぶことにする。この報告書は、「上海臨時政府の調査報告書」ということもできる。『独立新聞』そのものが上海臨時政府が発刊するものであり、7人の執行委員もやはり臨時政府と深い関係のある人物であり、また上海僑民が臨時政府の指導下にあったからである。それゆえであろうか、この報告書を上海臨時政府報告書と記述した論文がある。同時に『独立新聞』の特派員が投稿したものと記載され「特派員報告書」と呼ばれることもある。しかし、これは僑民大会が開催された際に組織された執行委員会であり、執行委員が日本に派遣されたとするならば、名称は「上海僑民報告書」と呼ぶのが妥当であるように思われる。これについては今後研究が必要である。

在日朝鮮人留学生会で常務委員5人と状況調査委員3人を選定し、救済活動を展開していたことは、すでに述べた。ところで、先の救済会と似通った性格の団体が10月3日、東京小石川区大塚下町の天道教会内で「罹災朝鮮同胞慰安班」という名称で設立され、李東済が委員となり、朝鮮と東京との手紙連絡や救護に尽力した。(22) 本稿では、この団体の名称を「慰安班」と呼ぶこととする。元来、「慰安班」は「東京地方罹災朝鮮人救済会」、「在日朝鮮同胞被虐殺真相調査会」と称したが、戒厳令のもと、警視庁から虐殺という名称は不穏であるとの理由で許可されず、かえって圧迫をうけ慰安班に改称せざるを得なかったのである。(23)

慰安班の中心は東京朝鮮留学生学友会であり、そこに在日朝鮮基督教青年会や在日天道教青年会、その他の団体が参加した。この慰安班は9月7日、国内で設立された救済会と似通った構成である。留学生が日本と朝鮮との連絡の役割を果たしたのも、やはり同じである。元来の名称にしようとした「東京地方罹災朝鮮人救済会」も、救済会設立に参加した在日朝鮮人留学生などを中心に9月6日東京で組織された「東京罹災朝鮮人臨時救済会」の枠組みが一段階発展した名称とみられる。すなわち、慰安班は10月に発足したのではなく、9月6日、すでに組織されていた在日朝鮮人留学生が中心となっていた「東京罹災朝鮮人臨時救済会」が調査活動をより活発に行なうために、学生中心から宗教団体青年会などに領域をひろげて再編成されたものとみられる。

ところで、虐殺事件等の調査活動を展開していた救済会は、10月25日以前にすでに日本政府によって解散させられ、日本内の罹災朝鮮人救済活動も禁止された。(24)

このように調査活動がはかどっていない状況のなかで、11月8日、ハワイのホノルルでは、韓国人5百人があつまり、アメリカ国務省にたいして、関東大震災当時虐殺された朝鮮人数を調査してもらうよう要請する集会が開かれた。(25) 同月14日には、中韓互助社が関東大震災当時の朝鮮人・中国人虐殺を糾弾する宣言書を世界列強にむかって発表した。(26)

ドイツでは、たまたま9月1日から8日まで東京に滞在していたブルクハルト（Burkhardt）博士[27]が目撃した日本官民による朝鮮人虐殺場面を、本国ベルリンのヴォシチ新聞（Vossische Zeitung）に掲載し、ヨーロッパ人の覚醒を促した。それを読んだドイツの僑胞たちは大会を開催したり、ブルクハルトの記事内容をハングルに翻訳して僑胞たちに知らせた。また各地に居留する中国人に通告文をおくり、たがいに刻苦奮励することをすすめた[28]。日本の社会主義系の団体は、12月24日、被虐殺朝鮮人事件にたいする長文の通告文を発表した[29]。イギリスの自由労働党は、１９２４年２月、日本の朝鮮人虐殺にたいする長文の宣言書を発表したが、この宣言書はイギリスの各新聞に掲載された[30]。

一方、中国政府は関東大震災以後、日本関東地域に在留していた約5千人の中国人のうち、３千余人の消息が不明だとして、１９２３年11月調査委員を日本に派遣した。これに対して日本政府は、中国政府の誤解だとして否認したが、中国側は１９２４年2月に日本公使を通じて中国人虐殺事件に抗議するとともに、氏名、住所などが掲載された名簿を渡した。上海臨時政府の要請にたいする態度とは、まったく違った日本政府の姿勢がうかがわれる。中国の調査員は、朝鮮を経て帰国したことが確認される[31]。当時、中国は独立国で、朝鮮は日本の植民地だったから、と言い訳をするにはあまりにも過度な差別であり、これは朝鮮民族に対するもう一つの異なった形の暴力、すなわち無形の暴力と考えられる。なお、以後韓国政府は日本政府に対して、被虐殺朝鮮人名簿および埋葬場所などの関連情報の公開を要請したことはなく、日本政府もやはり関連資料を公開、もしくは提供したことはない。

現在、一般的に知られている６６６１人という被虐殺朝鮮人数は、１９２３年11月28日、『独立新聞』の社長である金承学に報告された内容を主な根拠としたものとみられる[32]。ただし、この数字は、第1次報告という点を見逃してはならない。

一方、１９２４年3月に作成されたドイツ外務省所蔵文書「日本における朝鮮人虐殺：MASSACRE OF KOREANS IN JAPAN」の「被虐殺者数および場所のリスト：The list of killed bodies and places」によると、被虐殺朝鮮人数は、２３０５９人を数えており、従来知られていた被虐殺朝鮮人数とは大きな隔たりをみせている[33]。これについては、後に紹介することにしたい。

〈表 1-1〉日本司法省調査による関東大震災当時被虐殺朝鮮人数

虐殺地	虐殺数	虐殺地	虐殺数
東京府	53 人	埼玉県	約 66 人（原文のママ）
神奈川県	2 人	群馬県	16 人
千葉県	84 余人（原文のママ）	栃木県	9 人
総計 230 余人			

（山田昭次『関東大震災時の朝鮮人虐殺――その国家責任と民衆責任』創史社、2003、186 頁から再引用）

〈表 1-2〉在日本関東地方罹災朝鮮同胞慰問班朝鮮人虐殺数最終調査報告書

虐殺地	虐殺数	虐殺地	虐殺数
東京府	1,781 人	埼玉県	約 488 人
神奈川県	3,999 人	群馬県	34 人
千葉県	329 人	栃木県	8 人
茨城県	5 人		
総計 6,661 人			

（山田昭次『関東大震災時の朝鮮人虐殺とその後――虐殺の国家責任と民衆責任』創史社、2011、112 頁）

その他、いくつかの団体によって調査が行なわれたが、同地域にもかかわらず、その数は必ずしも一致していない。比較のため、再整理したいくつかの統計表を紹介する（実在が疑問視される地名や数字が合わない部分もあるが、現資料のままとした）。

〈表１－２〉の参考文献「在日本関東地方罹災朝鮮同胞慰問班朝鮮人虐殺最終調査報告書」（以下、『最終報告書』）は、先述の救済会と慰問班、上海僑民報告書を総合し、山田昭次が整理し、命名したものである。現在、学会では一般的に、この表で総計として算出した６６６１人を、当時虐殺された朝鮮人の数として引用、使用している。なお、『最終報告書』をそのまま引用しながら、上海臨時政府調査団の最終報告、もしくは金承学の報告などと記述したいくつかの論文もあるが、先述のように資料の使用には注意が必要である。

次の〈表１－３〉は、１９２３年12月５日付『独立新聞』の「一万の犠牲者」という記事に現れる報告内容を根拠にしたものである。この記事内容は、重要関連研究文献で、表にまとめられ紹介されたりもしたが[34]、本稿でも記事原文を中心に〈表１－３〉としてまとめた。

〈表 1-3〉上海僑民報告書(35)

地域	被殺地	被殺者数	備考
東京府	亀戸	100	遺骸未発見数（総 1,029）
	亀戸停車場前	2	
	大島 六丁目	26	
	大島 七丁目	6	
	大島 八丁目	150	
	小松川 付近	2	
	小松川 区域内	220	
	小松川 付近	20	
	小松川 区域内	1	
	小松川 区域内	26	
	平井	7	
	清水飛行場 付近	27	
	八千代	2	
	寺島署内	14	
	月島	11	
	三戸地	27	
	三戸地 付近	32	
	亀戸警察署演武場騎兵 23 聯隊少尉 田村 刺殺	86	
	深川	4	
	向島	43	
	寺島清地	14	
	品川停車場前	2	
	中野管内	1	
	世田谷	3	
	府中	2	
	千住	1	
	吾妻橋付近	80	
	荒川付近	17	
	同区域内	100	
	赤羽岩淵（工兵によって）	1	
	埼玉県芝公園	2	
	東京府下	752	1 次調査終了後の 11 月 25 日報告
		合計 1,781	

地域	被殺地	被殺者数	備考
埼玉県	熊谷	60	遺骸未発見数 （総 195）
	本庄	63	
	寄居	13	
	妻沼	14	
	大宮	1	
	神保原	25	
	北葛飾早稲村大字幸房で漆谷人	17	
	長野県と埼玉県の境界	2	
	埼玉県	293	1 次調査終了後の 11 月 25 日報告
		合計 488	
千葉県	船橋	37	遺骸未発見数 （総 183）
	法殿村・塚田村	60	
	南行徳	3	
	流山	1	
	佐原	7	
	馬橋	3	
	千葉市	37	
	波川	2	
	我孫子	3	
	馬橋	3	
	成田	27	
	九月六日頃、習志野軍人営廠	13	遺骸発見数
	千葉県	133	1 次調査終了後の 11 月 25 日報告
		合計 329	
栃木県	東那須野（原文には、茨城県となっている）	1	遺骸発見数
	宇都宮	3	
	栃木県	4	1 次調査終了後の 11 月 25 日報告
		合計 8	
群馬県	群馬県 藤岡警察署内	17	遺骸未発見数
	群馬県	17	1 次調査終了後の 11 月 25 日報告
		合計 34	

地域	被殺地	被殺者数	備考
茨城県	茨城県下	5	1次調査終了後の11月25日報告
		合計 5	
神奈川県	神奈川 浅野造船所	48	遺骸発見数（総 1,795）
	神奈川 警察署	3	
	程谷	31	
	井戸谷	30	
	根岸町	35	
	土方橋から八幡橋まで	103	
	中村町	2	
	本牧	32	
	山手町埋地	1	
神奈川県	御殿町附近	40	
	山手本町警察署立野派出所	2	
	若屋別荘	10	
	新子安町	10	
	子安町から神奈川停車場まで	150	
	神奈川鉄橋	500	
	東海道茅崎停車場前	2	
	久良岐郡金沢村	12	
	鶴見附近	7	
	川崎	4	
	久保町	30	
	戸部	30	
	津間町	40	
	水戸・鴨山	30	
	神奈川県下	1,052	1次調査終了後の11月25日報告
		合計 3,999	
		総計 6,661	

(〈表 1-2〉、〈表 1-3〉の地名や数字は原資料のママ)

以上、〈表1-3〉からわかるように、調査区域は東京府、埼玉県、千葉県、群馬県、栃木県、茨城県、神奈川県に大きく分かれ、遺骸未発見数と発見数を区分したことが分かる。また、発見された遺骸の総数は1500人に達するが、調査者本人が実際に確認したのは、1167人で、残り333人は調査中と付け加えたことをみると、ごく詳しく調査していることがわかる。

また、第1次調査を終えた後の11月25日に、再び各府・県から報告されたものは別に記載されているが、その人数は11月25日以前のように場所と人数を詳しく表記したものではなく、先に記述した7ヶ地域に分けて記載するにとどまった。この表にあらわれた被虐殺朝鮮人数6661人は11月25日まで調査したものであることを再確認できる。

その他にも、この記事には注目すべきいくつかの事実があり、記事の一部を引用する。

悲しい哉、七千の憐れな同胞が敵地で血の海をなした。

希山先生！　風は蕭々たり、天は高く、雲は清く、日は暖かい秋の日に先生と別れた私たちは、千辛万苦の末、九死に一生を得て、十日かかってやっと焦土と化した東京にいたり、ただちに各自責任を任された地方に向かって別れました。しかし、先生も想像されているように、詳細に責任を全うすることは、極めて困難でありました。そうして、すでに秋がすぎ、白雪が紛々とする今になってやっと、各地の報告を総合し、第一次に大綱をしたためて送りますので、より子細なことは、次の便りをお待ちになり、さしあたりの気がかりを晴らすことができればと思います。私たちの生活は極めて不自由であって定まった所がなく、通信はより不便で、詳しく報告する暇も、便宜もないので、この点を諒察してください。

先生！　敵京の惨酷な有様は、憐れむべしというより、賀すべきものでありました。彼奴らが私たちを虐殺したことを思えば、頭に血がのぼり、悔しくて歯ぎしりがし、敵土が全滅されなかったことのみが心残であります。

先生！　左記の報告は、取り急いで調べた第1次の報告です。すでに第2次の調査も着手しました。

：下略：

大韓民国五年 十一月二十八日
血の涙のなかで ○○○上
独立新聞社 希山先生へ

まず、この報告は、だれかが希山先生に送ったことがわかる。希山とは、当時『独立新聞』の社長で主筆であった金承学をさす。金承学が自分を先生と称して報告するわけにはいかないので、従来、この報告を金承学による報告としたいくつかの論文は、修正しなければならない。報告の最後の部分で、「独立新聞希山先生に」とあることからも、この報告が希山、すなわち金承学に送られたことがわかる。

また、記事題目である「一万の犠牲者!!!」の横に「本社被虐殺僑日同胞特派調査員第一信」とあることから、この調査内容を独立新聞社に提供した人物は、独立新聞社の特派調査員の資格をもっていたとみられる。この特派員を、当時名古屋のある雑誌社に勤務していた韓世復とみる見解もある。[36] しかし、韓世復ひとりで総合的な実態調査を行なうことは無理であって、各自担当地域に向かったという先の記事に照らせば、1人ではなく、複数の人物が地域別調査を担当したとみられる。

10月5日、上海に居留する韓国人が関東大震災当時虐殺された韓国人を調査するため、執行委員7人を選出したことは先に述べたが、[37] その記事通りだとする、7人の執行委員である金承学・尹琦燮・呂運亨・趙徳津・趙琬九・李裕弼・趙尙燮が調査のため日本に派遣されたことになる。しかし、この7人が、そのまま日本の関東地域に派遣されたかは、確認できない。ただ、記事で調査地域を大きく東京府・埼玉県・千葉県・群馬県・栃木県・茨城県・神奈川県の7地域に分けたことにてらせば、基本的に7人程度が派遣されたと考えられる。そうすると、執行委員7人とだいたい符合する。

上海で10月5日に僑民大会が開かれたが、もし特派調査員がその1週間か10日ほど後に出発したとすると、約4日間の船便を利用して10月16日、あるいは21日ごろには日本の神戸港か大阪港、もしくは長崎港に着いたと思われる。[38]

〈表 1-4〉『独立新聞』社長金承学の調査

虐殺地	虐殺数	虐殺地	虐殺数
東京府	1,347 人	埼玉県	588 人
神奈川県	4,106 人	群馬県	37 人
千葉県	324 人	栃木県	8 人
茨城県	5 人		

総計 6,415 人名

（※参考：1923 年 11 月 25 日以後、各府県から知らせてきた数字を含めた）

（神奈川県関東大震災朝鮮人犠牲者追悼碑建立推進委員会『関東大震災下の朝鮮人虐殺〜神奈川県では〜』、1995、24 頁）

暖かく晴れた秋の日に到着した特派調査員たちはすぐ別れたらしく、彼らは千辛万苦、九死に一生を得て、10日ほどたった10月26日、あるいは10月末に東京に到着した後、再びそれぞれ調査を受け持った地域に向かったとみられる。第1次調査の終了時期が11月25日だったので、7つの地域で10月26日、あるいは10月末から約1ヶ月間調査を行なったものと推定される。

しかし、被虐殺朝鮮人に対する調査は困難を極めたようである。秋もすぎ、雪の舞う11月28日にようやく各地の報告をまとめて、第1次として概略を報告するという資料の内容、そして調査活動がごく不自由であり、通信もまた不便で、詳しく報告する暇もなく便宜もないことを了解するように述べていることから、当時の調査活動の困難さがうかがわれる。そのような困難な状況下でも特派調査員たちはすでに第2次調査に着手していたとの記述があるので、この報告が特派調査員の最終報告ではなかったことがわかる。したがって、この報告内容を最終報告とするには多少の問題がある。

以上の〈表〉以外にも、いくつかの表が関連文献に引用されているので、紹介することにする。

〈表1-4〉は、前の各〈表〉と比較できる資料で、被殺人の数は、一部の地域で一致するが、多少の違いもみせている。ただ、参考文献に根拠資料が提示されていないので、原資料を確認することができなかった。ところで、〈表1-4〉は、関東大震災当時朝鮮人虐殺が集中して行なわれた地域で、この地域に対する総合的調査を金承学一人で行なったとは考えられない。すなわち、各地域に派遣された人々がある人物に資料をおくり、彼が総合的に整理して金承学に報告したもの

〈表1-5〉吉野作造の調査

虐殺地	虐殺数	虐殺地	虐殺数
東京府	724人	埼玉県	551人
神奈川県	1,227人	群馬県	18人
千葉県	141人	栃木県	4人
茨城県	44人	長野県	2人
総計2,711余人			

（神奈川県関東大震災韓国人犠牲者追悼碑建立推進委員会『関東大震災下の朝鮮人虐殺〜神奈川県では〜』、1995、25頁。

〈表1-6〉関東大震災当時の朝鮮人被虐殺者数：神奈川県（『労働運動史研究』No.37）

調査者	被虐殺朝鮮人数	調査者	被虐殺朝鮮人数	調査者	被虐殺朝鮮人数
吉野作造	1,227人	金承学	3,054人	各新聞報道	286人

（山本すみ子「朝鮮人虐殺と歴史読本」、『教育労働研究』1、社会評論社、1973、104頁）

とみるのが妥当であろう。

吉野作造が調査した〈表1-5〉には、神奈川県の朝鮮人虐殺者数が1227人となっているが、彼が執筆した他の資料である「朝鮮人虐殺事件」には、被虐殺朝鮮人数が2613人と記録されていて、多少の違いをみせている。この資料には、「朝鮮人罹災同胞慰問団の一員に聞いたもの」[39]とあって、本人が直接調査したものではないことを明らかにしている。ここでいう「朝鮮人罹災同胞慰問団」とは、先述の慰問団をさしている。

〈表1-6〉からわかるように、神奈川地域の被虐殺朝鮮人数に対する調査結果について、金承学は3054人、吉野作造は1227人、各新聞では286人としたことが確認される。同一地域に対する調査であるにもかかわらず、大きな違いをみせていることがわかる。

しかも、〈表1-1〉における日本司法省発表の神奈川地域での被虐殺朝鮮人数が、わずか2人であったこととは大きな差があり、とりわけ日本政府の調査や発表に対する信憑性の問題を検討する必要がある。

金承学が調査した数は、〈表1-6〉では3054人となっているが、彼が調査した先述の〈表1-4〉によると、4106人である。金承学の調査を上海僑民が派遣した特派調査

〈表 1-7〉被虐殺朝鮮人の数と虐殺場所（The List of killed bodies and places）(40)

虐殺地	虐殺数	虐殺地	虐殺数
Aoyama	2	Saitamaken Factory	5
Akayama Betcho	11	Saitamaken Deport.	200
Chibashi	37	Saitamaken Honcho	63
Chibaken	429	Saitamaken Waseda	17
Chibaken Hunabashi	37	Saitamaken Sinbo	26
Gunma	60	Sumidagawa	271
Goyama	2	Sinziku	3
Gomatsken	29	Sitazukizima	85
Godamaken	40	Simits Airship Station	27
Hada	2,000	Siba Park	2
Hukagawa	50	Sinagawa Station	153
Hiroya	7	Sinagawaken	1795
Hotoya	31	Saitamaken Kikiu	27
Hatchibanbashi	103	Sinagawa Police Station	4
Kumaya Temple	144	Sinagawa Ship Building Yard	48
Kunmaken	33	Sinagawa Bridge	500
Kidatomaken	1	Shingo Yasucho	10
Kamedo	350	Tchukizima	11
Kumagomei	27	Terano	14
Kawasaki	342	Tokaido Railroad	2
Mukozima	43	Toyamacho	2
Minamigawa	59	Ueno	68
Midochi	2	Ueno Park	5
Militory clothing factory	13	Wagamago	3
Neikishi	35	Wumabashi	3
Nagasendo	120	Wachumabashi	81

虐殺地	虐殺数	虐殺地	虐殺数
Nagano	8	Waragawa	117
Narida	27	Yachio	2
Nagamuramatchi	2	Yanagibashi	15
Near the Zurumi	19	Yokohama	300
Near the KAwasaki	100	Yitoya	15
Omiya	2	Yamadei	33
Ochima	182	Yugoyashucho	10
Sinagawa	300		

㋐総虐殺者数：8,271 人

（以上、確認された被虐殺場所と被虐殺朝鮮人数）

The bellow（原文のママ）mentioned numbers and places are confirmed by Dr. Yoshino, the Editor of the Zuokoron, the large circulating Japanes magazin.
（以下言及された数字と場所は、日本でもっとも多く販売されていた雑誌である『中央公論』の編集者である吉野博士が確認したものである。）

㋑ 7,861	確認された府虐殺朝鮮人数（killed bodies are discovered）： 被虐殺朝鮮人数確認の意味
㋒ 3,249	未発見被虐殺朝鮮人数（killed bodies are not discovered）： 未確認された被虐殺場所と被虐殺朝鮮人数＝行方不明 Komatsugawa, Kunmaken, Ochima, Kamedo, Hukushimaken, Chiyogawa, Saitamaken, sinagawa
㋓ 577	警察による虐殺：From the police's killing
㋔ 3,100	騎兵＝軍隊による虐殺：From the cavelery's killing（From the cavalry's killing の誤記とみられる）
総 23,058	

By Korean in Korean independence movement.（韓国独立運動家による）
March, 1924.（1924 年 3 月）

（この表は、「MASSACRE OF KOREANS IN JAPAN」の中にある〈The List of killed bodies and places〉を表にしたものである。）

員の調査報告と考えるならば、『上海僑民報告書』の2847人を含めて、比較分析の資料とすることができる。この三つの表のうち、〈表1-4〉の数がもっとも多いことがわかる。『上海僑民報告書』は1923年11月28日に作成された第1次報告書であるので、〈表1-4〉と〈表1-6〉の数が『上海僑民報告書』である〈表1-3〉より多いということは、その後の調査結果が含まれたものとみてよいだろう。一方、各新聞で調査してまとめた〈表1-6〉の286人にすぎないという数字は、当時日本政府の言論統制によるものと判断される。

最後に、現在のところ、最終関連資料といえる、1924年3月に英文で作成されたドイツ外務省所蔵の関連文書を紹介したい。この資料は、先の各資料にくらべ、より多くの被虐殺朝鮮人数を記録している。原資料に忠実を期しながら、被虐殺朝鮮人数に関する内容を〈表1-7〉として整理した。この資料は、今後、被虐殺朝鮮人数とその場所を研究するうえで役に立つと期待される。しかし、現在のところ十分な分析や整理ができていないので、本稿では簡単に触れるのみにとどめたい。

〈表1-7〉は、現在、韓国国家報勲処功勲電子史料館に所蔵されているドイツ外務省所蔵史料である「MASSACRE OF KOREANS IN JAPAN」の中にある〈The List of killed bodies and places〉（以下、「被虐殺朝鮮人数と虐殺場所リスト」）を表にしたものである。この資料にたいしては、ドイツ人研究者を通じてドイツ外務省アーカイブに所蔵されている原史料の確認を行なった。[41]

〈表1-7〉で確認されるように、確認された被虐殺場所で確認された被虐殺朝鮮人、総8271人㋐のほか、未確認被虐殺場所で確認された被虐殺朝鮮人、7861人㋑、未確認被虐殺場所での未確認被虐殺朝鮮人（＝行方不明）3249人㋒、そして、その他警察に虐殺された朝鮮人 577人㋓と騎兵隊（軍人）に殺害された朝鮮人3100人㋔を合わせた23058人が被虐殺朝鮮人総数として記載されている。[42]

ここで㋑は、㋐と比べて、被虐殺場所は確認されていないが、ある特定の場所に集められた被虐殺朝鮮人をさすと考えられ、㋒は被虐殺場所と行方がわからない行方不明状態の朝鮮人を意味すると考えられる。

〈表1-7〉の㋑〜㋔の人数は、資料の注記では当時日本でもっとも高い購買層をほこっていた『中央公論』の編集者であった吉野作造が確認したものだとしている（実際には吉野は編集者ではない）。また、最後の部分をみると、報告書の内容は、名前をあかさない抗日運動家が提供したものである。先述のように、吉野作造の原稿「朝鮮人虐殺事件」に「朝鮮人罹災同胞慰問団の一員に聞いたもの」とあったが、この「一員」を崔承萬とみる見解がある。(43) その根拠は、崔承萬と吉野が作成した被虐殺朝鮮人数が一致することである。もし、その見解が正しいなら、ここでの「一員」も崔承萬と考えてよいだろうし、吉野が確認したという内容に照らして、この資料も崔承萬が関わった可能性がある。

ところで、ここで大事なのは、㋑～㋔の14787人という被虐殺朝鮮人数である。その数字は、吉野作造が確認したものと記述されており、少なくとも、従来、救済会、『最終報告書』、慰問班等の調査を総合整理した数字である6661人の2倍をこえる数字である。この資料は、1924年3月に作成された資料で、先述の各資料より相当後で作成されたことがわかる。すなわち、前の各資料より多くの調査結果の被虐殺者数がこの資料に含まれているとみることができる。ただしこの資料は、現在十分な検討が行なわれていないので、今後より詳しく既存の研究結果と比較、研究する必要がある。

3　日本政府の加害者に対する処理

ここでは、このように6661人以上にのぼる、一般民衆である在日朝鮮人にぬれぎぬを着せ、残虐に虐殺した自警団員等に対して、日本政府はどのような司法処理を行なったのかについてみてみたい。

以下提示する〈表2-1〉～〈表2-3〉は、『関東大震災時と朝鮮人虐殺――その国家責任と民衆責任』の司法処理関連表を原文どおり引用したもので、日本では2003年、韓国では2011年9月に刊行された、最近の研究成果といえるものである。

まず、〈表2-1〉は、区判決所判決2件、地方裁判所判決55件、東京控訴院判決17件、大審院判決4件を収集し、

〈表 2-1〉虐殺事件第 1 審判決分析表

事件の類型		①朝鮮人虐殺	②警察襲撃 朝鮮人虐殺	③日本人虐殺
件数		17 件	5 件	16 件
実刑	実刑 5 年以上		2 人	2 人
	懲役 4 年以上		5 人	1 人
	懲役 3 年以上	2 人	6 人	12 人
	懲役 2 年以上	5 人	15 人	30 人
	懲役 1 年以上	9 人	17 人	9 人
	懲役 6 ヶ月以上		3 人	
	A. 小計	16 人	48 人	54 人
B. 執行猶予		81 人	54 人	37 人
A ＋ B ＝ C		97 人	102 人	91 人
実刑率（A/C）		16.5%	47.1%	59.3%
無罪判決をうけた被告		5 人	4 人	

【参考】群馬県の藤岡事件と埼玉県のすべての事件は判決文によったものであり、その他は新聞記事によった。山田昭次『関東大震災時と朝鮮人虐殺とその後——虐殺の国家責任と民衆責任』創史社、2011 年、90 頁。

そのうち、負傷事件を除いた虐殺事件に関する地方裁判所判決だけを対象として整理したものである。(44)

番号①は、〈東京府〉花畑村事件、西新井与野通り事件、巣鴨町宮下事件、荒川放水路事件（2）、吾嬬町大畑事件、吾嬬町請地事件、〈埼玉県〉熊谷事件、片柳事件、〈千葉県〉流山町事件、我孫子町事件、滑川町事件、〈栃木県〉間間田駅事件、石橋駅事件、小金井駅事件、〈神奈川県〉鶴見町事件、横浜公園事件など、一般の場所で発生した朝鮮人虐殺事件であり、②は、〈群馬県〉藤岡事件、倉賀野事件、〈埼玉県〉本庄事件、神保原事件、寄居事件のように、警察署・警察分署・巡査派出所・警察トラック等を襲撃し、そこに収容、あるいは乗せられていた朝鮮人を虐殺した事件である。③は、〈東京府〉江北村事件、大井町南浜川事件、品川漁師町事件、吾嬬町葛西川事件、四ツ谷伝馬町事件、永田町事件、新谷町事件、〈埼玉県〉妻沼事件、〈千葉県〉福田村事件、南行徳事件、三川村事件、〈群馬県〉高崎駅事件、八幡村事件、〈栃木県〉家中村事件、〈茨城県〉嘉田生崎村事件、〈福島県〉西郷村事件のように、日本人虐殺事件を対象としたものである。③のうち、特に妻沼事件と福田村事件は自警団が相手を日本人と認識しながら殺害した事件であり、その他は相手を朝鮮人と誤認して殺害した事件である[45]。

〈表2-1〉からわかるように、収集した判決から確認された①の朝鮮人虐殺事件は総17件で、当該被告人は合計102人である。執行猶予を宣告された81人と無罪を宣告された5人を除いて、実刑判決をうけた被告人は合計16人で、懲役1～3年以上の欄に限られている。実刑率は16・5%に過ぎないことがわかる。②の警察署などを襲撃し、そこに収容されていた朝鮮人を虐殺した事件は5件で、被告人数は106人である。執行猶予を宣告された54人と無罪を宣告された4人を除いた残り48人は、懲役6ヶ月～5年以上の実刑を宣告され、実刑率は47・1%で、①の朝鮮人虐殺実刑率の約3倍に達する。ところで、ここで見逃してはならないことがある。②の実刑率が高いのは、藤岡事件の場合、事件を担当した樫田忠美検事が、初日の朝鮮人虐殺より、2日目の警察署襲撃や警察署の器物破壊を重視した結果であった。

このような姿勢は、1923年11月5日、前橋地方裁判所で開かれた藤岡事件の審理法廷で、樫田検事が警察署を襲撃し、器物を破壊した加害者たちを責めたてる内容にも明確にあらわれている[46]。

> 被告等が五日の夜騒いだ事は流言蜚語を信じ、熱狂の余り為したとするも、幾分諒解したるが、六日の夜にも再び騒ぐと言う事は何の有様ぞ。警察を破壊、官舎や署内に闖入し、簞笥や机や椅子や諸帳簿を引摺り出して叩き壊し、放火するが如きは何故か。鮮人はまだしもとするも、警察に何の遺恨があるか。何を意味するものか。これ即ち平素警察に好意を持って居らぬのではないか。（中略）依って五日の騒擾より六日の騒擾が重いと見るのである。

この文章から確認される樫田検事の姿勢は、警察襲撃者は厳重に処罰するという当時司法委員会の方針を忠実に実行したものと分析されている。

〈表2-2〉控訴による判決の変化

事件の類型		①朝鮮人虐殺	②警察襲撃 朝鮮人虐殺	③日本人虐殺
件　数		2件	2件	5件
第1審	実刑判決	5人	19人	17人
	執行猶予	3人	31人	14人
	無　罪		1人	
	合　計	8人	51人	31人
控訴審	実刑判決		3人	
	執行猶予	5人	16人	17人
	無　罪			
	合　計	5人	19人	17人

（山田昭次『関東大震災時と朝鮮人虐殺――その国家責任と民衆責任』創史社、2003、101頁；山田昭次『関東大震災時と朝鮮人虐殺とその後――虐殺の国家責任と民衆責任』創史社、2011、93頁）

それでは、③の日本人虐殺の場合は、どうであっただろうか。③の場合は、16件に、被告人は91人である。執行猶予を宣告された37人を除いて、懲役1年～5年以上を宣告されたものが54人である。無罪を宣告された者はなく、実刑率は59・3％で、①・②・③のうち、もっとも高い実刑率が確認される。[47]

このように、実刑率と判決基準が、朝鮮人虐殺 → 警察署襲撃および警察署器物破壊など → 日本人虐殺の順に厳しくなったことをつうじて、被虐殺朝鮮人がいかに日本政府から基本的な人権まで徹底的に蹂躙されていたかが、うかがえるのである。

以下、〈表2-2〉と〈表2-3〉は、控訴審と上告審の各事例を整理した表である。この表からも朝鮮人虐殺との差別がはっきりと確認される。

〈表2-2〉は控訴審が開かれた9件の事例を整理したもので、①は〈千葉県〉の千葉市事件、〈栃木県〉の石橋駅事件、②は〈埼玉県〉の本庄事件、新保原事件、③は〈東京府〉の永田町事件、大井町南浜川事件、〈埼玉県〉の妻沼事件、〈千葉県〉の三川町事件、〈群馬県〉の八幡村事件を中心としたものである。[48]控訴審の結果、朝鮮人と日本人を殺害した被告人は減刑され、皆執行猶予となったが、警察署を襲撃し朝鮮人を殺害した被告人の場合は、19人のうち16人が執行猶予を宣告された。

〈表 2-3〉控訴・上告による判決の変化

事件の類型		朝鮮人虐殺	警察襲撃 朝鮮人虐殺	警察襲撃 朝鮮人虐殺	日本人虐殺
事件名		熊谷事件	藤岡事件	寄居事件	福田村事件
事件発生年月日		1923.9.4	1923.9.5〜6	1923.9.6	1923.9.6
第 1 審	実刑判決	3 人	25 人	3 人	8 人
	執行猶予	32 人	11 人	9 人	
	無罪		1 人	1 人	
	合計	35 人	37 人	13 人	8 人
	判決日	1923.11.26	1927.11.14	1923.11.26	1923.12（推定）
控訴審	実刑判決	1 人	11 人	3 人	7 人
	執行猶予	2 人	14 人		1 人
	無罪				
	合計	3 人	25 人	3 人	8 人
	判決日	1924.3.10	1924.4.30	1924.4.22	1924.4.30
上告審	実刑判決	上告棄却 1 人	2 人	上告棄却 3 人	7 人
	執行猶予		7 人		
	無罪				
	合計	1 人	9 人	3 人	7 人
	最高刑	懲役 2 年	懲役 3 年	懲役 3 年	懲役 10 年
	判決日	1924.5.26	1924.5.30	1924.4.22	1924.8.29

（山田昭次『関東大震災時と朝鮮人虐殺——その国家責任と民衆責任』創史社、2003、102 頁；山田昭次『関東大震災時と朝鮮人虐殺とその後——虐殺の国家責任と民衆責任』創史社、2011、94 頁）

〈表2-3〉は上告審が開かれた4件の事例を整理したものである。朝鮮人を虐殺した藤岡事件の場合、第1審で実刑を言い渡された被告人は25人であったが、上告審では2人までに減少したことがわかる。そして、熊谷事件の場合は、婦人や子供まで含まれた57人の被殺者をだしたが、第1審と控訴審で、延べにして35人の被告人のうち34人が執行猶予を言い渡された。一方、日本人を虐殺した福田村事件の場合は、第1審で実刑を言い渡された被告人は8人であったが、控訴審では1人だけが減刑され、上告審では減刑された被告人は一人もいなかった。そして、最高刑は懲役10年であった。福田村事件では、子供3人も虐殺されたことになっている。

このように朝鮮人虐殺と日本人

虐殺にたいする判決は、明確な違いをみせている。

次に、具体的な司法処理の実例を簡単にみてみよう。この資料として、たびたび触れてきた群馬県藤岡事件と関連した「判決文」をあげる。(49)

判決文は、①「第1審判決文」(1923年12月25日)、②「控訴審判決文」(1924年4月30日)、③「大審判決文」(上告審。1925年5月30日)の三つである。

①の「第1審判決文」は、表紙を含めて159枚で、多くの内容が含まれている。被告人は34人で、このうち13人に対しては殺人および騒擾事件として、21人に対しては騒擾事件として処理し、検事の樫田忠美が干与審理を行なった。その結果は次の通りである。以後の記述は、ほぼ「第1審判決文」を引用した。

懲役5年－2人、同4年－4人、同3年－4人、同2年－3人、同1年6ヶ月－7人、同1年－5人、同10ヶ月－4人、同8ヶ月－4人、無罪－1人(総34人)

そして、このうち4人は、第1審確定判決日から3年間の執行猶予判決が、他の4人にも2年間の執行猶予判決が言い渡された。

「理由」を概略すれば、次の通りである。

1923年9月、東京・横浜および付近地域一帯をおそった激震は、各地で火災をおこし、凄惨さは極に達した。群馬県下もまた、信越線を経由した避難者が時々刻々増加し、人心が落ち着いていなかった。当時、東京と横浜の混乱に乗じ、朝鮮人のうち不逞なやから共が放火、殺人、強盗、強姦等の犯行を犯し、また飲料水に毒薬を入れようとした事実があり、これを直接目撃したり、あるいは聞いた何人かの避難民があり、震災後上京した多数の群馬県民は、列車が通過した信越線の各駅やその他各地で、たびたびこのような内容を聞いただけでなく、流言飛語も伝わり、県下に居住している一般朝鮮人にたいして極度の不安を感じ、同月3日ごろ以後、各地域では自警団を組織したが、被告人等は、居住している同県の多野郡藤岡町および付近の町村で同じく自警団を組織し、各自警備に立った。

第一、同年9月5日、同郡藤岡警察署は、当時朝鮮人等の不逞行為をおそれる同地方民が不穏な行為に及ぶことを憂慮し、同郡新町付近に居住する朝鮮人辛命介の外16人を同署で検束、保護すると同時に、その行動を調査していたところ、同日午後8時頃、次に記録した被告人等をはじめ数百人の群衆は、自警用の竹槍、棍棒、鳶口、日本刀、手槍あるいは猟銃等を手にし、同署にかけつけ、勤務中であった巡査部長小宮正三外6人に、先だって同署が同郡鬼石町の自警団に引き渡した朝鮮人1人を返したことを詰難した後、このような警察署に朝鮮人を預けるのは危険であるとして、朝鮮人を（自警団に―筆者）引き渡すことを促した。また、現在、何人の朝鮮人がいるのか、うそをいうな、逃走させたのは何事か、等と各々叫びながら、先述の警察官等に危害を加える勢いであった。結局、時々刻々に増えた群衆は、殺気がみなぎり、同署留置場付近の板塀を破壊し、同署留置場の前に殺到し、監視中の巡査を突破した後、留置場の中に検束中であった先述の朝鮮人のうち、李在浩をのぞいた16人を引っ張りだして、彼らを殺害し、同留置場の屋根を破壊するなどの暴行、脅迫をほしいままにし、騒動を起こした。

以上の判決文の内容をみると、藤岡警察署は朝鮮人のいわゆる不逞行為を恐れて地域住民が騒動を起こすことを防止する目的で朝鮮人17人を「検束」したが、数百人の地域住民が駆け付け、藤岡警察署留置場に乱入し、17人の朝鮮人のうち、李在浩をのぞいた16人を留置場から引っ張りだして殺害したというものである。

李在浩が除外された理由は次のようである。はじめ、狂奔した群衆が朝鮮人17人のうち3、4人を留置場の前に引っ張りだして殺害した後、再び朝鮮人2人を事務室につれていって、東京で爆弾を投げただろう、放火をしただろうと質問したが、朝鮮人が言葉の意味を理解できなかったので、外につれていって消防展望台の横で殺した。すると、それを見た留置場の朝鮮人たちは留置場の床下や天井に隠れ、李在浩は屋根をうち壊してどこかへと逃げた。李在浩が逃走したのは確実だが、その後の行方については定かではない。このような社会的雰囲気のなかで、途中で捕まって殺害された可能性も排除できない(50)。

殺害に使われた道具には竹槍、棍棒、鳶口、日本刀、手槍、猟銃のほか、鍬、木材、木の棒、鎌、針金、石、木刀、心張棒、鉄棒などが使われたことが判決文から確認できる。狂奔して警察署まで襲撃した数百人の群衆による殺害がどのような形で行なわれたのか想像もできないが、9月5日の藤岡事件では、様々の種類の多くの棒が証拠として押収されたことをみると、打ち殺しが多かったと推定される。

被告人荒井滋の場合は、「同署裏手六地蔵附付近ニ於テ、所持ノ日本刀ヲ以テ一鮮人ニ斬付ケ、次テ右留置場附近ニ於テ、右日本刀ヲ以テ鮮人三名ノ背部其他ヲ突刺シタル上、更ニ同所ニ於テ他ノ日本刀ヲ以テ一鮮人ノ背部ヲ突刺シ、何レモ他ノ者ト協力シテ、順次之ヲ殺害シ」たとした。心張棒をもった大原袈裟吉の場合は、「同署留置場前ニ於テ所持ノ心張棒ヲ以テ鮮人二名ノ頸部其他ヲ乱打シ、他ノ者ト協力シテ、順次之ヲ殺害シ」たという。この二人の朝鮮人殺害の模様は、判決文後半部の予審調書の内容を引用した部分でより詳細に記述されている。

ここで恐ろしいのは、あらゆる被告人が、最初、警察署もしくはどこの場所で、朝鮮人何人を、どの部位を、どの順序で、どのように協力して殺害し、その後、どこに移動してどのようにしたかを、きわめて正確に覚えている事実と、途中、自警団員何人かは、朝鮮人をどのように処理するかを、計画した後実行に移した事実である。

藤岡事件の加害者たちがいつ逮捕され尋問がいつ始まったのかは定かではないが、第1審判決が1923年11月14日に下されたので、事件発生の数日後には逮捕されたものとみられる。当時被告人たちがこのように淡々と、そして明確に朝鮮人殺害の事実を語ったということは、尋問をうける当時も朝鮮人は殺してもかまわないという認識あるいは意識が強かったことを物語っているものではないだろうか。

一方、先に確認した9月5日の朝鮮人17人と9月6日の朝鮮人1人を含めた18人のうち、辛命介と李在浩、崔錫根の3人の氏名が確認され、その他15人の氏名は関連判決文では確認できない。「第1審判決文」の冒頭には、藤岡警察署が朝鮮人を「検束、保護」するため新町付近に居住する朝鮮人辛命介ほか16人を藤岡警察署留置場に留置したと記録されており、判決文の他の部分には、明確に「九月五日ノ朝、新町居住ノ鮮人飴屋三名、土工二名ヲ保護スルコトトナリ、次テ同日昼頃捕ヘラレシ辛命介及同日夕方自ラ保護ヲ求メタル崔石根ヲ併セ合計十七名ヲ同署ニ保護シ」と記録されている。藤岡警察署は当時検束した朝鮮人の氏名、居住地域、職業等を把握していたことがわかる。

ところが、残念ながら、この判決文には彼らの氏名、居住地、本籍、年齢等が記録されていない。しかも、現在の最高裁判所にあたる当時の大審院判決文の「理由」の「第一」には、「氏名不詳鮮人十六名ヲ引出シテ、之ヲ殺害シ」と記録されている。第1審判決文に記載されていた被虐殺朝鮮人数人の氏名と住所、職業までもが、最終判決においてはより徹底的に隠蔽されたのである。これは、無形の「朝鮮人虐殺」ともいえるだろう。司法の判決文でこのような隠蔽がなされたことは、それが当時日本政府の政策の一環であったことをうかがわせる。

ところで、藤岡事件がおきた翌日の9月6日正午ごろ、群馬県多野郡日野村の自警団員と同行して藤岡警察署にやってきた朝鮮人車鳳祚の名前が確認される。藤岡警察では、調査を通じて彼が不逞鮮人でないことを確認し、その事実を地域住民に知らせたにもかかわらず殺害された。

> 車鳳祚ヲ取調中之ニ、追随シ来レル左記被告人等始メ、多数群衆ハ、警戒線ヲ突破シテ同署門前ニ殺到シ、右鮮人ノ引渡ヲ迫リテ喧噪ヲ極メタルカ、当時、同署出張中ノ同県保安課長伴折之助カ、其要求ノ理由ナキ所以ヲ説明スルヤ、熱狂セル群衆ハ、却テ之ヲ反駁シ、同日午後五時ニハ、其数約千名ヲ越スニ至リタル処、偶々同夜八時頃、警鐘ヲ乱打スル者アリタル為メ、群衆ハ昂奮ノ余、前夜ノ如ク各種ノ凶器ヲ携ヘ、突如同署内及ヒ之ニ連接セル署長官舎内ニ乱入シ、各種ノ什器ヲ破壊シタル上、同署備付ノ公簿ヲ取出シ之ヲ焼燬シ、尚ホ留置場内ニ検束中ノ前記車鳳祚ヲ同署正門前ノ十字路ニ引出シ之ヲ殺害スル等、幾多暴挙ヲ敢テシ以テ騒擾ヲ為シタル

結局、車鳳祚は自ら保護を求めて警察署に行ったところが、かえって狂奔した民衆「数千人」によって殺害された

〈表 3-1〉藤岡事件被殺朝鮮人名：「成道寺慰霊碑」

趙秀圭、芮相坤、鄭晃坤、李万守、金声東、李在浩、李相浩、金三善、金斗星、金東元、趙庭遠、金鉉、南成圭、金白出、金仁唯、許成日、金洞仁

〈表 3-2〉藤岡事件被殺朝鮮人身元確認

氏名	年齢	本籍地	氏名	年齢	本籍地
金東元	27	慶北醴泉郡甘泉面敦山洞	趙秀九	27	慶南晋州郡晋州面中安洞
金喆鎮	41	慶北尚卅郡化北面東安洞	金東仁	26	本籍不詳
趙庭遠	43	同上	李相浩	26	慶北州郡栄山面浦洞
金白出	29	同上	*苗桐坤*	27	慶北清道郡溝道面合川里 「司法省」では芮相坤
南戍圭	38	同上	*金周洪*	28	同上
金仁洙	22	慶北尚州郡陽南面石村里	*鄭竜伊？*	22	本籍不詳
許日成	25	同上	*鄭貴鳳*	25	慶北清道郡溝道面合川里
金声来	34	慶北栄州郡栄山面浦洞	*泉曲野*	24	〃　蔚山郡能村面
金斗星	23	〃 官峴洞			

（崔承萬『極熊筆耕』、『東京日日新聞』、1923.10.21）

のである。「判決文」には、約30分間警鐘を鳴らした人の名前が府川豊治郎であるとは出ているが、だれが車鳳祚を殺したのかについては明示されていない。ただ、「大勢カ一鮮人ヲ留置場ノ方ヨリ引出シテ盛ニ殴リ居タル」という鈴木常蔵の予審調書の内容からわかるように、9月5日夜に発生した事件と比較すると、車鳳祚は前夜より多い日本人「数千人」に袋だたきにされて死んだものと推定される。ここで「数千人」という数字は、藤岡周辺地域に居住する、老若や婦女を除いたほとんどの青壮年が参加したとみてよいだろう。9月6日の藤岡事件は先述のように、朝鮮人殺害より警察署襲撃と官舎および器物破壊などを重要犯罪として処理して判決を下した事件であっただけに、車鳳祚の殺害にたいしては、いっそうの惨憺さを禁じえない。

以上で、9月5日と6日に発生した藤岡朝鮮人虐殺事件で確認された朝鮮人は、全部あわせて17人で、確認された被虐殺朝鮮人の氏名は、逃走した李在浩をのぞけば、辛命介、崔錫根、車鳳祚の3人にすぎない。

当時殺害された17人の朝鮮人の名前は、藤岡成道寺の墓地に建立されている「慰霊之碑」の裏面で確認される。刻まれている順番に記すと、次のとおりである

〈表3-1〉)。この碑は、1957年11月に立てられた。

ところが、「成道寺慰霊碑」には、判決文に名前のあった辛命介、崔錫根、車鳳祚の名前はみえない。そのかわりに、逃走したという李在浩の名前が刻まれていることがわかる。

次の〈表3-2〉は、『東京日日新聞』および崔承萬の『極熊筆耕』の内容の一部を整理したものとみられるが、そこには、氏名とともに本籍地と年齢も確認できる。この資料は西崎雅夫が整理したものを、筆者が表に再作成したものである。(51)

〈表3-1〉で下線が引いてあるのは、〈表3-2〉で名前が確認されるか、同一人物とみられる人で、下線のないのは〈表3-2〉で確認できない名前である。一方、〈表3-2〉の斜体になっている名前は、〈表3-1〉で確認できない名前であり、その他は確認された名前である。〈表3-2〉でも辛命介、崔錫根、車鳳祚の名前は確認できず、その代わりに、逃走したという李在浩の名前は「成道寺慰霊碑」では確認される。

このように「第1審判決文」で確認できる3人の名前と、〈表3-1〉と〈表3-2〉で重複されるとみられる13人は、藤岡事件の被虐殺朝鮮人である可能性が高いとみられる。これらについては、名前の似通った犠牲者に対する調査を始めとして、今後、より細密な調査や研究が必要である。殺害された朝鮮人の身元がそれなりに確認できる藤岡事件の被虐殺朝鮮人17人の身元さえ、明確に究明されていないことが、今回の研究をつうじて再確認された。

殺害された後の「判決文」において隠蔽された被虐殺朝鮮人の身元究明の困難さがこのようなものであるならば、その遺骨埋葬場所などの調査が困難であることも、言うまでもないであろう。

4 むすび

先行研究にたいする比較、検討作業の一環としてなされた本研究では、数十年にわたって蓄積されてきた研究に対する考察をつうじて新しい問題点を提示した。また、新しい資料の紹介は、関連資料が日本のみに残っているのではなく、他の国や韓国国内にも所蔵されている可能性をも示唆するものである。「判決文」等の資料は、比較、分析対象として、関連研究にとって大変重要な資料であることを示してくれる。

関東大震災当時の朝鮮人虐殺に関する研究は、文献研究にだけ限定されてはならない。文献資料をもってする研究はすでに数十年にわたり緻密な研究実績を重ねてきたが、被虐殺朝鮮人数および虐殺場所、遺体埋葬場所と移葬場所、そして身元などは、ほとんど明らかにされていない。これらを解決するには、何よりも日本政府の関連情報公開と提供がもっとも必要である。それとともに現地の実態調査が伴われなければならない。しかし、あまりにも大きな事件であったため、これには、多くの時間と人力の投入が必要である。すなわち、個人レベルでの研究とともに、研究者や市民団体、法律家などの互いの交流と協力があってこそはじめて可能になるといえる。

韓国学会での研究は依然として不十分であり、実体調査など、細密な部分に関する調査、研究はほとんど行なわれていないのが現状であることに鑑みて、先の諸問題を克服できなければ、結局、韓国学会の関連研究はきわめて制限される他なく、研究が盛んに進められることはないだろう。

災害を利用し、他民族を虐殺した例が、世界中、どの国の歴史にあっただろうか。

事件発生90年をむかえ、韓国の近代史と在日朝鮮人史、さらに日本近代史において、解決しなければならない不幸な歴史として、今後、日韓両国において学会をはじめ政府レベルの大きな関心事となることを期待している。

注

(1) 2014年7月調査。

(2) 吉野作造「朝鮮人虐殺事件に就いて」(『中央公論』38－12、1923年)。

(3) 吉野作造「朝鮮人虐殺事件」(『圧迫と虐殺』、1924年)、安光泉「朝鮮人虐殺を顧みて」(『進め』2－9、進め社、1924年)、植民編輯部「朝鮮人虐殺問題批判」(『植民』3－2、日本植民通信社、1924年)。ちなみに、1926・27年、横浜市役所で発刊した『横浜市震災誌』(第三～五冊)という文献が確認されるが、資料を収集できず、朝鮮人の被害については、その内容を確認することができなかった。

(4) 斉藤秀夫「関東大震災と朝鮮人さわぎ」(『歴史評論』99、1958年11月)。

(5) 姜在彦「関東大震災と朝鮮人迫害」(『朝鮮問題研究』4、1960年9月)。

(6) 姜徳相「大震災下朝鮮人被害者数の調査」(『労働運動史研究』37、1963年7月)。ちなみに、これに先立って、1961年、金駒勉は、「関東大震災と朝鮮人虐殺(上)」において「朝鮮人虐殺」という用語を使用したことが確認できるが、論文を収集できず、内容を確認していない。

(7) 姜徳相「関東大震災に於ける朝鮮人虐殺の実態――特に40周年を記念して」(『歴史学研究』278、1963年7月)。

(8) 羽仁五郎「関東大震災朝鮮人虐殺事件40周年を迎えるにあたって」(『歴史評論』157、1963年9月)。吉岡吉典「関東大震災時の虐殺事件に学ぶ二つの立場」(『歴史評論』157、1963年9月)。同じ号に姜徳相の「つくりだされた流言――関東大震災における朝鮮人虐殺について」も同時に掲載された。

(9) 戸沢仁三郎・藤島宇内「対談:関東大震災における朝鮮人虐殺の責任――自警団を中心に」(『日本人の立場から朝鮮研究月報』22、1963年10月)。

(10) 松尾尊兊「関東大震災下の朝鮮人虐殺事件」(上)(『思想』471、1963年)。

(11) 琴秉洞編・解説『関東大震災朝鮮人虐殺問題関係史料1――朝鮮人虐殺関連児童証言史料』(緑蔭書房、1989年)、『関東大震災朝鮮人虐殺問題関係史料2――朝鮮人虐殺関連官庁史料』(緑蔭書房、1991年)、『関東大震災朝鮮人虐殺問題関係史料3――朝鮮人虐殺に関する知識人の反応(1)、(2)』(緑蔭書房、1996年)、『関東大震災朝鮮人虐殺問題関係史料4――朝鮮人虐殺に関する植民地朝鮮の対応』(緑蔭書房、1996年)、姜徳相・琴秉洞編『関東大震災と朝鮮人〈現代史資料6〉』(オンデマンド版、みすず書房、2004年)。

(12) 山田昭次編・解説『関東大震災朝鮮人虐殺問題関係史料5――朝鮮人虐殺関連新聞報道史料(1)～(4)+別巻』(緑蔭書房、2004年)、平形千恵子・大竹米子編【松尾章一監修】『政府・戒厳令関係史料〈関東大震災政府陸海軍関係史料1〉』(オンデマンド版、日本経済評論社、2003年)、田崎公司・坂本昇編『陸軍関係史料〈関東大震災政府陸海軍関係史料Ⅱ〉』（日本経済評論社、１９９７年）、田中正敬・逢坂英明編『海軍関係史料〈関東大震災政府陸海軍関係史料Ⅲ〉』（日本経済評論社、１９９７年）、平形千恵子・大竹米子編『政府・戒厳令関係史料〈関東大震災政府陸海軍関係史料〉』（日本経済評論社、１９９７年）。

(13) 裵昭『写真報告：関東大震災朝鮮人虐殺』（影書房、１９８８年）。

(14) 呉充功監督映画作品『隠された爪跡』（１９８３年）、同『払い下げられた朝鮮人』（１９８６年）。

(15) 山田昭次『関東大震災と朝鮮人虐殺とその後――虐殺の国家責任と民衆責任』（創史社、２０１１年）98～１０２頁。

(16) 「在東京罹災朝鮮人臨時救済会発起会ノ件」（京鍾警高秘第１０４７１号―2、1923.9.8、京城鍾路警察署長発送、京城地方法院検事正殿）。救済会には、臨時在京留学生会、朝鮮日報社、東亜婦人商会、朝鮮基督青年会、朝鮮青年会聯合会、朝鮮小作人相助会、東亜日報社、東京罹災朝鮮人臨時救済会、普天教、天道教、彰文社、個人弁護士らが参加し、主要人物としては、兪星濬（東京罹災朝鮮人臨時救済会発起会臨時会長）、金炳穠、鄭顕模、洪徳裕、任璟宰（徽文高等普通学校校長）、金正国、柳秉竜、崔元淳、李順鐸、張平鍾、金潤秀、金喆秀、金健鎬、李範昇、李太偉、高元勳、沈明燮、李仁、金用茂、辛泰嶽などがあげられる。

(17) 上海臨時政府外務部「大韓民国臨時政府の対日抗議公文」(1923.9.10)。原文は漢文で作成されている（独立記念館韓国独立運動史情報システム提供）。

(18) 「韓人１万５千人を監禁す」（『新韓民報』、1923.9.13）。

(19) 「大韓民国臨時政府対日抗議公文」。

(20) 「上海居留韓国人ら、関東大震災韓国人虐殺事件に対する」（『独立新聞』 1923.10.13）、「上海僑民、上海僑民大会において虐殺事件を調査」（『新韓民報』、1923.12.13）。

(21) 同右、「上海僑民大会において虐殺事件を調査」。

(22) 山田昭次、前掲書、１００頁。

(23) 山田昭次、前掲書、99～１００頁。

(24) 「日本震災時に虐殺された同胞のために……欧米委員部」（『新韓民報』、1923.11.8）。

(25) 同右。

(26) 「中韓互助社が関東大震災時における韓国・中国人虐殺を糾弾する宣言書を世界列強にむかって発表」（『東亜日報』、1923.11.14）。

(27) ブルクハルトのドイツ語表記である「Burkhardt」は、ドイツ人研究者ユリアン＝ビオンティノを通じて確認した。

(28) 「徳国人が目観した韓人惨殺事件」（『独立新聞』、1923.12.5）、「在徳韓人大会の痛告」（『独立新聞』、1923.12.26）、「（ブ）博士訪問記 上」（『独立新聞』、1923.12.26.）、「（ブ）博士訪問記 下」（『独立新聞』、1924.1.19）。

(29) 「赤旗団が関東大震災時韓国人惨殺事件に対する…」（『独立新聞』、1923.12.26）。

(30) 「英国の自由労働党は日本の関東大震」（『東亜日報』、1924.2.23）。

(31) 「関東大地震時中国人被殺事件、調査委員の派遣」（『東亜日報』、1923.11.10）、「関東大震災中国人惨殺事件を調査した中国代表王正廷、ソウル到着」（『東亜日報』、1923.12.30）。

(32)「二万の犠牲者!!!」（本社被虐殺僑日同胞特派調査員一信）（『独立新聞』、1923.12.5）。
(33)「MASSACRE OF KOREANS IN JAPAN」の中の〈The List of killed bodies and places〉（『海外の韓国独立運動史料（Ⅲ）：ドイツ外務省編（2）』（1924.2.29）、国家報勲処功勲電子史料館提供）。
(34)「二万の犠牲者!!!」。なお、一部の不明確な地名、表形式などは、「最終調査報告書」を参考とした。
(35)「二万の犠牲者!!!」。
(36) 山田昭次（２０１１）、前掲書、１６６頁。
(37)「敵の韓人虐殺に対する上海我僑民大会」・「上海居留韓国人ら、関東大震災韓国人虐殺に対する」（『独立新聞』、1923.10.13）。
(38) 劉婧「日本人旅行記からみる20世紀前半の大連航路」（『或問』19、２０１０）27~40頁、孫安石「日本人から見た上海イメージ――『上海案内』の世界」（『年報非文字資料研究』7、２０１０年）１８１~１９４頁。
(39) 山田昭次（２０１１）前掲書（１０７~１０８頁）からの再引用である。
(40)「MASSACRE OF KOREANS IN JAPAN」の中の〈The List of killed bodies and places〉。今後、この史料にでる英文地名は、日本の研究者の助けをかりて地名を確認し、漢字に変えていく予定である。
(41) この史料は、当時、北京から、無名の韓国抗日運動家が、ドイツ外務省におくったものと確認された。また、１９９１年、ドイツに留学中の韓国留学生がドイツ外務史料館に所蔵されている韓国関連史・資料を調査、収集して国家報勲処に提供したものの中に含まれている史料である（ドイツ外務省アーカイブ担当者確認：2013.9.2. 国家報勲処確認：2013.8.22.）。
(42) 原文には、総数が２３０５９人と表記されている。
(43) 山田昭次（２０１１）前掲書、１０８頁。
(44) 山田昭次（２０１１）前掲書、89~91頁。
(45) 山田昭次（２０１１）前掲書、90~92頁。
(46) 山田昭次（２０１１）前掲書、91~92頁。
(47) 山田昭次（２０１１）前掲書、92頁。
(48) 山田昭次（２０１１）前掲書、93頁を参照されたい。千葉市事件は、第1審で被告人が実刑を宣告されたことが判明されたが、量刑不明によって表に入れなかったという。
(49)「群馬県藤岡事件判決文」は、故琴秉洞先生が提供してくださった資料で、この場をかりて琴先生に感謝の意を表したい。この判決文は、①第1審判決文（１９２３年12月25日）、②控訴審判決文（１９２４年４月30日）、③大審判決文（上告審、１９２５年5月30日）の3種類にわけることができる。
(50)「成道寺慰霊碑」で、その名前が確認されるが、根拠となる資料は確認できない。
(51) 専修大学田中正敬提供「関東大震災朝鮮人犠牲者氏名判明リスト」（２００９年5月8日現在の調査、西崎雅夫作成）。

戦後日本の歴史教科書と関東大震災における朝鮮人虐殺事件

田中正敬

はじめに

本稿では、現行の歴史教科書の分析、ついで戦後の歴史教科書のなかで関東大震災時の朝鮮人虐殺がいつ頃から登場し、教科書の記述がどのような変遷を遂げてきたのかを提示する。また、このことと関わって、歴史教育の主体である地域の中学校や高校の教員が、その地域の朝鮮人虐殺を調査すると同時に犠牲者の追悼を行なってきた例などを紹介し、そうした努力が研究の進展と教科書記述の発展に寄与したことを述べるとともに、歴史教育とも関連する現在の課題について述べたい。

なお、分析に先立って、日本の歴史教科書には制約があることを確認しておきたい。一つは、文部科学省の検定時に書き換えが強制されることである。近年は、いわゆる「領土問題」についての記述を要求されている。本稿との関連で言えば、関東大震災時の朝鮮人虐殺について、人数が不明であることを明記するよう要求された。もう一つは、教科書のページ数が事前にほぼ決まっており、その分量の制約のなかで書かなければならないことである。教科書執筆者はこうした制約条件の下で執筆していることは指摘しておかなければならない。本来は執筆者の記述について右

［中学校歴史教科書の虐殺事件関連記述］（【資料A】より）

	流言	虐殺の主体	朝鮮人	中国人	日本人	表現	人数
育鵬社	×	自警団など	○	×	社会主義者	殺害	×
教育出版	○	自警団・警察・軍隊	○	○	社会主義者・労働運動家	殺される	多くの
清水書院	○	警察・軍隊・自警団	○	○	日本人	虐殺	数千人
自由社	×	×	×	×	×	×	×
帝国書院	○	住民	○	○	社会主義者	殺す	×
東京書籍	○	×	○	○	社会主義者	殺された	多くの
日本文教出版	住民・警察と明記	自警団・軍隊・警察	○	×	社会主義者・労働運動家	殺害	数千人

の問題を含めて考えるべきだが、この点は今後の課題としたい。

一方、教科書採択を行なう各地域の動向について、特に最近は「新しい歴史教科書をつくる会」のような右派の教科書を支持する、政治的な圧力が強まっている。これの対極にある「左派」だと攻撃された教科書が採択されず、「中庸」と見られる教科書が採択されたという報道もあった。実際に日本のアジア侵略について積極的に記述していた教科書が採択のシェアを下げていったことも周知の通りである。

1　歴史教科書の分析

まず、上記の表において2013年現在の中学校の歴史教科書における虐殺事件関連記述について見たい。

中学校の教科書では1996年に発足した「新しい歴史教科書をつくる会」系列の教科書が、虐殺事件関連記述について触れない、あるいは特に日本政府の関与について消極的であることは明らかであり、このうち自由社のものは、虐殺について言及していない唯一の中学校歴史教科書である。育鵬社も流言に言及せず、中国人虐殺に触れず、虐殺された朝鮮人犠牲者の人数を想起させる文言を入れない。また、軍隊が虐殺を行なったことには触れないために、あたかも社会主義者の虐殺が自警団によりなされたかのように読めてしまう。

他の教科書が朝鮮人虐殺を記述しているにもかかわらず、自由社がこれに触れないのは意図的なものではないかとも考えられるが、育鵬社の教科書も虐殺の事実をあまり表に出さない、とりわけ国家の関与がわからない記述になっている。「虐殺」という表現も使わない。

ただし、虐殺という表現を使わない教科書は他にもある。また、虐殺した主体を書かない教科書、軍隊の関与を書いていない教科書もある。犠牲者数についても書かない教科書、「多くの」という表現、「数千人」という表現など様々である。記述上の問題や課題は「つくる会」系列の教科書にとどまらない。

一方、右について網羅的に書いている教科書もあるが、問題が無いわけではない。たとえば、一様に書かれている「混乱のなかで」という表現である。これは、地震の被害が大きかった地域で、建物の崩壊や火災により人びとが「混乱した」と読み取れるが、実際には地震の被害と虐殺が起こった地域とは必ずしも一致しない。例として、東京の東にある千葉県の村の住民が書いた日記を見てみよう。

一日　西区のA方で将棋をやる。正午大地震起る。何回となく続いて来る。午后二時頃帰宅、豚が子を産で居たので見てやる。変りなし。昼飯を食って又Aへ行って将棋をやる。

三日　夜になり、東京大火不逞鮮人（ママ）の暴動警戒を要する趣、役場より通知有り。在郷軍人団青年団やる。

七日　午后四時頃、バラック（収容所―引用者註）から鮮人を呉れるから取りに来いと知らせが有ったとて急に集合させ、主望者（ママ）に受取りに行って貰う事にした。……夜中に鮮人十五人貰い各区に配当し（中略）と共同して三人引受、お寺の庭に置き番をして居る。

八日　又鮮人を貰ひに行く。九時頃に至り二人貰って来る。都合五人（中略）へ穴を掘り座せて首を切る事に決定。（中略）穴の中に入れて埋めて仕舞ふ。皆疲れたらしく皆其処此処に寝て居る。夜になると又各持場の警戒線に付く。

九日　夜又全部出動十二時過ぎ又鮮人一人貰って来たと知らせ有る。之は直に前の側に穴を掘って有るので連れて行って提灯の明りで、切る。（千葉県における関東大震災と朝鮮人犠牲者追悼・調査実行委員会編『いわれな

く殺された人びと』青木書店、1983年）

9月1日、この日記の作者は地震の後にいったん家に帰り、豚の面倒を見てからまたA方に戻り、将棋を指している。大震災後にもかかわらずのどかな情景である。ところが3日になると役場から朝鮮人に警戒せよという通知が来て、村の空気が一変する。そして、9月7日以後、近隣の軍隊の施設（収容所）にいた朝鮮人の中から軍隊が選び出した朝鮮人計18人を村の住民に下げ渡して殺させた。この日記の著者がいた村では6人を殺してしまった。

村の空気を変えたのは行政の命令であり、朝鮮人を殺させたのは軍隊だった。この地域では、「混乱」は地震（天災）によりもたらされたのではない。国家の対応の問題（人災）として考えないと、右の日記を理解することはできないであろう。そもそも「混乱」という語は、「だから仕方がなかった」という震災当時からの言い訳にもつながる表現でもある。虐殺の構造は、まだ十分に教科書の記述に反映されていないと考えるべきであろう。

2　戦後歴史教育と関東大震災朝鮮人虐殺

朝鮮人虐殺の解明は、在日韓国・朝鮮人研究者を始めとする歴史研究者と、地域で聞き取りなどを行なってきた小学校・中学校・高校教員を始めとした地域の人びとや団体によって担われてきた。

一方、歴史研究の成果として、1963年に出版された『現代史資料6　関東大震災と朝鮮人』（みすず書房）が重要な資料を収録し、研究を大きく進展させる契機となったことも、忘れてはならないであろう。著者の一人である姜徳相氏は、研究を行なってきた理由として「筆者が在日韓国人であり、この問題が韓人百年の被差別の圧政の原点であり、とりわけ「投毒放火」犯の汚名からの名誉回復が不可避との認識があるからである」（「虐殺再考、戒厳令なかりせば」『震災・戒厳令・虐殺』三一書房、2008年）と述べている。姜氏とともに上記の資料集を纏めた琴秉洞氏や『関東大震災における朝鮮人虐殺の真相と実態』（朝鮮大学校、1963年）執筆の中心であった朴慶植氏らにより、虐殺を生んだ国家と民衆の役割がともに明確になっていった。また、上記の本の中では、当時のことを知る朝鮮人犠牲者の同胞から証言を聞き取ったことも大きな成果としてあげられる。

地域の調査について詳しく見てみると、埼玉県の虐殺については高校教員であった石田貞氏らが中心となって調査が行なわれ、関東大震災50周年朝鮮人犠牲者調査・追悼事業実行委員会『かくされていた歴史』（1974年）が出版された。東京の下町地域の虐殺については、小学校教員の絹田幸恵氏が中心となって80年代より調査を続け、関東大震災時に虐殺された朝鮮人の遺骨を発掘し追悼する会『風よ鳳仙花の歌をはこべ――関東大震災・朝鮮人虐殺から70年』（教育史料出版会、1992年）を出版した。日朝協会などの市民団体も1960年代から調査を行なっており、その成果として前述の『かくされていた歴史』や『民族の棘関東大震災と朝鮮人虐殺の記録』（1973年）が出版された。

また、市民団体と歴史教育の教員が作る団体（歴史教育者協議会など）とは共同で活動を行ない、70周年・80周年・90周年に集会を開催するなどの活動を行なっている。

以上のように、研究者以外にも、地域の教員を始めとした市民がこの問題に取り組んできたのが朝鮮人虐殺の調査研究の特徴と言える。それは、「地域の掘り起こし」という歴史教育者協議会のスローガンに象徴されるように、教員たちが加害と被害が重層的に立ち現われる地域の歴史に目を向けていたことによる。それからもう一つの大きな理由は、地域の人間でなければ加害の立場の住民から話を聞けなかったからである。

虐殺の実態を明らかにして犠牲者を追悼することが調査者の目的でもあったから、これらの調査は犠牲者の追悼とともに行なわれた。

その例として、前述の日記を発掘した千葉の「千葉県における関東大震災と朝鮮人犠牲者追悼・調査実行委員会」（以下、実行委員会）の活動を紹介する。実行委員会が調査した地域では大きく二つの事件が起こった。その一つは船橋の海軍東京無線電信所船橋送信所を中心とする地域、もう一つは習志野の騎兵連隊駐屯地を中心とする地域である。

船橋の送信所は地震被害を免れた施設で、9月3日朝に内務省発の流言を全国に無電で流した。送信所長は近隣の住民を武装させて警戒を指示した。東京から避難した朝鮮人や船橋の鉄道建設をしていた朝鮮人労働者が警戒していた住民に虐殺された。朝鮮人の虐殺現場の近くには地域の寺が「法界無縁塔」という碑を建てたが、建立の目的も犠牲者の名前も碑には書かれなかった。この碑の前で朝鮮人は虐殺犠牲者の追悼であることを公にできないまま追悼を続けていたものと思われ、解放後の1947年には虐殺の事実を明記した「関東大震災犠牲同胞慰霊碑」を建立した。

習志野の騎兵連隊は震災後直ちに東京方面などに出動し、朝鮮人を虐殺した。その駐屯地の近くには、9月5日、朝鮮人「保護」のため収容所が開設され、朝鮮人が護送されてきたが、収容所では憲兵が思想調査を行ない、あやしいと判断された朝鮮人を軍隊が殺し、また近隣の住民に殺させた。日記はその近隣の住民が書いたものである。こうした虐殺はこの地域以外では確認されていない。

教員たちによる船橋での調査は以前にもあったが、本格的なものは1974年、習志野での調査は1976年に始まっている。この二つの調査をした人々が集まって1978年には実行委員会が作られた。

習志野の調査を行なったのは中学校の教員と生徒たちで作る郷土史研究会だった。彼らは当初、地域の旧街道の調査をしていたが、その過程で町の中で朝鮮人虐殺があったことを知る。習志野の中学校教員は次のように回顧している。

阿部さん（虐殺の証言者）の話を聞いた生徒たちは、膚で感じた恐ろしさと憤りを自分たちの直感でとらえようとした。「夜、勉強していると、朝鮮人が後ろに立って、もっと明らかにしてくれ、もっと明らかにしてくれと言っているような気がする。」

実際、かれらの活動を支えたものは、この恐ろしさと憤りだった。そして、私をかり立てたのも同じ憤りである。私たちは、それが何に対する恐れと憤りなのかを探ってきたように思う。（実行委員会『いわれなく殺された人びと』青木書店、1983年）

彼らは、日記に書かれた犠牲者の遺骨を探したが、わからなかった。しかしその頃、地域によっては住民の有志が地域の寺の住職に塔婆を書いてもらい、虐殺現場で慰霊するなどしていた。

だが、調査した教員が虐殺現場を発見したり、住民への聞き取りも行なわれる中で真相が明らかになり、１９８３年には、調査結果が『いわれなく殺された人びと』という本に纏められ、実行委員会と住民が共同で慰霊祭を行なうに至った。実行委員長の高橋益雄氏は、この慰霊祭において、『いわれなく殺された人びと』が出版できたこと、追悼を地元の住民とともに行なえたこと、そして将来は遺体を発掘して手厚く葬るという決意を述べた。しかし、これが実現するのは１９９８年、なお15年あまりの歳月が必要であり、慰霊碑が完成したのはその翌年であった。

以上のような地域の取り組みにより明らかになったことや研究者の取り組みが、教科書の記述を変えていくことになる。管見の限り、高校の日本史教科書でもっとも早くからこの問題を取り上げたのは１９５６年発行の実教出版であるが、虐殺の記述は労働運動関連記述の中に埋もれるに過ぎない。他の教科書では震災から50年を前後する時期に、具体的な虐殺関連の記述が現われてくる。これは、姜徳相氏らの取り組みから10年前後、地域での取り組みとほぼ同時期である（【資料B】）。

また、研究の進展は、当然教科書の記述の深化につながる。記述が大幅に変わった東京書籍を例にとってみたい（【資料C】）。１９７８年発行の教科書では関東大震災が経済に打撃を与えたことのみが書かれ、虐殺に関する記述は一切無い。１９８３年の教科書では初めて虐殺に関する記述が出てくるが、本文ではなくコラムの中である。

その後は少しずつ記述が拡充していくが、大きく変わるのは１９９５年発行の教科書である。この背景として、１９９３年に関東大震災70周年記念集会が開かれ、引続き地域の虐殺を解明する出版物が刊行されたという事情があったと考えられる。何よりもこの変化をもたらしたものは、この教科書の執筆者に70周年集会の関係者や関東大震災の研究者が含まれていたことである。記述では虐殺を行なった主体が明記されるとともに、虐殺された場所なども書かれた。さらに、２００３年の教科書では、関東大震災に至る前史として朝鮮人の日本への渡航史が書かれ、虐殺の背景としての民衆の排外的な意識があったことも書き加えられた。これまでの朝鮮人に関する記述が関東大震災との関わりにおいてのみ書かれ、日本在住の朝鮮人の歴史の流れとしては理解しがたかったことに比べれば、大きく進展している。関東大震災を契機に日本社会が戦時期へ移行するという展望を示したという特徴もある。

ただし、高校の歴史教科書は、当然のことながら中学校のそれよりも記述は充実しているとはいえ、教科書により記述に差異がある（【資料A】の［高校日本史］を参照）。

この中では、とりわけ朝鮮人虐殺を行なった主体として軍隊や警察という言葉を使わず、逆に朝鮮人を保護したものとして警察を登場させている（恐らく鶴見警察署署長が朝鮮人を助けた事例を念頭に置いたものであろう）明成社の記述は、他の教科書とは大きく異なっている。ここで、戒厳令を「事態の収拾」を目的としたものであったとする記述も、他の教科書には見られない特徴である。しかし、前述した関東大震災時の朝鮮人虐殺の調査・研究の成果から見ると、この記述には次のような問題がある。

軍隊や警察、行政機関が流言の拡大に主導的な役割を果たしたこと、また軍隊と警察が朝鮮人虐殺に直接に手を下したことは明らかな事実であり、これを書かないのでは関東大震災の虐殺がなぜこれほど大規模なものとなったのかを説明できない。また、戒厳令の評価にも問題がある。虐殺は戒厳令下で軍隊が行なっているのであって、このことがなぜ「事態の収拾」になるのか。確かに、この教科書の記述は虐殺とその対応への「一面」を表していると言えなくもない。ただし、それはまさに一面に過ぎないのであって、しかもそれは政府が関与した責任を明らかに隠蔽する方向で記述されている。このように書くと、他の教科書も一面的だと思われるかも知れないが、前述の通り民衆だけがこの事件を引き起こしたとの印象を与える記述では、朝鮮人を始めとした中国人や日本人の虐殺事件をきちんと説明することができないのである。

もっとも、たとえば他の教科書でも、流言が広まった、あるいは広がった、という記述がみられるが、これは流言を拡げた主体を明記しないという点で問題である。右に述べたように、流言が拡大したのは民衆によるものばかりでなく、当時通信網を掌握していた政府が流したためであった。

以上のように、教科書においてはいまだ叙述上の課題は残っているとは言えるが、大切なことは、調査研究の進展に基づいた、かかる記述の発展を後退させないことである。冒頭で記した文部科学省の検定基準が、この後退と大きく関わるであろうことは言うまでもない。

おわりに

以上のように、関東大震災に関わる教科書の記述は、歴史研究と歴史教育に携わる人々により事実が明らかになったことを反映して、発展してきたと言える。関東大震災関連の記述の妥当性を判断するためには、殺害か虐殺かという用語ばかりではなく、全体的な記述の流れを検討することが大事である。

最近になって横浜市と東京都が作った二つの副読本における震災関連の記述が問題となっている。東京都教育委員会が作成した高校日本史の副読本、『江戸から東京へ』の記述改変について、２０１３年1月25日の『朝日新聞』（東京地方版）に「副読本、記述変更関東大震災の朝鮮人『虐殺』→『命奪われた』」との見出しの記事が載った。墨田区横網町公園の「関東大震災朝鮮人犠牲者追悼碑」の記述が、２０１２年度までの「大震災の混乱のなかで数多くの朝鮮人が虐殺された」から、「碑には、大震災の混乱のなかで、『朝鮮人の【が】尊い命が【を】奪われました』と記されている」と変えられたのである（しかも都教委によるこの引用は誤りで【　】内が正しい）。

これは、「都教委高等学校教育指導課が、副読本の『誤解を招く表現』を再検討」した結果であり、「担当者は『いろいろな説があり、殺害方法がすべて虐殺と我々には判断できない。（虐殺の）言葉から残虐なイメージも喚起する』としている。また、副読本を監修した専門家には相談しなかった」という。

「我々には判断できない」都教委が、どうして記述を再検討し文言を変えられるのか。記述に責任を負う監修者に無断で記述を変更するのは、手続きとしても誤っている。歴史的事実を単なる碑の説明と引用文に置き換え、朝鮮人の命を奪ったものが、災害なのか人間なのかさえもわからぬようにするこの文章こそ、「誤解を招く」ものである。彼らがいかに「説明」しようと、結果としてこの記述は、「残虐」そのものである虐殺の歴史的事実を隠蔽し、国家と民衆の加害責任を曖昧にする、修正主義的な歴史観に適合的な記述である。

震災から90年が経って記憶はますます風化しているにもかかわらず、いまだに朝鮮人犠牲者の名前も遺族もほとんどわからないままである。このことが事実の歪曲を行ないやすくしている。ただし、軍隊・警察・民衆の三者が朝鮮人虐殺を組織的に行なったことは動かしようのない事実であるから、修正論者たちは、犠牲者数など、未確定の部分を持ち出すことにより虐殺の事実が曖昧であると主張するか、自分たちに都合のよい資料のみを引っ張り出して資料批判なしに実証的な「論証」をして見せる。

朝鮮人犠牲者数を確定することは今でもできない。修正論者は、当時の朝鮮人が発表した犠牲者数を曖昧な数と非難し、そこから虐殺そのものを否定しようとするが、山田昭次『関東大震災時の朝鮮人虐殺—その国家責任と民衆責任』（創史社、２００３年）も指摘するように、それは官憲が調査を妨害し事件を隠蔽したためであった。そもそも、調査は朝鮮人がやらねばならなかったのだろうか。事件当時に政府が責任を持って調査して犠牲者の名前を確定し、遺族に謝罪・補償を行なえば犠牲者数は判明したはずである。犠牲者数の「曖昧さ」は国家が負うべき責任を果たさなかったことを象徴しているのである。

【資料A】現行教科書の虐殺事件関連記述

※教科書により著作者の表記はまちまちなので、本稿では原則として一部を除き、先頭に記されている人名と、これを含めて奥付に著作者（別記も含む）として書かれている人・出版者等を合計して、「計○○名」と表記している。そのため実際の奥付の記載とは異なることを承知されたい。

［**中学校歴史**］（**アイウエオ順、以下同じ**）

(1)伊藤隆ほか、計15名『中学社会　新しい日本の歴史』（育鵬社、２０１１年検定済、２０１２年発行）

交通や通信がとだえた混乱の中で、朝鮮人や社会主義者が、住民たちのつくる自警団などに殺害されるという事件

もおきました。（199ページ）

(2)笹山晴生ほか、計39名『中学社会　歴史―未来をひらく』（教育出版、2011年検定済、2012年発行）

混乱のなかで、「朝鮮人が暴動を起こした」などの流言が広がり、住民の組織した自警団や警察・軍隊によって、多くの朝鮮人や中国人が殺される事件が起こりました。また、社会主義者や労働運動家のなかにも、殺された人がいました。（コラム「歴史の窓」、203ページ）

(3)三谷博ほか、計10名『新中学校　歴史―日本の歴史と世界』（清水書院、2011年検定済、2012年発行）

また、朝鮮人虐殺→P．221事件のほか、軍人や警官による社会主義運動家殺害事件もおこった。（219ページ）

しかし、日本人の多くは朝鮮人に対する差別の意識をもち、彼らを危険な人びととみていた。1923年の関東大震災後の混乱のなかでは、朝鮮人が暴動をおこしているというデマを信じた日本人が、朝鮮人を虐殺する事件が関東各地で発生した①。

①このとき、警察・軍隊・自警団によって殺害された朝鮮人は数千人にものぼった。また、朝鮮人とまちがえられて殺された日本人や中国人もいた。（221ページ）

(4)藤岡信勝ほか、計14名『中学社会　新しい歴史教科書』（自由社、2011年検定済、2012年発行）

（虐殺事件についての記述なし）

(5)黒田日出男ほか、計11名『社会科　中学生の歴史―日本の歩みと世界の動き』（帝国書院、2011年検定済、2012年発行）

混乱のなかで、「朝鮮人が暴動を起こす」という根拠のないうわさが流れ、自警団をつくった住民が、朝鮮や中国の人々を殺すという事件が起こりました。また、社会主義者もこの混乱に乗じて殺されました。（コラム「関東大震災と迫害」、197ページ）

(6)五味文彦ほか、計49名『新しい社会　歴史』（東京書籍、2011年検定済、2012年発行）

混乱の中で、朝鮮人や社会主義者が暴動を起こすという流言が広がり、多くの朝鮮人、中国人や社会主義者などが殺されました。（コラム「歴史にアクセス　関東大震災」、197ページ）

(7)鈴木正幸ほか、計15名『中学社会　歴史的分野』（日本文教出版、2011年検定済、2012年発行）

この混乱のなかで、朝鮮人が井戸に毒を投げこんでいるといったデマが、住民や警察によって広められ、住民が組織する自警団、あるいは軍隊・警察が、朝鮮人など数千人を殺害しました。事件の背景には、突然の被災による精神的混乱、朝鮮人に対する差別意識などがあったものと考えられます。また軍人が、社会主義者や労働組合員を殺害する事件も起こりました。（コラム「近代史プラスα　関東大震災」、217ページ）

［高校日本史］

(1)青木美智男ほか、計13名『日本史B　改訂版』（三省堂、2007年検定済、2008年発行）

この混乱のなかで、在留朝鮮人が暴動をおこそうとしているとか、放火したとか、毒物を井戸に投げこんだといった流言が広がった。そして、戒厳令下のもと、軍隊や警察、帝国在郷軍人会などが組織した自警団もくわわり、無抵抗の6000人にのぼるとされる在留朝鮮人が虐殺された⑤。また、無政府主義（アナキズム）をとなえた大杉栄や労働組合の幹部が軍隊の手で虐殺されるという事件や在留中国人の殺害事件もおこった⑥。

⑤1925年に在留朝鮮人は約13万人にのぼり、在日本朝鮮労働総同盟が結成され労働運動もさかんになり、19

27年には兵庫県で民族差別撤廃などをかかげるストライキがおこった。
⑥大杉と伊藤野枝、甥の橘宗一は憲兵大尉の甘粕正彦らに殺害され（甘粕事件）、川合義虎や平沢計七ら社会主義者は東京の亀戸警察署内で軍隊によって殺され（亀戸事件）、さらに在留中国人労働者の救済組織である僑日共済会で活躍していた王希天が殺された。（295ページ）

(2)君島和彦ほか、計16名『高校日本史A』（実教出版、2012年検定済、2013年発行）
震災直後の火災が京浜地方を壊滅状態に陥れ、混乱のなかで、「朝鮮人が暴動をおこした」などという民族的偏見に満ちたうわさがひろめられ、軍隊・警察や自警団が、約6700人の朝鮮人と約700人の中国人を虐殺した。また、無政府主義者の大杉栄・伊藤野枝が憲兵大尉甘粕正彦に殺害され（甘粕事件）、労働運動の指導者10人が軍隊と警察によって殺害された（亀戸事件）。

（99ページ、他に137ページには「関東大震災と朝鮮人労働者」というタイトルで、震災以後の多摩川周辺の朝鮮人労働者による砂利採取労働についてのコラムがある）

(3)脇田修ほか、計16名『日本史B　新訂版』（実教出版、2007年検定済、2008年発行）
あまりに大きな被害に人々はパニックにおちいり、朝鮮人が井戸に毒を投げこんだとか、暴動をおこしたという流言飛語がひろがって、自警団を組織した民衆や、軍隊や警察の手によって数千人にのぼる朝鮮人が虐殺され①、多くの中国人も殺された。また無政府主義者大杉栄・伊藤野枝らが甘粕正彦憲兵大尉に殺されたり（甘粕事件）、労働運動の指導者ら約10名が警察署で軍隊によって殺害される（亀戸事件）といった、社会運動に対する弾圧事件などもおきた。
①併合後、朝鮮で生活できなくなった朝鮮人が渡来し、強い民族差別のもとで土木・炭鉱労働などに従事していた。
（319〜320ページ）

(4)加藤友康ほか、計11名『高等学校　日本史B　改訂版―100のテーマによる通史と多角的視点の歴史像』（清水書院、2007年検定済、2008年発行）

1923年9月1日、政治・経済の中心地である東京・横浜をとつぜんにおそった関東大震災②により、日本経済は大きな影響を受け（震災恐慌）、復興のための物資の輸入増加で、大戦中にたくわえた外貨が流出した。

②全壊12万戸、全焼45万戸、死者・行方不明者14万人、損害55億円以上という（全壊・全焼29万戸、死者・行方不明10・5万人ともいわれる）。この混乱のなかで、「朝鮮人が井戸に毒を入れた」など流言が飛び交ったが、それを真実と思い込んだ人々は、竹槍・日本刀などで武装し、通行人を検問し、朝鮮人を襲った。殺害された朝鮮人は約6000人ともいわれる。また中国人も被害にあった。そのほか無政府主義者や労働運動の活動家も、軍隊や警察に殺された。（201ページ）

(5)外園豊基ほか、計7名『高等学校　日本史A―人・くらし・未来』（第一学習社、2012年検定済、2013年発行）

1923（大正12）年9月1日、関東地方で大地震がおこり、東京・横浜を中心とする地域で死者・行方不明者が10万人をこえるなど、大きな被害と混乱が発生した（関東大震災）。そのなかで、朝鮮人が暴動をおこしたといううわさが広がり、多数の朝鮮人や中国人が、軍隊・警察・自警団②の手によって虐殺された。また、労働運動の指導者や、無政府主義者の大杉栄・伊藤野枝らが、軍隊・警察などによって殺害された。

②火災・盗難などから地域を自衛するために組織された住民団体。（83ページ）

(6)三宅明正ほか、計19名『日本史A―現代からの歴史』（東京書籍、2012年検定済、2013年発行）

社会的混乱と不安のなかで、朝鮮人や社会主義者が暴動を起こすという事実無根の流言が広まった。警察・軍隊・

行政が流言を適切に処理しなかったこと、さらに新聞が流言報道を書きたてたことが民衆の不安を増大させ、流言をひろげることになった。

関東各地では、流言を信じた民衆が自警団を組織した。自警団は、在郷軍人会②や青年団などの地域団体を中心にして、警察の働きかけにより組織された。彼らは刀剣や竹槍で武装し、通行人を検問して朝鮮人を取り締まろうとした。こうしたなかで、首都圏に働きにきていた数多くの朝鮮人や中国人が軍隊や自警団によって虐殺された③。「朝鮮人暴動」説は震災の渦中で打ち消されたが、虐殺事件があいついだのは、民衆のなかに根強い朝鮮人・中国人蔑視の意識があったからであった。

また、震災の混乱のなかで、労働運動家や社会主義者らにも暴行がくわえられる事件や、無政府主義者大杉栄らが殺害される事件がおきた。
②現役以外の兵役経験者の地域組織
③朝鮮人数千人、中国人700人以上と推定されている。（114ページ）
(7)渡部昇一ほか、計18名『最新日本史』（明成社、2012年検定済、2013年発行）
大正12年（1923）9月1日、大地震が関東一円を襲い、京浜地帯は経済的に大打撃を受けた（関東大震災③）。
③大地震による被害は、全壊十二万戸、全焼四十五万戸、死者・行方不明者十万数千人に及んだ。混乱の中、無政府主義者大杉栄と伊藤野枝が憲兵大尉甘粕正彦に殺害された。また、朝鮮人に不穏な動きがあるとする流言に影響された自警団による朝鮮人への殺傷事件が頻発した。その一方、朝鮮人を保護した民間人や警察官もいた。また、政府は戒厳令を布き事態の収拾に当たった。（243ページ）

(8)鳥海靖ほか、計4名『現代の日本史　日本史A　改訂版』（山川出版社、2012年検定済、2013年発行）
大混乱の中で、「朝鮮人が暴動をおこした」というデマが広がり、住民が組織した自警団などの手により、多数の朝鮮人が殺害された③。また、社会主義者や労働運動家が、軍人や警察官により殺害される事件もおこった④。

③日本の韓国併合以後、働き口を求めて、朝鮮から多くの人々が日本内地に移住していた。

④無政府主義者の大杉栄と妻の女性運動家伊藤野枝が憲兵によって殺されたのも、関東大震災直後の出来事であった。（100ページ）

(9)老川慶喜ほか、計12名『詳説日本史B』（山川出版社、2012年検定済、2013年発行）

関東大震災後におきた朝鮮人・中国人に対する殺傷事件は、自然災害が人為的な殺傷行為を大規模に誘発した例として日本の災害史上、他に類をみないものであった。流言により、多くの朝鮮人が殺傷された背景としては、日本の植民地支配に対する抵抗運動への恐怖心と、民族的な差別意識があったとみられる。9月4日夜、亀戸警察署構内で警備に当たっていた軍隊によって社会主義者10人が殺害され、16日には憲兵により大杉栄と伊藤野枝、大杉の甥が殺害された。市民・警察・軍がともに例外的とは言い切れない規模で武力や暴力を行使したことがわかる。（コラム「関東大震災の混乱」、331ページ）

【資料B】高校日本史における虐殺関連記述の開始年と内容（一部教科書のみ、発行年順）

西岡虎之助『高校日本史』（実教出版、1955年検定、1956年発行）

この翌年関東地方に大震災が起り、人的物的の損害は莫大であった。そしてこの混乱にまぎれて、無政府主義者と社会主義者や朝鮮人が迫害されるようなことが起ったが、しかし社会運動は発展し、総同盟には共産党系の階級闘争主義が強くなり、その影響をうけた組合員は労資協調主義の幹部と対立し、結局1925年（大正14）総同盟を除名され、日本労働組合評議会を結成した。（363ページ）

安田元久ほか、計8名『高等学校　新日本史』（帝国書院、1968年発行）
1923年（大正12）9月に発生した関東大震災は、9万余に及ぶ死者を出し、大きな社会混乱を招き、社会主義者や多数の朝鮮人が殺されるという事件も起こった。（191ページ）

児玉幸多ほか、計9名『精選日本史（改訂版）』（山川出版社、1973年発行）
1923（大正12）年9月におこった関東大震災は9万余の生命を奪い、約70万戸の家が破壊焼失するという大惨害をひきおこし、大きな混乱と不安をよびおこしたが③、これをきっかけとして官庁や会社の建物は鉄筋コンクリートのビルディングに建てかえられ、東京から古い江戸の名残りが一掃されていった。
③大震災の混乱に際して、多くの朝鮮人や社会主義者が殺される事件もおこった。（255ページ）

小葉田淳ほか、計8名『日本史』（清水書院、1974年発行）
さらに1923年（大正12）9月1日に関東大震災が起こり①、経済界は慢性的な不況におちいった。
①このとき無政府主義者の大杉栄が甘粕憲兵大尉に殺害され（甘粕事件）、また朝鮮人が井戸に毒をまいたなどといううわさから、多数の朝鮮人が虐殺された。（237〜238ページ）

竹内理三、田中健夫、小西四郎『改訂版新日本史』（自由書房、1977年改訂検定済、1978年発行）
そのうえ、1923（大正12）年9月に関東大震災がおこり①、その大きな被害によって、経済界はさらに深刻な打撃をうけた。
①被害は東京・横浜を中心に全壊・全焼家屋約58万戸、死者・行方不明者約14万人におよんだ。その混乱のなかで種々のデマがとび、多数の罪なき朝鮮人や労働運動家などが虐殺される事件がおこり、無政府主義者の大杉栄らも憲

兵隊に殺された。（274ページ）

【資料C】高校教科書記述の変遷：東京書籍を例に（ゴチック体はタイトル、日本史Aの記述を中心、太字は虐殺関連記述）

⑴風間泰男、菱刈隆永、尾藤正英、佐藤誠三郎、東京書籍株式会社編集部『新訂　日本史』（1977年改訂検定済、1978年発行）

戦後の経済不況

大戦中の好景気のなかで一時的に膨張した日本経済は、大戦がおわるとたちまち不況にみまわれた。好調をつづけていた輸出が1920年になってにわかに減少したため、生産過剰から操業の短縮や倒産があいつぎ、株価の暴落がおこって経済恐慌がはじまった。そのうえ、1923年（大正12）年には関東大震災がおこって経済界はさらに大きな痛手をうけ、その後は慢性的な不況がつづいた。（241～242ページ）

⑵尾藤正英、藤村道生、益田宗、吉田孝、大口勇次郎、久里幾久雄、菅原昌二、原口幸男、東京書籍株式会社『日本史』（1982年検定済、1983年発行）

戦後恐慌と関東大震災

第一次世界大戦がおわると、戦争景気によって一時的に膨張した日本経済は、海外市場の縮小とともに苦境にたたされた。1919（大正8）年から、ふたたび輸入超過となり、翌1920年には、生産過剰から企業の縮小や倒産があいつぎ、失業者が続出した（戦後恐慌）。そのうえ、1923年（大正12）年9月1日、関東大震災がおこり、東京、横浜を中心とする地域は壊滅状態となった。そのため、戦後恐慌からたちなおろうとしていた日本経済は大きな打撃をうけ、その後は慢性的な不況にあえぎつづけることになった。

■関東大震災は、地震発生後の火災が被害を大きくし、その混乱は人心を動揺させた。**こうしたなかで、朝鮮人や社会主義者が暴動をおこすとの流言がひろまり、3000人以上の朝鮮人や、社会主義者の大杉栄らが虐殺されるという事件が発生した。**（279〜280ページ）

(3)田中彰、金原左門、加藤章、今井雅晴、田中揮一、坂本昇、東京書籍株式会社『日本史A―現代からの歴史』（1994年検定済、1995年発行）

関東大震災と金融恐慌

1923（大正12）年9月1日、関東地方をマグニチュード7・9（震度6）の地震がおそった。地震発生時の火災が被害を大きくし、東京・神奈川を中心とする地域は壊滅状態となった。社会不安はたかまり、東京府と神奈川・埼玉・千葉の3県に戒厳令がしかれた。**こうした混乱のなかで、朝鮮人や社会主義者が暴動をおこすという事実無根の流言がひろまり、それを信じた民衆や、軍隊・警察によって、首都圏に働きにきていた数多くの朝鮮人や中国人が虐殺され①、労働運動家や無政府主義者大杉栄らが警察署や憲兵隊本部で殺害された。**

大震災は、第一次世界大戦後の恐慌から慢性的な不況にあえぐ経済界に、大きな打撃をあたえた。被災した企業は、日本銀行の特別融資をうけた震災手形で一時をしのいだものの、決済がすすまなかった。

①朝鮮人およそ6000人、中国人数百人と推定されている。（他にも自警団の写真とそれが朝鮮人虐殺を行なった旨のキャプションが入っている、96ページ）

(4)田中彰、天野さゆり、大門正克、河原則夫、金原左門、坂本昇、田中揮一、羽賀祥二、三宅明正、東京書籍株式会社『日本史A―現代からの歴史』（2002年検定済、2003年発行）

帝国日本と移動する人々

日本内地の朝鮮人

韓国併合以降、日本に渡航する朝鮮人が増加した。1910（明治43）年に2000人にすぎなかった日本内地の朝鮮人は、その後、1920（大正9）年4万人、1930（昭和5）年40万人と増大した。そのなかには留学生もいたが、朝鮮人渡航者がふえたのは、土地調査事業以後、産米増殖計画などの植民地農政によって朝鮮の農民が窮乏化し、日本に働き口を求めたからであった①。朝鮮人は、大阪、東京、名古屋、横浜などの大都市部に集落を形成して日雇人夫などの職についたり、炭鉱で鉱夫として働いたりした。

日本内地の朝鮮人は、日中戦争後急増し、1945年には236万人にまでふえた。この時期の増加は、もっぱら戦時下の強制連行によるものであった。

①土地調査事業は土地所有権を確定して地税を徴収したものであり、産米増殖計画は、日本の食糧問題解決のために、朝鮮の農産物を日本への移出米に特化する政策であった。これらの政策により、新たな負担をしいられたり、従来の農業生産を変更させられたりした農民が少なくなかった。（120ページ）

関東大震災と強まる思想統制

関東大震災

1923（大正12）年9月1日、関東地方をマグニチュード7・9の地震がおそった。地震発生時の火災が被害を大きくし、東京・横浜を中心とする地域は壊滅状態になった。死者は9万人をこえ、倒壊家屋は約17万500戸、焼失家屋は38万余戸にのぼった。東京・神奈川・埼玉・千葉の1府3県には9月2日から4日にかけて戒厳令がしかれ、11月15日に解除されるまで、軍の指揮下におかれた。

関東大震災は、第一次世界大戦後の恐慌から慢性的な不況にあえぐ経済界に大きな打撃をあたえた。被災した企業は、日本銀行の特別融資をうけた手形で一時しのいだが、決済はすすまなかった。

流言と朝鮮人虐殺

社会的混乱と不安のなかで、朝鮮人や社会主義者が暴動をおこすという事実無根の流言がひろまった。警察・軍隊・行政が流言を適切に処理しなかったこと、さらに新聞が流言報道を書きたてたことが民衆の不安を増大させ、流言をひろげることになった。

関東各地では、流言を信じた民衆が自警団を組織した。自警団は、在郷軍人会②や青年団などの地域団体を中心にして、警察の働きかけにより組織された。かれらは刀剣や竹槍で武装し、通行人を検問して朝鮮人を取り締まろうとした。こうしたなかで、首都圏に働きにきていた数多くの朝鮮人や中国人が軍隊や自警団によって虐殺された③。「朝鮮人暴動」説は震災の渦中で打ち消されたが、虐殺事件があいついだのは、民衆のなかに根強い朝鮮人・中国人蔑視の意識があったからであった。

また、震災の混乱のなかで、労働運動家や社会主義者らにも暴行がくわえられ、無政府主義者大杉栄らが殺害される事件がおきた。

強まる思想統制

関東大震災は、人々に深刻な衝撃をあたえ、文明崩壊の感覚や、華やかな都市生活に天罰がくわえられたとする意識をうみだした。震災から2か月半後、政府は天皇の名で「国民精神作興ニ関スル詔書」を発して、国民の生活と意識のひきしめをうながした。

こうしたなか、1923（大正12）年末に摂政宮裕仁親王（のちの昭和天皇）が、無政府主義者の青年に狙撃されるという事件がおきた。いわゆる虎ノ門事件である。青年は大逆事件や大震災下の亀戸事件、大杉栄らの殺害に対するいきどおりから暗殺をはかったが、狙撃は失敗し、その場で逮捕された。……

軍備に対しては軍縮がおこなわれたが（宇垣軍縮）、軍の近代化がすすめられ、学校で軍事教練がはじめられるなど、軍隊の影響はしだいにつよまった。こうして震災を機に時代は転換し、重苦しい不安と深刻な動揺がおとずれようとしていた。

②現役以外の兵役経験者の地域組織

③朝鮮人約6000人、中国人約800人と推定されている。（124～125ページ）

［付記］本稿は、2013年8月に韓国のソウルで開かれたシンポジウムの報告によるもので、2015年現在、採択はほぼ終わったものの、まだ実際に学校では使われていない中学校の最新の教科書の記述を収録できていないという問題点があることを申し述べて置く。

日本教科書の関東大震災と虐殺事件記述の内容分析

徐鍾珍

1　はじめに

1923年9月1日正午直前、日本の関東地方にマグニチュード7・9の大地震が発生した。地震による火災や各種の流言蜚語が飛び交うなかで、日本政府は戒厳令をしき、軍・警察が自警団といっしょに朝鮮人と中国人、日本人労働運動家・社会主義者を虐殺する事件がおこった。当時、死者と行方不明者14万2800余人、負傷者10万3733余人、罹災者約190万人と発表された[1]。これを「関東大震災[2]」といい、日本では9月1日は「防災の日」に制定され、日本の小・中・高校の児童・生徒は、大地震による過去の歴史や教訓を、教科書をつうじて学び取っている。関東大震災当時、虐殺事件が発生したという事実は、近代植民地支配の矛盾や日本における民族差別意識と無関係ではなかった点において、歴史的事実として認識され、学生たちに伝えられてきている。

ところが、「新しい歴史教科書をつくる会」（以下「つくる会」と略称する）と「改正教育基本法に基づく教科書改善を進める有識者の会」（以下「教科書改善の会」と略称する）などを先に立たせた日本の保守右翼勢力は、既存の歴史観や教科書が「東京裁判史観」にもとづいて記述され、「自虐的・反日的・暗黒的」だと攻撃する。これらの教科書攻撃は南京大虐殺や日本軍「慰安婦」問題のように、近代日本の侵略戦争と加害者としての責任問題を浮き彫りにする歴史的事実についての教科書記述にたいする修正要求の形で展開された(3)。教科書攻撃によって日本軍「慰安婦」という用語が中学校教科書から消え、関連記述がかなり後退した。日本の保守勢力は、統計の不正確さを問題点として強調することによって、歴史的事件にたいする疑念を増幅させ、偏った歴史認識を拡散させようとしている(4)。

本稿は、日本の小・中・高校検定教科書における関東大震災と「虐殺事件」の記述を分析したものである(5)。近代韓国関連記述のうち、関東大震災と「虐殺事件」に注目する理由の一つは、最近、日本の保守言論が、この部分に関する教科書および副教材の記述に対して、あいついで「攻撃性」報道を行なっているからである(6)。保守勢力の教科書攻撃が関東大震災関連記述でも繰り返されるのではないか、という問題意識から、まず、日本の教科書攻撃について考え、関東大震災と関連して日本の言論で繰り返し問題提起をしている報道内容を紹介し、最後に、小・中・高校検定教科書27種の関東大震災記述の現況と、旧版と新版を比較分析する(7)。

2 日本保守勢力の教科書攻撃と言論の関東大震災関連教科書記述報道

1990年代半ば以降、日本では保守勢力による「第3次教科書攻撃」が行なわれている(8)。これら保守勢力は、経済界が要求する新自由主義的構造改革や「普通国家」化のための改憲等の課題を推進するため、保守勢力の結集を呼びかけている。国際社会における競争力強化や構造改革による社会的葛藤にたいする対策として、まず教育問題を浮き彫りにさせ、保守勢力の統合と支持を訴えている。今回の教科書攻撃の特徴は、「教科書委員連盟」や「日本会議」等の保守性向をもつの政治勢力のほか、いわゆる「自由主義史観」を標榜するグループが参加している点であり、これらと共に保守勢力の声を代弁している財界やマスメディアなどもつながっていることである。

これら保守勢力の主導のもと、2006年には教育基本法が約60年ぶりに改正された。改正された教育基本法については、国民の基本権を制限しながら国家主導の教育を実施しようとする問題点が提起された。新教育基本法は、教育の目的として道徳心、公共精神、伝統と文化の尊重、国家と郷土愛、国際社会の平和と発展など、20余の項目を設定している[9]。それにしたがって、学習指導要領および解説が改正・告示され、新しい規定にもとづいた小・中・高校の教科書検定が実施され、2013年3月末頃に小・中・高校の新指導要領にもとづく教科書検定が一段落した。

最近の教科書検定は、文部科学省が学力の低下を憂慮して、「脱ゆとり教育[10]」の方針のもと、新しい規定にもとづいて実施した教科書検定であった。それにしたがって、教科書の頁数を増加させ、学習内容をふやしている。歴史教科の場合、新学習指導要領にしたがって近代と現代をわけ、歴史教科単位と教科書頁数が増加した。頁数の増加は記述内容の増加につながる。このような変化が近現代の教科書記述に反映されたならば、近代植民地期の韓国関連記述にも変化が現れることが予想される。ところが、教科書記述変化の方向が「愛国心」を強調した教科書関連規定によって過去志向的に進行されるのではないかという憂慮が高まっている。

保守勢力の教科書攻撃は「つくる会」を発足させ、まず南京大虐殺と日本軍「慰安婦」に焦点をあわせて展開された。改正された規定のもとで行われた教科書検定過程で報道された『産経新聞』の記事をみると、攻撃対象が、関東大震災と虐殺事件にたいする記述ではないかという憂慮を持たざるをえない。2010年1月25日付『産経新聞』記事を皮切りに、2012年6月、7月、9月（以上、『産経新聞』）、9月（『朝日新聞』）、2013年5月（『毎日新聞』）にも、教科書および副教材の関東大震災関連記述に対する報道が相次いでいるからである。

周知の通り産経新聞社は保守右翼陣営の声を代弁するマスメディアで、以前は「つくる会」と共同で扶桑社版中学校教科書を発行し、「つくる会」の分裂以後は、「教科書改善の会」とともに育鵬社から教科書を発行している。彼らは、英・米などの日本関係文書が公開されていないので、今後、戦勝国側の情報公開に注目する必要があり、史料公開までは最低50~60年がかかるので、現代史は存在しえないと主張する。このような論理の延長線上で、彼らは関東大震災における虐殺事件も「情報および史料の正確性不足」とし、学会で通用している学説および統計を受け入れることができないという立場をとっている。『産経新聞』が記事のなかで「学習指導要領や教科書編纂に影響が強いとされる学習指導要領解説書には、朝鮮人虐殺についての言及はない」、「過去10年の教科書検定で、犠牲者数について検定意見がついたことはない」と報道するのは見逃せない部分である。[11]

改正された新学習指導要領および解説にもとづいて製作された初めての教科書検定が行われていた２０１０年１月25日、『産経新聞』に「関東大震災、朝鮮人虐殺の犠牲者授業で根拠ない「６６００人」」という見出しの記事がのった。記事は、関東大震災に関する教科書記述において、当時虐殺された「朝鮮人」犠牲者の統計数値に問題があり、このような教科書によって行なわれる学校授業を「日本を誇大に悪く描く」歴史授業だという内容である。[12] この記事は、ノンフィクション作家として知られる工藤美代子の著書を引用している。工藤は、２００９年に発刊した著書で「朝鮮人虐殺」は、果たして本当にあったのか、日本人は途方もない謀略宣伝の渦に呑まれ、信じ込まされてきたのではあるまいか」と述べている。[13] また、６０００人台の朝鮮人犠牲者数は、当時の日本内「朝鮮人」人口から考えてあり得ないとし、当時、日本の司法省が発表した２３３人の犠牲者数を強調する。さらに、大正デモクラシー期を代表するオピニオンリーダーで「民本主義者」として知られる吉野作造の調査結果[14]が２６１３人であったことを取り上げながら６６６１人という数字に疑問を提起する。

関東大震災当時の犠牲者数については、姜徳相、琴秉洞、朴慶植、山田昭次などの研究者が、『独立新聞』に掲載された特派員の調査・報告にもとづいた資料を引用して、広く知られている。[15] この統計数字について、すでに山田教授は、その不正確さの原因を「官憲が虐殺された朝鮮人の遺体の隠匿を行った」からだと指摘している。[16] これにたいして、工藤は、官憲の調査妨害事実には目を向けず、当時統計の不正確さの原因を「同胞慰問調査団」の責任に帰しながら異議を提起している。また、工藤は、じっさい災害地域にいた朝鮮人が９８００人だった点をとりあげる。しかし、姜徳相の研究によると、地震発生直前の朝鮮人労働者数は10万人以上にのぼり、東京だけでも1万2、3千人で、関東一帯に居住する人口は約2万人だと推定されていて、工藤の主張をそのまま受け入れることには問題がある。[17]

産経新聞と工藤は、上で言及した歴史家たちの研究結果とその他の多くの証言や資料集、写真など、検証された資料より、虐殺の責任を回避し、縮小しようとした政府当局の調査結果を信頼しているように見うけられる。

２０１２年６月25日付新聞の1面には、横浜市が発行する中学校社会科副読本『わかるヨコハマ』の関東大震災関連記述を問題にする記事がのった。[18] 過去発行された版本には「自警団の中に朝鮮人を殺害する行為に走るものがいた」と記述された部分が、2012年発行された改訂版には「デマを信じた軍隊や警察、在郷軍人会や青年会を母体として組織されていた自警団などは、朝鮮人に対する迫害と虐殺を行い、また中国人をも殺傷した」と記述されたというのである。記事によると、朝鮮人虐殺をめぐって、その人数、軍と警察の関与についてはいくつかの説があるが、副読本に加筆されたところと教育委員会の指導内容などを紹介している。また、この件に対して、横浜市の山田巧教育長は、副読本製作過程で手続き上の「不備」があったことを認めたと報道している。

7月20日付新聞には、この問題と関連して、横浜市教育委員会は、翌年2103年に2012年の版本を回収し、さらに、内容の「再改訂」を行うという関連記事が掲載された。[19] 記事は、山田教育長の市議会での答弁を引用して、副読本の関東大震災記述内容を「文脈や構成に誤解を招く部分があった」と見なし、「虐殺」という表現が主観的なので、従来使用された「殺害」に再改訂すると報道した。そして、2012年9月の『朝日新聞』などの報道によると、横浜市教育委員会が副読本担当課長を、関東大震災関連部分の表現を確定する過程で「改訂内容をよく確認せず、文書による報告も求めなかったのは不適切な事務処理」だという理由で戒告処分し、課長の上司である教育次長など3人を文書訓戒の処分にした。また、横浜市教育委員会は、副読本の回収をも決定したという。[20]

2013年5月の『毎日新聞』の報道のように、2013年度版では、「殺害する行為に走るものがいた」と、旧版（2011年）の記述を回復させ、「迫害」と「虐殺」という用語を使用していない。最終的に横浜市は、2013年最新版を配布しながら、2012年版の回収を指示し、回収は5月末まで終える予定だという。[21]

3　小・中・高校教科書の関東大震災と虐殺事件の記述事例と内容分析

次の〈表1、2、3〉は、小・中・高校検定教科書の関東大震災関連記述および図版の事例である。紙面の関係上、占有率の高い教科書といわゆる「つくる会」系列の教科書を例として提示した。これらの資料を参考にしながら、関

〈表 1〉小学校社会科教科書の関東大震災関連記述および図版

出版社	区分	内容	図版
東京書籍	旧版	関東大震災：1923 年 9 月 1 日、関東地方南部で大きな地震が起き、東京、横浜などで、こわれた家 12 万戸、焼けた家 45 万戸、死者・行方不明者 14 万人ものひ害が出ました。また、震災の混乱のなかで、朝鮮人が暴動をおこすといううわさが流され、多数の朝鮮人や中国人が殺される事件がおきました。(99 頁)	—
	新版	関東大震災：1923 年 9 月 1 日、関東地方南部で大きな地震が起き、東京、横浜などで、こわれた家 21 万戸、焼けた家 21 万戸、死者・行方不明者約 11 万人もの被害が出ました。また、震災の混乱のなかで、朝鮮人が暴動をおこすといううわさが流され、多数の朝鮮人や中国人が殺される事件がおきました。(123 頁)	 〈震災後の東京〉

〈表 2〉中学校歴史教科書の関東大震災関連記述および図版

出版社	区分	内容	図版
東京書籍	旧版	〈歴史にアクセス：関東大震災〉 1923（大正 12）年 9 月 1 日、関東大震災が起こり、東京、横浜を中心とする地域は壊滅状態となりました。被害は、こわれた家 25 万戸、焼けた家 45 万戸、死者・行方不明者は 14 万人に達しました。混乱のなかで、朝鮮人や社会主義者が暴動をおこすという流言が広がり、多くの朝鮮人、中国人や社会主義者などが殺されました。 いっぽう、震災は都市の改造のきっかけとなりました。復興のなかで政府は新しい都市計画を進め、東京や横浜は近代的な都市として生まれ変わりました。(181 頁)	 〈関東大震災直後の東京〉

〈表 2〉続き

	新版	〈歴史にアクセス：関東大震災〉 1923（大正 12）年 9 月 1 日、関東大震災が起こり、東京、横浜（神奈川県）を中心とする地域は壊滅状態になりました。被害は、こわれた家約 21 万戸、焼けた家約 21 万戸、死者・行方不明者は約 11 万人に達しました。混乱のなかで、朝鮮人や社会主義者が暴動をおこすという流言が広がり、多くの朝鮮人、中国人や社会主義者などが殺されました。 しかし、震災は都市の改造のきっかけとなりました。復興の中で政府は新しい都市計画を進め、東京や横浜は近代的な都市として生まれ変わりました。（197 頁）	 〈関東大震災直後の東京〉
育鵬社	旧版	〈第一次世界大戦後の不況〉 1923（大正 12）年 9 月 1 日には、関東地方で大地震がおこり、東京・横浜などで大きな火災が発生して、約 70 万戸が被害を受け、死者・行方不明者は 10 万を越えた（関東大震災）。この混乱の中で、朝鮮人や社会主義者の間に不穏なくわだてがあるとの噂が広まり、住民の自警団などが社会主義者や朝鮮人・中国人を殺害するという事件がおきた。 この震災は、不況のもとにある日本の経済にさらに大きな打撃を与えた。（189 頁）	 〈関東大震災〉
育鵬社	新版	〈関東大震災〉 1923（大正 12）年 9 月 1 日には、関東地方で発生した大地震は東京・横浜という人口密集地を直撃しました（関東大震災）。この地震は死者・行方不明者 10 万数千人※、焼失家屋約 45 万戸という大被害をもたらし、わが国の経済に深刻な打撃をあたえました。交通や通信がとだえた混乱の中で、朝鮮人や社会主義者が住民たちのつくる自警団などに殺害されるという事件もおきました。なお、震災後は、後藤新平らによって新たな都市計画が進められました。（199 頁） ※申請本：14 万人（筆者注）	 〈関東大震災〉（1923 年 9 月）

〈表 3〉高校日本史教科書の関東大震災関連記述および図版

出版社	区分	内容	図版
第一学習社日本史A	旧版	〈関東大震災〉 1923（大正 12）年 9 月 1 日、関東地方で大地震がおこった。東京・横浜を中心とする地域で死者・行方不明者が10 万人をこえるなど、大きな被害と混乱が発生した（関東大震災）。 そのなかで、朝鮮人が暴動をおこしたといううわさが広まり、多数の朝鮮人や中国人が、軍隊・警察・自警団の手によって虐殺された。また、労働運動の指導者や、無政府主義者の大杉栄・伊藤野枝らが、軍隊・警察などによって殺害された。(89) 頁	 〈関東大震災〉
第一学習社日本史A	新版	〈関東大震災〉 1923（大正 12）年 9 月 1 日、関東地方で大地震がおこり、東京・横浜を中心とする地域で死者・行方不明者が10 万人をこえるなど、大きな被害と混乱が発生した（関東大震災）。 そのなかで、朝鮮人が暴動をおこしたといううわさが広まり、多数の朝鮮人や中国人が、軍隊・警察・自警団の手によって虐殺された。また、労働運動の指導者や、無政府主義者の大杉栄・伊藤野枝らが、軍隊・警察などによって殺害された。(83 頁)	 〈関東大震災〉
山川出版社日本史B	旧版	〈関東大震災の混乱〉 1923（大正 12）年 9 月 1 日午前 11 時 58 分、相模湾北西部を震源地としてマグニチュード 7.9 の大地震が発生し、中央気象台の地震針はすべてふきとばされた。地震と火災で東京市・横浜市の大部分が廃虚と化したほか、その被害は関東一円と山梨・静岡両県におよんだ。両国の陸軍被服廠跡の空地に避難した罹災者約 4 万人が猛火で焼死したのをはじめ、死者・行方不明者は 10 万人以上をかぞえた。全壊・流失・全焼家屋は 57 万戸にのぼり、被害総額は 60 億円をこえた。 地震と火災の大混乱で、「朝鮮人が暴動をおこした、放火した」との流言がとびかい、政府も戒厳令を公布して軍隊、警察を動員したほか、住民に自警団をつくらせた。	—

		関東全域で徹底的な「朝鮮人狩り」が行われ、恐怖心にかられた民衆や一部の官権によって、数千人の朝鮮人と約200人の中国人が殺害された。亀戸署管内では軍隊によって10人の労働運動指導者が殺され、また憲兵によって大杉栄が殺され、無政府主義運動は大打撃をこうむった。(310頁)	—
山川出版社日本史B	新版	〈関東大震災の混乱〉 1923（大正12）年9月1日午前11時58分、相模湾北西部を震源地としてマグニチュード7.9の大地震が発生し、中央気象台の地震針はすべてふきとばされた。地震と火災で東京市・横浜市の大部分が廃虚と化し、東京両国の陸軍被服廠跡の空地に避難した罹災者約4万人が猛火で焼死したのをはじめ、死者・行方不明者は10万人以上をかぞえた。全壊・流失・全焼家屋は57万戸にのぼり、被害総額は60億円をこえた。 関東大震災後におきた朝鮮人・中国人に対する殺傷事件は、自然災害が人為的な殺傷行為を大規模にひきおこした例として、日本の災害史上、例のないものであった。流言によって多くの朝鮮人が殺傷された背景としては、日本の植民地支配に対する抵抗運動に対する恐怖心や民族的な差別意識があったとみられる。9月4日夜、亀戸警察署管内で警備中の軍隊によって社会主義者10人が殺され、16日には憲兵によって大杉栄と伊藤野枝、大杉の甥が殺された。市民・警察・軍がいっしょに例外的とは言えない規模で武力と暴力を振るったことがわかる。(331頁)	—
明成社日本史B	旧版	〈戦後恐慌と関東大震災〉 大正十二（1923）年9月1日、大地震が関東一円を襲い、京浜地帯は経済的に大打撃を受けた（関東大震災）。これにより銀行手持ちの手形が決済不能となり、日本銀行による特別融資をもってしても不況は回復しなかった（震災恐慌）。(228頁)	—

明成社日本史B	新版	〈戦後恐慌と関東大震災〉 大正十二（1923）年9月1日、大地震が関東一円を襲い、京浜地帯は経済的に大打撃を受けた（関東大震災③）。これにより銀行手持ちの手形が決済不能となり、日本銀行による特別融資で一時をしのいだが、不況は回復しなかった④（震災恐慌）。（243頁） ③大地震により被害は、全壊十二万戸、全焼四十五万戸、死者・行方不明者十万数千人におよんだ。混乱の中、無政府主義者大杉光と伊藤野枝が憲兵大尉甘粕正彦に殺害された。また、朝鮮人に不穏な動きがあるとする流言に影響された自警団によって朝鮮人に対する殺傷事件が頻発した。その一方、朝鮮人を保護した民間人や検察官もいた。また、政府は戒厳令を布き事態の収拾にあたった。	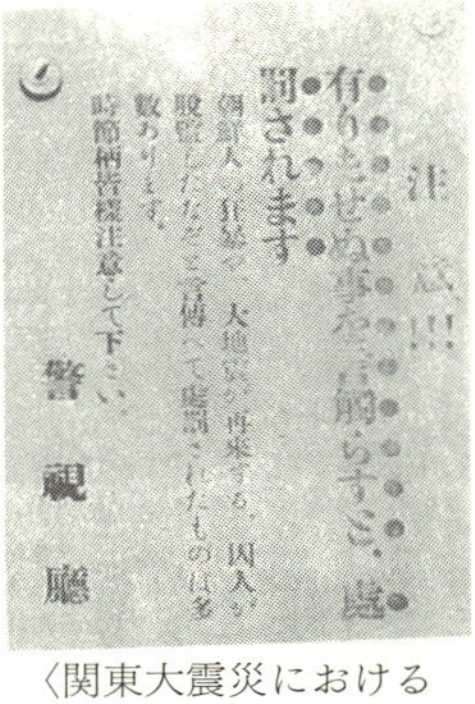 〈関東大震災における流言防止のビラ〉

東大震災に対する教科書記述の新版と旧版を比較して、その変化と特徴、問題点などを整理することにしたい[22]。なお、ここでは本文とコラム、ボックス、注などの区別はしなかった。

（1）死亡者と行方不明者の総数

当時、死亡者と行方不明者の総数は、虐殺された犠牲者数と関係があるので、まずもって検討する必要がある。総数部分は、検定において、関東大震災記述内容と関連して、中学校2種、高校2種に検定意見がつき、文部科学省の検定意見が少なくない部分であった[23]。旧版26種の教科書のうち、11種の教科書（小学校：東京書籍／大阪書籍＝日本文教出版、中学校：東京書籍／帝国書院／日本文教出版／清水書院、高校：実教出版A B2種／東京書籍B／清水書院B）には、死亡者と行方不明者が、14万人と記述されていた。ところが、新版27種には、ほとんどが9～10万人（中学校東京書籍は11万人）と記述されている。中学校帝国書院と育鵬社申請本は14万人と記述して申請したが、文部科学省が、数値が「不正確」と検定意見をつけ、10万人に修正された。高校の実教出版（世界史AとB）は申請本に「14万3千人」（世界史A）と「約14万人」（世界史B）と記述したが、「死者・行方不明の数として不正確である」という検定意見がつき、「10万5千人」と記述された。

（2）「朝鮮人」犠牲者数

関東大震災当時、朝鮮人が犠牲者の圧倒的な多数をしめた[24]。虐殺事件が朝鮮人に対する民族差別問題から発生したことを意味する。まず、旧版をみると、具体的な朝鮮人犠牲者の統計数値を提示する小学校教科書はなく、中学校は清水書院が唯一で、高校は清水書院Ａ／実教出版Ａ／東京書籍Ａ／実教出版Ｂ／東京書籍Ｂ／清水書院Ｂなど、小・中・高校合わせて26種の教科書のうち、7種にすぎなかった。新版では、具体的な数値を記述していた中学校清水書院版は「数千」に、それも脚注記述に後退し、新版にも記述されているのは、高校清水書院Ａ／実教出版Ａ／東京書籍Ａ／実教出版Ｂ／清水書院Ｂなど5種の教科書に減少した。

そして、朝鮮人犠牲者数を「数千」、あるいは「多くの」と記述した教科書がほとんどで、朝鮮人と中国人、日本人犠牲者を平面的に並べた教科書もある。「数千」のように犠牲者数の概略を提示したり、漠然として「多くの」と記述するのも問題であるが、虐殺事件についてまったく言及しないのは、関東大震災と虐殺事件の本質を希釈させ、「隠蔽」しようとするものといえよう。いわゆる「つくる会」系列発行の教科書の記述をみると、中学校自由社版は、脚注ではあるが触れていた虐殺関連記述まで削除し、育鵬社は、犠牲者に中国人も含まれていたことを記述していない。また、高校の明成社は、旧版では、虐殺事件そのものについて記述しなかったが、新版では自警団による朝鮮人「殺傷事件」が発生したと記述しているが、中国人虐殺にたいしては言及していない[25]。

（3）虐殺の主体

当時の虐殺に官憲が関与したことは、様々の資料をつうじて確認され、それに対する研究もある[26]。ところで、虐殺の主体が、官憲と住民が組織した自警団と記述した旧版小学校教科書は、教育出版と光村図書の2種、中学校は教育出版と日本文教出版の2種、高校は清水書院Ａ・山川出版社Ａ・実教出版Ａ・第一学習社Ａ・東京書籍Ａ・東京書籍Ｂ・実教出版Ｂ2種・山川出版社Ｂ、など11種の教科書であった。新版では、小学校教科書は教育出版と光村図書の2種、中学校は教育出版と日本文教出版、清水書院（脚注）が新たに記述し、高校は清水書院Ａ・実教出版Ａ・第一学習社A・東京書籍A・東京書籍B・実教出版B2種・山川出版社B2種、など9種に減少した。

虐殺の主体に対する記述では、自警団が朝鮮人と中国人、日本人を殺害し、警察と軍隊は社会主義者と労働運動の活動家を殺害したと記述している教科書が少なくなかった。次に、虐殺の主体について記述しても「一部」官憲と記述したり、自警団だけを言及し、官憲については記述しないか、まったく虐殺の主体に対する記述がない教科書もあった。特に、高校明成社版の場合は、「誤解するおそれ」があるという検定意見の指摘にもかかわらず、虐殺の主体を自警団だけと記述し、「朝鮮人を保護した民間人や警察官もいた」と修正し、検定を通過している。[27]

(4) 流言蜚語

当時の虐殺事件と関連して、その原因となった流言蜚語に対する記述をみると、旧版では小学校と中学校のすべての教科書に記述されていたが、いわゆる「つくる会」系列が発行した育鵬社と自由社教科書の新版では削除された。中学校教科書7種のうち、2種の教科書には流言蜚語にたいする言及がないのである。紙面の少ない小学校教科書にも言及があるのに、中学校教科書に記述がないのは問題であろう。高校の場合は、旧版の明成社教科書をのぞいたすべての教科書で、根拠のない流言蜚語について記述している。

当時、流言蜚語は、官憲が治安維持のため意図的に流布したり、拡散を幇助するなどの関与をしたという研究がある。山田昭次は、最近の研究でも、朝鮮人虐殺をかきたてた「朝鮮人が暴動をおこす」などの歪曲された情報の拡散や戒厳令布告において「国家責任」があると指摘している。[28] しかし、流言蜚語の「拡大」の主体が「住民と警察」であると記述している教科書は、中学校の場合、日本文教出版が唯一で、高校の場合は東京書籍Aが「警察・軍隊・行政が流言蜚語を適切に処理できなかったこと、新聞が流言蜚語を煽り立てたこと」を言及して拡散の原因を記述している。

(5) 図版

教科書に使用される図版は、文字化された内容を補完する学習資料である。関東大震災に関する記述部分の図版も、

〈表4〉高校教科書の関東大震災関連図版

			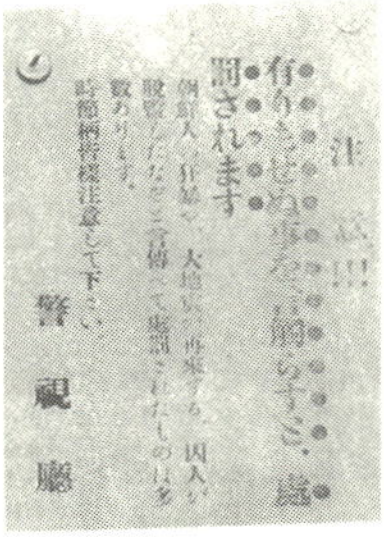
浅草十二階 （山川出版社）	自警団 （清水書院）	移送される朝鮮人 （東京書籍）	流言蜚語防止ビラ （明成社）

また、本文や脚注などをつうじて伝達される歴史情報以上に、当時の情況を具体的に伝達する重要な役割を果たしている。旧版と新版に掲載された図版の総数を単純に比較すると、小学校の場合は2点から3点に、1点が増加し、中学校の場合は11点から7点に減少した。高校の場合は19点から17点に減少した。

図版には、関東大震災直後の破壊された市街地のすがたの図版がもっとも多く、火災の様子、大杉栄と伊藤野枝、自警団、移送される朝鮮人、ビラ関連新聞報道などの図版が掲載されている。このうち、虐殺事件を連想させる竹槍や日本刀を持っている自警団や武装した官憲によって移送される朝鮮人の図版は、小学校教科書にはなく、中学校教科書には自警団の写真が2種（清水書院・日本文教出版）にのっており、高校教科書には、旧版の場合、自警団2種（清水書院A・東京書籍A）、新版2種（東京書籍A・清水書院B）であり、移送される朝鮮人の図版は、東京書籍Bが新・旧版で掲載している。

27種の教科書に使用された図版をみると、自警団など、当時の「虐殺事件」の実状にたいする情報を伝達する図版が少ないことがわかる。旧版東京書籍A高校教科書には「関東戒厳司令部」の図版が掲載されたが、改訂版では削除された。新版に新たに掲載された明成社（日本史B）の図版は、流言蜚語を言いふらすと「処罰」するという内容の警視庁ビラの写真である。この図版は、流言蜚語の発生と拡散に関して、官憲は無関係であるという「誤解」を招きかねない図版とも読み取れるという問題がある。

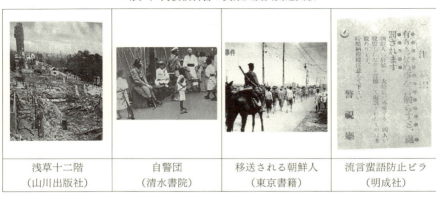

〈表5〉小・中・高校検定教科書における関東大震災朝鮮人虐殺記述の推移[29]

		小学校（5）		中学校（7）		高等学校（15）		合計（27）	
		旧版	新版	旧版	新版	旧版(14)	新版(15)	旧版(26)	新版(27)
死者と行方不明者の総数（14万人）		2	0	4	0	5	0	11	0
犠牲者数提示（朝鮮人6,661人）		0	0	1	0	6	5	7	5
虐殺の主体（自警団＋軍警）		2	2	2	3	11	9	15	14
流言蜚語		5	5	7	5	14	15	26	25
図版	総数	2	3	11	7	19	17	32	27
	自警団	0	0	2	2	2	2	4	4

〈表5〉は、関東大震災関連新・旧版教科書における死者と行方不明者の総数、朝鮮人犠牲者数、虐殺の主体、流言蜚語関連記述、そして図版などの変化を把握するためのものである。前述したが、死者と行方不明者の総数についての記述では、従来、14万人と記述された部分が、ほとんど9～10万に変更された。朝鮮人虐殺と関連して、犠牲者数を具体的に示した教科書は、7種から5種に減少し、虐殺の主体を官憲や自警団と明確に記述した教科書は、15種から14種に減少した。流言蜚語に関しては中学校のいわゆる「つくる会」系列の教科書が虐殺事件そのものに対する記述をしなくなって、これにたいする記述は消えた。図版は32個から27点に減少し、そのうち、虐殺事件を連想させる自警団の写真は少なかったことを確認することができた。

4　むすびに

日本の小・中・高校検定教科書には、植民地支配に関する記述が不足しているので、「朝鮮人」の日本居住の実相が理解しにくくなっている。関東大震災と虐殺事件に対する教育は、植民地支配と被支配の関係にあった韓日両国関係の実相を把握し、また、現在約60万人にのぼる「在日コリアン」の存在について理解する手がかりにもなりうるという点においても、重要な位置をしめているといえよう。

関東大震災と虐殺事件に対する教科書記述内容を分析した結果、死者と行方不明者の総数に対する記述に検定意見がついて、総数が縮小される変化があり、犠牲者数を漠然と記述し、虐殺の主体について明確に記述した教科書が少なく、自警団の図版のように虐殺事件を連想させる図版も少ないことを確認した。その他にも、虐殺関連記述が本文ではなく、コラムやボックス、脚注として記述され、言及される場合が増加した。虐殺事件に対する言及がなく、経済的な観点だけを強調した教科書が検定を通過したことは、日本の保守勢力を代表する言論報道と関連させてみた時、憂慮せざるを得ない。

近代日本が影響力をおよぼしていた国や地域でおこっていた虐殺事件を「自虐の原点」[30]の一つとみるような主張が教科書記述に直接影響を及ぼしたのかどうか、確認することは難しいが、このような主張を根拠にした新聞報道があいつぎ、新聞報道が問題にした部分の教科書記述に変化があったことを確認することができた。横浜市や東京都など、自治体の団体長や教育委員会が教科書の採択に介入しようとし、副教材の記述内容を統制しようとする動きにも注目する必要がある[31]。特に、検定教科書のほかに、横浜市のように保守勢力の影響力の強い地域の副教材の場合、「虐殺」という用語のかわりに「殺傷事件」あるいは「殺害」されたという表現に変更された[32]。戒厳令のもとで、異民族に対する蔑視と差別意識によって「不当」に引き起こされた事件であるから、「虐殺」という表現が適切であるが、教科書攻撃の影響で、このような傾向が検定教科書にも拡散される可能性を排除できない。保守勢力の教科書攻撃と文部科学省の検定制度「改革」および検定強化を通じて、関東大震災と虐殺事件に対する記述を部分的に弱化させることはできるだろうが、すべての教科書から記述そのものを削除することは難しいだろう。

韓国と日本の歴史教科書の記述内容を比較してみると、支配と被支配の関係にあった近代植民地期に対する記憶と解釈には多くの隔たりがある。そのような隔たりを克服し、共通の歴史認識を作り上げるためには、相互理解の方向で歴史教科書が記述されるよう努めなければならない。歴史研究と対話が持続、活性化され、研究成果が蓄積されるなかで、教科書改善のための方案が導き出されるだろう。たとえば、関東大震災の虐殺にたいする記述において、植民地期に朝鮮人のために弁護活動を行い、関東大震災当時に朝鮮人を保護した布施辰治を紹介することは、教科書記述の問題点を補完し、改善する一つの方案になるだろう[33]。

〈資料〉副読本の関東大震災関連記述および図版

題名	区分	内容	図版
江戸から東京へ	旧版	〈関東大震災の発生〉 1923（大正 12）年 9 月 1 日午前 11 時 58 分、南関東一帯を巨大な地震が襲った。これが関東大震災である。マグニチュードは 7.9 と推定され、中央気象台始まって以来の激震で、震源地は東京から約 80km の相模湾北西部の海底、震源の深さは約 15km であった。被害は、東京を中心に、神奈川県の湘南地方・三浦半島・房総半島全域におよんだ。 (中略) 関東大震災が起きると、社会不安や人々の動揺をおさえるため東京市には戒厳令が出されて外出が禁止された。(103 頁) ボックス：関東大震災の史跡を訪ねてみよう (前略)「関東大震災朝鮮人犠牲者追悼碑」は、大地震の混乱のなかで数多くの朝鮮人が虐殺されたことを悼み、1973（昭和 48）年に立てられた。 このように横網町公園は都民の慰霊の場となっている。(105 頁)	 震災で倒壊した浅草のシンボル 12 階  東京都慰霊堂
	新版	〈関東大震災の発生〉 (前略) 関東大震災が起きると、社会不安や人々の動揺をおさえるため東京市には戒厳令が出されて外出が禁止された。(105 頁) ボックス：関東大震災の史跡を訪ねてみよう (前略)「関東大震災朝鮮人犠牲者追悼碑」は、地震発生 50 年に当たる 1973（昭和 48）年に立てられ、碑には、大地震の混乱のなかで、「朝鮮人が尊い生命を奪われました。」と記されている。 このように横網町公園は都民の慰霊の場となっている。(105 頁)	 関東大震災朝鮮人犠牲者追悼碑  復興記念館

わかるヨコハマ	11年版	政府は戒厳令を発動し、軍隊を横浜に出動させた。理由は自警団の中に朝鮮人を殺害する行為に走るものがいたからである。横浜市内だけでも多数の犠牲者を出してしまった。	
	12年版	二日、政府は軍隊の力で治安を維持するため東京に戒厳令を適用した。デマを信じた軍隊や警察、在郷軍人会や青年会を母体として組織されていた自警団などは朝鮮人に対する**迫害と虐殺**を行い、また中国人をも殺傷した。横浜でも各地で自警団が組織され、異常な緊張状態のもとで、朝鮮人や中国人が虐殺される事件が起きた。	廃墟と化した横浜駅
	13年版	2日、政府は軍隊の力で治安を維持するため東京に戒厳令を適用し、3日には神奈川県にも拡大し、横浜に軍隊を派遣した。 こうしたなか、異常な緊張状態のもとで、各地で在郷軍人会や青年会を母体として組織されていた自警団の中に、朝鮮人や中国人を**殺害**する行為に走るものがいた。横浜市内でも多数の犠牲者を出した。  関東大震災で焼け野原となった横浜市街	 横浜市大震火災横死者 合葬之墓  仮庁舎での市会風景

注

（1）死者と行方不明者約14万人というデータは、関東大震災の2年後にまとめた「震災予防調査会報告」によるものである。ところが、２００４年の「日本地震工学会」の論文で、10万5千人とする見解が提示された。１９２３年以後80年以上にわたって14万人と推定されてきた数値に重複があり得るという主張が提起され、最近には、約10万人とする見解が各統計で引用されている。

（2）関東大震災に関する代表的な研究としては、姜徳相『関東大震災』（中央公論社、１９７５年）、山田昭次『関東大震災時の朝鮮人虐殺』（創史社、２００３年）、姜徳相・琴秉洞編『現代史資料6関東大震災と朝鮮人』（みすず書房、１９６３年）、강덕상著・김동수・박수철訳『학살의기억・관동대지진』（역사비평사、２００５年：青丘文化社、２００３年の翻訳）などがある。本稿も先駆的研究成果を参考にして作成した。

（3）日本の教科書攻撃については、俵義文『教科書攻撃の深層』（学習の友社、１９９７年）、高橋哲哉ほか『とめよう！戦争への教育』（学習の友社、２００５年）などを参照されたい。

（4）南京大虐殺における犠牲者数にたいして、中国側は、東京裁判の判決にもとづいて20万人以上、南京軍事法廷の判決にもとづいて30万人以上とみている。しかし、日本側は、２万人から20万人まで、様々な主張があって、犠牲者数を特定することはできないという立場をとっている。笠原十九司「南京大虐殺と教科書問題」（『季刊　戦争責任研究　第36号』、日本の戦争責任資料センター、２００２年）。

（5）筆者は、２０１０年から日本の教科書の関東大震災関連記述にたいして、関心を持ち問題提起をしてきた。拙稿「일본 중학교 역사교과서의 식민지기 한국 관련 기술 분석」（『歴史教育論集』47、２０１１年）、同「일본 고등학교 교과서의 관동대지진 관동대지진에 대한 기술 내용 분석」（『日本学』第35集、２０１２年）などがあり、本稿は、これらの論考を修正・補完したものである。

（6）関東大震災と虐殺事件は、大正期日本の政治・経済・社会状況を理解する上で重要な事件であり、日本の教科書の植民地支配にたいする記述の不足と、これによる韓日間の歴史認識の違いが、関東大震災当時の「朝鮮人虐殺事件」という事例をつうじて克明に現れるので、関東大震災に対する記述は重要な検討対象であろう。

（7）２０１０年から２０１２年まで新しい学習指導要領および解説書に基づいて製作され、日本文部科学省の検定を通過した小・中・高校の歴史科目27種が分析対象である。具体的には、小学校社会5種、中学校歴史7種、高校は日本史15種である。

（8）第3次教科書攻撃については、高橋哲哉ほか『戦争への教育』（前掲）。

（9）教育基本法「伝統と文化を尊重し、それらをはぐくんできた我が国と郷土を愛するとともに、他国を尊重し、国際社会の平和と発展に寄与する態度を養うこと」（2条5項）。

（10）ゆとり教育は、従来の知識重視型教育を注入式教育と批判しながら、経験重視型教育方針のもと、ゆとりある学校を志向する教育方針。ゆとり教育方針による教科書は、小学校は２０１０年度、中学校は２０１１年度、高校は２０１４年度まで使用される。

（11）「関東大震災、朝鮮人虐殺の犠牲者　授業で根拠ない「６６００人」日教組教研集会」（『産経新聞』2010.1.25）

（12）２０１０年1月24日、日本教職員労働組合（以下、「日教組」）の教育研究全国集会が山形で開催されたが、この際、日教組の社会科教育分科会で、中学校授業事例の一つとして関東大震災に対する授業が報告された。（『産経新聞』2010.1.25）

（13）工藤美代子『関東大震災「朝鮮人虐殺」の真実』（産経新聞出版、２００９年、８頁）．この本は、日本の雑誌『SAPIO』に２００８年5月～２００９年7月まで連載された原稿を修正して出版した。工藤は、「つくる会」が採択率をを高めるため選任した女性理事の一人でもあった。

（14）吉野作造は「十月末までのものであって、それ以後の分は含まれて居ないことを注意しなければならない」と言及した。山田昭次『関東大震災時の朝鮮人虐殺』（前掲、１７１頁）。

（15）朴慶植『日本帝国主義の朝鮮支配』（青木書店、１９７３年）、山田昭次『関東大震災時の朝鮮人虐殺』（前掲）、姜徳相・琴秉洞編『現代史資料６　関東大震災と朝鮮人』（前掲）。研究者たちが使用した資料は、大韓民国臨時政府の機関誌である『独立新聞』に掲載された報告書の記事で「６６６１人」と報告された数値である。『独立新聞』は関東大震災当時、調査特派員を派遣し、各地域別に犠牲者数を把握し、１９２３年12月5日付で報告書関連記事を掲載している。

（16）山田昭次『関東大震災時の朝鮮人虐殺』（前掲、１８３～１８４頁）。

（17）강덕상著・김동수・박수철訳、前掲書、３１１～３２６頁。当時、東京に約１２０００人、神奈川に約３０００人の朝鮮人が居住していたという。二谷貞夫研究代表・梅野正信編『日韓で考える歴史教育』（明石書店、２０１０年）１６４頁。

（18）「「軍や警察　朝鮮人虐殺」　横浜市教委　書き換え　中学副読本」『産経新聞』（2012.6.25）。『わかるヨコハマ』（横浜市）副読本の具体的な記述内容については、最後にのせている別添〈資料〉を参照されたい。

（19）「朝鮮人「虐殺」→「殺害」横浜市教委副読本　回収、再改訂へ」『産経新聞』（2012.7.20）。

（20）「横浜市教育課長を戒告　副読本の「朝鮮人虐殺」誤解招く改訂」『朝日新聞』（2012.9.29）、「横浜市教委副読本問題「軍や警察　朝鮮人虐殺」課長を戒告処分」http://sankei.jp.msn.com.（2012.9.28）。

（21）「横浜市教委、12年度版の回収指示」『毎日新聞』（2013.5.28）。詳細な副読本の記述内容については、別添資料を参照されたい。

（22）教科書記述の引用は検定申請本を引用したが、後に発行本を引用したものもある。中学校の育鵬社は扶桑社の教科書と比較した。高校の実教出版社の日本史Bの場合、今回、新たに製作され、比較対象がないので、新版だけを検討した。なお、下線は、筆者が強調のため表示したものである。

(23) 注1で言及したように、死者と行方不明者14万というデータは、1925年の「震災予防調査報告書」が発表したものであるが、80年がすぎた2004年、10万5千人とする見解が提示され、最近は、それを根拠として約10万とする見解が使用されている。

(24) 当時、『独立新聞』に掲載された報告書(1923.12.5)の「朝鮮人」犠牲者数は、6661人だった。山田昭次『関東大震災時の朝鮮人虐殺』(前掲、170頁)。

(25) 朝鮮人虐殺事件と同様に、中国人虐殺事件も重要な研究課題である。中国人犠牲者数も明確でなく、それに対する過去の教科書の記述をみると、200人から700人まで様々である。

(26) 山田昭次『関東大震災時の朝鮮人虐殺』(前掲)、강덕상著・김동수・박수철訳(前掲)。

(27) 文部科学省は，この部分に対して「誤解するおそれがある表現」という検定意見を提示した。参考までに、検定申請本には次のように記述されていた。「また、朝鮮人に不穏な動きがあるとする流言が広がり、各地の自警団などが朝鮮人を殺害した、警察は朝鮮人を保護した。政府は戒厳令を布き事態の収拾に当たった。」

(28) 山田昭次「今日における関東大震災時朝鮮人虐殺の国家責任と民衆責任」。趙景達・宮島博史・李成市・和田春樹編『「韓国併合」100年を問う』(『思想』特集・関係資料、2011年、岩波書店、230~245頁)。

(29) 旧版と新版の合計に、それぞれ26種と27種の違いがあるのは、高校の新版教科書に日本史B教科書(実教出版)が新たに発行されたからである。各テーマ別記述や図表の変化を比較するこの表では、この点を考慮しなければならない。たとえば、流言蜚語記述の場合、全体で1種が減ったが、今回、7種の中学校教科書のうち、2種が流言蜚語の記述をしていない。

(30) 工藤美代子『関東大震災「朝鮮人虐殺」の真実』(前掲、8頁)。

(31) 『江戸から東京へ』(東京都)など地方自治体が発行する副教材の内容変化については、最後にのせている別添〈資料〉を参照されたい。なお、表の下線と太字は、筆者が強調のため表示した。

(32) 虐殺の定義については、村山高夫・矢野久編著『大量虐殺の社会史』(ミネルヴァ書房、2007年)を参照されたい。20世紀の大量虐殺を、自国の政府や軍隊など、国家権力の主導、あるいは執行機関による大量殺戮と定義している。また、大量虐殺の事例をあげる際、近代日本の虐殺事例として関東大震災時における朝鮮人虐殺事件をあげている。高校検定教科書の場合、殺害と虐殺という用語が混在しているが、明成社(日本史B)と山川出版社(日本史A、日本史B)が、新版で虐殺のかわりに「殺害」という表現を使っている。

(33) 日本人シンドラー(Schindler)と呼ばれる布施辰治(1880~1953)弁護士は、植民地統治下で韓国人を弁護し、保護した活動などが認められ、2004年10月、韓国政府から「建国勲章」が授与された。二谷貞夫研究代表・梅野正信編集、『日韓で考える歴史教育』(前掲書、156~170頁)。

韓国における歴史教育の中の在日朝鮮人と関東大震災朝鮮人虐殺事件

金仁徳

1　はじめに[1]

1982年6月以来、韓国は日本の歴史教科書歪曲問題で外交と市民のレベルで傷痕を持つようになった。韓国政府は歪曲された日本の歴史教科書の是正のために努力してきており、歴史学界も関連の学術会議などを通じて相当の研究成果を蓄積してきた。しかし、依然として韓国と日本の間には歴史教科書をめぐる論争が続いているのが現実である。特に現在は日本の右傾化とともに、日本社会内部の矛盾がこれをさらに増幅させている。[2]

韓国の歴史教科書をはじめとする韓国史関連の本は、在日朝鮮人の歴史と問題にほとんど紙面を割り当てていない。在日朝鮮人の歴史に関する先行研究[3]を考えてみれば、当然とも思えるが、その反面、歴史主義的な観点からみれば、非科学的な研究態度をみせていると思われる。

一方、1993年の関東大震災70周年を機に、日本の各地で朝鮮人虐殺に対する再認識の必要性が高まり、「関東大震災と朝鮮人虐殺事件」をテーマにした『歴史評論』特集号が出された。この特集号では虐殺の責任問題や軍隊の非人間的行動、関東大震災の現在的意味などを分析し、関東大震災研究における論争点を整理した。特に、望月雅士は虐殺事件と復興論を通じて関東大震災をめぐる論点を整理し、虐殺事件論的視角から流言蜚語問題、朝鮮人虐殺事件、大正デモクラシーに対する評価、中国人虐殺問題、亀戸事件、甘粕事件問題などをまとめている。

韓国の歴史教科書でも関東大震災朝鮮人虐殺については触れられている。(4) その内容は、関東大震災が1920年代在日朝鮮人の人生を変えた大きな事件であったというものである。この事件によって多数の朝鮮人が亡くなったが、その朝鮮人被害者の身元と人数は明らかになっておらず、5千人とも6千人ともいわれている。当時、日本に来ていた在日朝鮮人は約8万人だったので、15人に1人の割合で犠牲になったといえる。

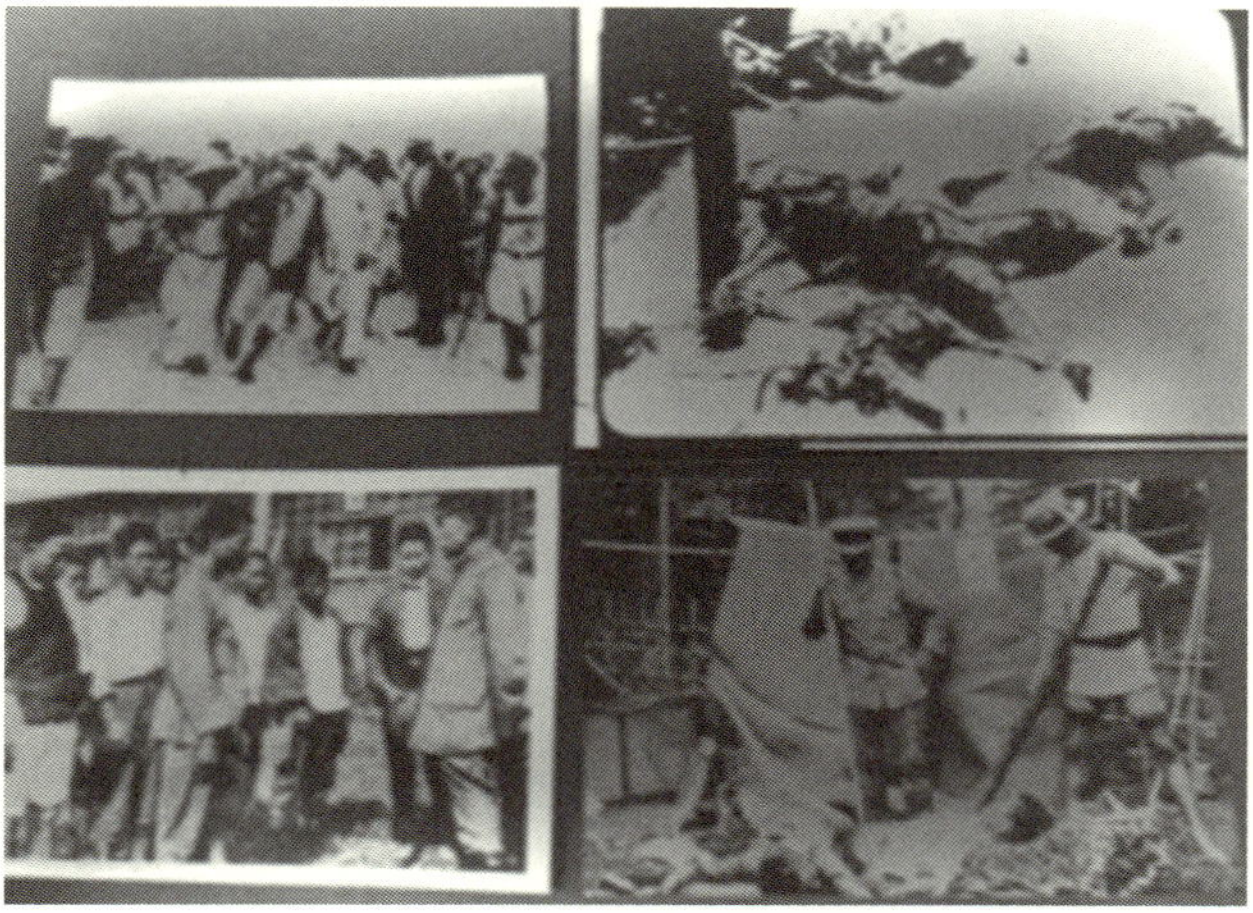

このような韓国における歴史教科書の叙述は、国内学界の研究動向と深く関連している。韓国学界においては歴史学専攻者の一部だけがこの研究をしてきた。(5) 盧珠恩の一連の研究は関東大震災時の朝鮮総督府の役割と在日朝鮮人政策、そして朝鮮人虐殺についての研究成果を整理している。(6) 最近は日本文学研究者によっても研究成果が産み出されている。(7) その他に韓国では1993年に関東大震災朝鮮人虐殺70周年を迎えて、殉国先烈遺族会が刊行する雑誌『殉国』で特集を組んだことがある。
本稿では、韓国の歴史教科書の中の在日朝鮮人に関する叙述及び研究傾向を検討し、1923に起きた関東大震災朝鮮人虐殺についての正しい叙述の方向を具体的に提示したいと思う。このため、筆者は韓国国内における在日朝鮮人についての研究傾向と叙述の内容をあらためて確認する。そして先行研究に基づいた関東大震災朝鮮人虐殺事件に関する叙述の方向を提示したいと思う。

2　韓国における在日朝鮮人史の叙述傾向

（1）最近の在日朝鮮人史[8]

韓国では、1970年代以後、移民史ないし在日朝鮮人の現在的問題に関連した研究が主に行われてきた。[9] つまり、国内での在日朝鮮人に関する研究は、1970年代以後、移民史や生活実態を中心にして一定の成果が出はじめた。金相賢[10]と閔寛植による在日朝鮮人の現在的問題から出発した研究とは別に、本格的な研究は金大商、李光奎らと、高承済、玄圭煥によって行われた。全ジュンの場合は警察資料を援用して在日本朝鮮人総連合会についての偏向的な見方で研究を行っている。

1980年代には、国内情勢の変化とともに植民地時代史の地平が広がり、70年代よりは多様なテーマが研究された。その研究傾向を大きく分けてみると、70年代の延長線上としての移民史や生活の実態に関する研究がまずあり、さらに進んで労働者の実態に関する研究が行われた。そして渡日留学生の問題が本格的に韓国史研究者によって研究されはじめ、金淇周がその成果を本にまとめた。[11] それとともに、在日朝鮮人運動史に関するヨ・ファンヨン、鄭鎮星などの研究がある。

1990年代には、植民地時代の在日朝鮮人と在日朝鮮人運動に関する本格的な研究が行われた。ここでは、社会的に研究の多様性が要求される中、1980年代に蓄積された植民地時代史の研究が主な基盤となったことはいうまでもない。主たる研究の流れは、労働者の状態に関する生活史的な研究、本格的な運動史に関する研究、そして強制連行期に関する研究に分けることができる。一方、解放以後の在日朝鮮人史に関する研究としては崔泳鎬による東京大学の博士論文が出版され、解放後史を対象とする研究者と在日朝鮮人研究者の認識の地平を広げるのに役立ってきた。[12]

植民地時代における在日朝鮮人運動史に関する1980年代以後の研究は、まだ成果が多くないため全面的な言及は難しいが、日本での成果に偏った在日朝鮮人研究を克服することと、資料の限界性を克服することが解決すべき課題である。

１９９０年代以後は、金仁徳の一連の人物研究[13]、鄭恵瓊の大阪地域の研究、そして団体研究と在日朝鮮人移民についての業績が注目される。また、この時期には朴慶植先生の追悼論文集も刊行された[14]。『韓国独立運動史講義』（ハンウルアカデミー、１９９８年）には、日本地域の独立運動史がまとめられている。それとともに団体活動を中心にした『日本地域独立運動史研究――１９２０年代における団体の活動を中心に』（金仁徳著、国家報勳処、１９９８年）が刊行された。李淵植の「解放直後における海外同胞の帰還と米軍政の政策」（ソウル市立大学校修士論文、１９９８年２月）と、国民大学校韓国学研究所の帰還関連の研究成果の中の在日朝鮮人に関する内容も注目される。

最近は、金仁徳によって在日本朝鮮人連盟の全体大会に関する研究が行われた[15]。解放以後の在日朝鮮人民族教育については他にもいくつかの研究があるが、国内では小沢有作の『在日朝鮮人教育論』が翻訳刊行された。また、金徳龍が韓国語版の本を出した[16]。金徳龍は、１９４５年から１９７２年までの25年間の歴史を通史的に検討し、朝連と民戦、そして総連の民族教育を学校設立、教材編纂、教員養成などの主題を中心に述べている。この本は先行研究と多くの一次資料を通じて民族教育の状況を述べているが、総連中心に記述がなされていて、利用している関連資料に限界がある。

在日朝鮮人の民族教育については、国内でも研究が行われているが、代表的なものとして宋基燦の修士論文[17]、金デソンと鄭煕鐠の博士論文[18]などがある。これらは主に民族教育の実践事例及び民族学校の現況と問題点、日本政府の教育政策などを分析した研究成果である。その他に北朝鮮の「在外同胞政策」を扱いながら民族教育についてまとめた研究もある[19]。

在日朝鮮人の民族教育からさらに進んで阪神教育闘争に関する研究成果もでたが、金慶海、梁永厚などは各種の口述と実証的な研究書を出している。特に金慶海は阪神教育闘争に関する資料集も刊行している。彼の本は韓国語に翻訳されている[20]。最近では日本から国内へ投稿する研究者の論文もあり、呉圭祥の論文が注目される[21]。

一方、金廣烈、許光茂などは、自身の博士論文を出版した。[22] 特に金廣烈は博士論文『戦戰間期日本における定住朝鮮人の形成過程』（一橋大学、1997）において、戦前の朝鮮人の渡日の時期区分を先行研究に基づいて誘致期（1910-1919）、抑制期（1920-1938）、集団的強制労務動員期（1939-1945）に分け、渡日の原因を朝鮮の中の劣悪な就職環境に求めた。また、渡日規制政策と渡日した朝鮮人の状態について明らかにしているが、第一次大戦後から始まった渡日規制は、基本的に旅費以外の余分のお金を持っていること、あるいは就職先や身元がはっきりしていることなどを条件にして、この条件を満たすものにだけ渡航を許可したという通説を整理した。そして、規制は何回かにかけて追加・強化されており、1930年代半ばは日本政府の方針によって、総力的な渡日抑制体制が確立されたとする。

（2）在日朝鮮人史と1923年関東大震災朝鮮人虐殺に関する叙述

わずかではあるが韓国の近現代史を扱う教科書が在日朝鮮人史に紙面を割り当てている。[23] ここでの問題は2007年度近現代史の教科書には在日朝鮮人に関連して限定的な叙述しかなされていないということである。そこでは主に「日本移住同胞」、「学友会」、「二・八独立宣言」、「李奉昌義挙」、そして「1923年の関東大震災朝鮮人虐殺」などについて述べられている。

まず「日本移住同胞」の内容を見よう。19世紀末に日本へ渡った朝鮮人は政治的亡命者と留学生であった。1910年以後に日本へ渡った在日朝鮮人は生計のための場合が多かった。そして彼らの渡日は徹底的に日本政府の政策によって左右された。これについて斗山出版社の教科書と金星出版社の教科書の記述はおおよそ似通っている。

国権を奪われた後、日帝の経済的収奪が強化されると、生活の拠り処を失った農民たちが、日本へ渡って産業労働者として就業したことで、移住民が増加した。[24]

主権を失い、日帝の経済的収奪が強化されると、生活の拠り処を失った多くの農民たちが日本へ渡って産業労働者として就業した。彼らは劣悪な労働環境の下で日本人資本家に搾取され、民族差別によって蔑まれた。(25)

移住労働者たちは、日帝の資本家に搾取されながら劣悪な労働環境の中で苦労をした。そこでこれら日本移住民は他のどの地域の移住民よりも排日思想と民族意識が強かった。(26)

彼らの中で相当の人々が光復以後に帰ってきたが、残った人も少なくなく、今日の在日同胞社会をなす土台となった。(27)

日帝強占期における朝鮮人の渡日は、時期によってその姿が異なった。１９２０年代の渡日は留学生と独身が多く、１９３０年代は定住の道へと進んだ。結局、彼らは民族的、階級的差別を受けて、排日意識と民族意識を強く持つようになった。ここには労働環境が大きな役割を果たした。結局、彼らの中で相当の人数が日本に残って今日の在日朝鮮人社会が形成された。

さて、在日朝鮮人の留学生問題を扱う場合は、さしあたり「学友会」が注目される。日本における留学生団体の中心は「在日本東京朝鮮留学生学友会」（以下、学友会）である。この学友会は、大衆講演と機関誌『学之光』を通じて、社会発展理論と反日闘争を先導した。

斗山の教科書は、学友会を「朝鮮留学生学友会」と称し、次のように述べている。

留学生同士の親睦と団結を図りながら、各種の集まりを通じて排日思想と愛国心を鼓吹し、日本人の誤った韓国人観を正すために努めた。(28)

学友会は日本人の誤った「韓国人観」を正すために努めたというよりは反日闘争を主に展開した。学友会は留学生の中心組織として、大衆的な反日闘争において中心的な役割を担ったのである。

次に、「二・八独立宣言」について、2002年版中学教科書は三・一運動の背景を説明しながら在日留学生について述べている。[29] 二・八独立宣言決議文を「読み資料」として配置した。教科書の改編によっても二・八独立運動に関する叙述は全然変わっていない。斗山の教科書もその内容はほぼ同じであるが、三・一運動とも関連づけて述べている。

留学生らは1919年、二・八独立宣言を発表し、国内で三・一運動が起きると、同盟休学をした後、国内に帰ってきて万歳示威運動に積極的に参加した。[30]

一方、李奉昌の場合は、「在日」の経験が彼をして反日闘争へ目覚めさせたと述べられているが、問題は彼の日本での経験について何の説明もないということである。

斗山の教科書は、李奉昌の闘争（桜田門事件）を述べながら、金九の役割と歴史的意義を高く評価している。

金九の指令を受けた李奉昌は、単身で日本の東京へ行き、観兵式を終えて帰ってくる日本国王の乗った馬車に向けて日本王宮の付近で爆弾を投げたが、……この義挙は大陸侵略に出た日帝に韓民族の抗日意志を示したものであり、日本に警鐘を鳴らした出来事であった。[31]

失敗に終わったこの事件は結局、上海事件の口実を提供した。上海事件とは、日帝が満州国を樹立した陰謀に対する世界の視線をそらすために、上海に武力で侵攻した事件である。李奉昌の日本国王狙撃について中国の新聞は、「不幸にも後ろに従う馬車の爆破に留まった」と報道したが、[32] これが口実となったのである。

（3）1923年関東大震災朝鮮人虐殺の叙述

2002年、教育人的資源部が刊行した『中学校国史』には、1923年日本の関東大震災時の朝鮮人虐殺についての言及がない。この本の年表にも1923年そのものが抜けている。そして2011年改正された『中学校国史』（下）、斗山出版社、東亜出版社、大教出版社、ミレエンの刊行したいずれの教科書にも述べられていない。また、これらの出版社が刊行した教科書の年表にも同じく抜けている。これに対して、教学図書と天才教育が刊行した教科書には一部触れられている。その内容は次の通りである。

まず、教学図書が刊行した『中学校国史』（下）には、「開かれた資料」に載せた写真と内容説明の中で、「関東大地震と韓国人虐殺」について次のように述べられている。

> 1923年、日本関東地方に大きな地震が発生して、多くの人々が亡くなり、民心が大きく揺れ動いた。日本当局は、「朝鮮人暴徒が群がって歩きまわって、火をつけ、日本人を殺し、井戸に毒を入れ、婦女を暴行する」という噂を撒き散らして、社会不安を韓国人のせいにして危機から逃れようとした。その結果、軍人、警察、自警団、青年団、消防団に一般人までも加勢して韓国人を無惨に虐殺した。一週間の間に虐殺された無辜な韓国人は6千人余りにも上った。[33]

天才教育が刊行した『中学校国史』（下）[34]には、「関東大地震当時の在日韓国人虐殺」という題をつけた写真について、「1923年、日本関東地方で大地震が起きると、日本は社会不安の原因を韓国人のせいにした。ここに日本人は自警団を組織して、韓国人を虐殺した」と述べられている。[35]

高等学校用『高等学校東アジア史』については、教学社では触れられていない。これに対して、天才教育が刊行した教科書には、関東大震災の朝鮮人虐殺が記述されている。

1923年、関東地方に大地震が起きた。……大混乱の中で、「朝鮮人が暴動を起こした」、「朝鮮人が井戸に毒を入れた」などと根拠のない流言蜚語が広まり、軍隊、警察と民衆が約6700人の韓国人を虐殺した。……政府は「朝鮮人暴動」という流言蜚語を利用して戒厳令を公布し、青年団・在郷軍人会・消防団などで自警団を組織し、無辜な韓国人を殺害した。――韓日交流の歴史[36]

それとともに天才教育が刊行した教科書の年表にも「1923年関東大地震発生」と記されている。一方、斗山出版社の教科書は日本の中の民心の動揺と流言蜚語に注目する。

1923年、日本関東地方に起きた大地震は、人命と財産上の大きな被害のみならず、日本の中の民心も大きく動揺させた。この時、日本当局は「朝鮮人が暴動を起し、日本人を殺している」という流言蜚語を撒き散らし、社会不安の原因を韓国人のせいにしたので、狂奔した日本人らが韓国人を攻撃するようになった。[37]

最近刊行された高等学校韓国史の記述は次のようである。

生活苦に苦しめられて日本へ移住した在日韓国人たちは、関東大地震で大きな被害を受けた。日本当局が韓国人に対する敵対感を助長し、大地震による社会不安をあたかも韓国人のせいかのように偽装したからである。日本当局と言論は、「朝鮮人が放火し、井戸に毒を入れ、日本人を殺害し、日本女性を強姦する」といった流言蜚語を捏造して撒き散らした。これによって韓国人に敵対感をもつようになった日本人によって、少なくとも6千人以上の在日同胞が無惨に虐殺された。[38]

関東大震災が起きた１９２３年9月は、朝鮮人には虐殺の日であった。朝鮮人虐殺は準備された行動であった。そして直接的な原因は、流言蜚語と日本政府の政策、即ち社会主義者の剔抉と不逞鮮人の整理であった。結局、６千人以上の在日朝鮮人がこの事件で亡くなった。以上の記述に見られる関東大震災のキーワードは、朝鮮人虐殺と大惨事である。

一方、日本に「残留」した在日朝鮮人問題も現代の韓日関係を考える場合、重要な問題である[39]。問題は彼らの帰還を扱った本がほとんどないということである。述べるとしても「独立志士」の帰還だけに触れている程度であり、それも単に海外韓人の移住について述べているように見える。

3　関東大震災朝鮮人虐殺[40]に関する叙述案

１９２３年関東大震災は、在日朝鮮人の生を変えた大きな事件であった。この事件によって多数の朝鮮人が死んでいった。在日本大韓民国民団の歴史教科書は、「朝鮮人被害者の身元と総人数は明らかになっていないが、５千人とも6千人ともいわれている。当時、日本に来ていた在日朝鮮人は約8万人だったので、15人に１人の割合で犠牲となったといえる[41]」と述べている。１９２３年関東大震災朝鮮人虐殺についての叙述案を提示すると、次の通りである。

（1）１９２３年関東大震災朝鮮人虐殺

日本の関東地方で起きた大地震と流言蜚語によって朝鮮人が虐殺された事件である。１９２３年9月1日、大地震は東京・横浜一帯を混乱に陥れた。関東地方に20万人以上の罹災民が発生し、10万人の死亡者と１００億円以上の財産被害を被った。東京・横浜をはじめとした市街地には、地震直後から火災が発生して、被害が広がった。関東大震災が起きた前後の在日朝鮮人について調べてみると、在日朝鮮人の形成は第一次世界大戦（１９１４－１９１７）を機に本格化した。それは朝鮮の窮乏にその原因があって、つまり植民地統治のためだったのである。小作人出身で日

本へ渡った在日朝鮮人は、労働で生計を維持し、主に自由労働に携わった。低賃金を強いられる小工場に雇われた朝鮮人労働者は、低い賃金に苦しめられ、日本資本による搾取の第一の対象となった。彼らは日本資本主義の最下層の労働者として編入された。そして徹底して日本経済の必要性いかんで需要と供給が調節された。これら朝鮮人労働者は4大工業地帯に集中していた。

１９２３年関東大震災当時、東京にいた朝鮮人の人数はだいたい9千人で、その内労働者は約6千人、学生は3千人ほどであった。日帝は労働と学業のために渡日した朝鮮人に注目して持続的に監視した。１９２０年刊行の『朝鮮人概況』には、「不逞鮮人の排日思想が、１９１９年独立騒擾の発生以来ますます硬化の姿があるのは、注目すべき事実である」と述べられている。１９２２年刊行の『朝鮮人近況概況』には、「最近日本在留朝鮮人学生の中で、次第に共産主義に染められ、日本人社会主義者に近づく者が現れて」いるとして、在日朝鮮人の思想の推移が把握されていた。特に１９２３年三・一運動記念日に警視庁は、上海フランス租界の上海高麗共産党とハワイ朝鮮人団体が連絡し合っているとの情報を探知して、万一暴動が起きたらすぐに検挙するように、派出所長が中心になって警戒を緩めなかった。

（2）流言蜚語

少なくとも6千人以上の人が虐殺された関東大震災の当時、朝鮮人が虐殺されるようになった原因は流言蜚語であった。朝鮮人を虐殺することにつながった流言蜚語は、9月1日午後1時頃から流布されはじめ、2日と3日の間に流れていた。その内容は、主に朝鮮人が関東大震災の混乱に乗じて暴行や略奪、放火、女性凌辱、爆弾投擲、集団襲撃、井戸に毒を投入したということである。特に、１日午後3時頃には社会主義者や朝鮮人の放火が多いという流言蜚語が出回った。流言蜚語のとてつもない内容をみると、①朝鮮人がチョークで印をつけ、爆弾を投げられるようにした。②朝鮮人が爆弾を持ち回っている。③白いシャツに幅の狭いズボンをはいている男と、韓国の服を着ている女が井戸に毒を入れている。④爆弾と毒を持ち回る朝鮮人がいた。⑤各所に朝鮮人が暴行、襲撃、放火などの計画を暗号で記した、などである。

このような内容は途方もないことであった。①の場合は、掃除会社の人夫が作業すべき家を表示したことであり、②の場合は、朝鮮人が持ち回っていたのは爆弾ではなく、りんごであった。③の場合は、井戸に毒を入れたのではなく、実は女性たちが米を研いだのであった。④の場合は、爆弾と毒はそれぞれパイナップルの空き缶と砂糖であり、⑤の場合は、朝鮮人がテロのために印を残したのではなく、実は糞尿収集人と新聞配達夫が常連の家を記しておいたものである。そして朝鮮人が爆発物を所持していたといわれたのは、実は唐辛子であった。軍と警察がでっち上げた流言蜚語は、日本国民の間で早い速度で流布された。日本人が流言蜚語を信じたのは、多数が天皇制国家の忠実な臣民として上からの話を盲信して、国家が認めれば躊躇なく朝鮮人や中国人を虐殺できるような精神構造をもっていたことが第一の原因である。その根底には日清戦争と日露戦争を通じて民衆の意識に深く根付いた朝鮮と中国に対する蔑視意識があった。しかし、日本人の差別意識だけでは、これほどの大量虐殺事件を引き起こすことはできなかっただろう。第二に、日常的に新聞によって朝鮮人に対する恐怖感が民衆に根を下ろしていたからである。第三に、東京・横浜などの都市工業地帯においては、日本人下層労働者が不況に対する不安から朝鮮人・中国人労働者を労働市場での競争相手と認識し、反感を持っていたからである。

(3) 日本の社会運動と治安状況

1920年代、日本では社会運動が活発になり、1921年には日本労働総連盟が結成され、1922年4月には日本農民組合が組織された。そして同年7月には日本共産党が組織された。当時は不況も重なって、日本国内は治安の不安定な状態にあった。関東大震災が発生すると、民心さらに恟恟として安からず、「朝鮮人来襲」などの流言蜚語が急速に広まることで、興奮した日本の軍・官・民が朝鮮人を虐殺することになった。その真相を明らかにするためには、流言蜚語の震源地を突き止めることが大事である。しかし、これについての正確な事実は隠蔽され、ほとんど明らかになっていない。それは戒厳令の宣布によって言論が統制され、戒厳司令部と治安当局が事件の全貌を徹底的に隠蔽したからである。

(4) 天皇制イデオロギーと朝鮮人虐殺

現在、流言蜚語の震源地をめぐっては、①内閣説、②軍閥説、③警視庁説、④亀戸説、⑤社会主義者説など、いくつかの説がある。地震が起きた当時、東京には数多くの罹災民が発生し、日比谷公園や皇居の前などに50万人、上野公園や靖国神社などに10万人などの群衆が集まった。

彼らは家が焼けたり、親や兄弟と別れたりして辛うじて命を保って避難してきたもので、これら群衆は続く余震とともに社会不安の大きな要因となった。このような民衆の大集団が食べ物を要求していた極度の混乱の中で、治安当局者は対策の樹立に腐心するようになった。

当時の水野錬太郎内務大臣、後藤文夫内務省警保局長、赤池濃警視総監、この三人は罹災民救護と治安対策について議論した。ちょうど大正天皇は病気のため日光で療養中であり、加藤友三郎総理大臣は病気で辞任し、その代わりに内田康哉外務大臣が首相代理を務めていたので、前述の三人が事実上の最高決定権者であった。この三人はかつて内務省につとめたことがあり、1918年米騒動の際は治安当局者として民衆弾圧の先頭に立って過剰鎮圧を指揮した人物であった。したがって、彼らは民衆暴動の力をよく知っている人々であった。三・一運動の時、水野は朝鮮総督府の下で朝鮮人の反日闘争を武力で弾圧した。これらの経験によって、彼らは日本人群衆の暴動や朝鮮民衆の独立運動の巨大な威力と恐れをだれよりもよく知っていたのである。

後藤警保局長は、9月1日午後、震災の惨状を見て回り、不安な民心を鎮静し秩序を回復するためには、非常手段として戒厳令を宣布しなければならないという決意を関係者に話した。赤池警視総監も震災の惨状を見回って、万が

一に起こる突発的な不幸な事態を頗る憂慮して、皇居にいた内務大臣に報告した。皇居から出てきた赤池は、警保局長とともに民衆暴動で治安状態が混乱に陥るのではないかと心配するようになった。赤池は加藤との対話の中で、軍当局者に軍隊の出兵を要請し、内務大臣に戒厳令の宣布を建議したと言い、警察のみならず国家的にも全力をあげて治安維持に努めるべきだと述べた。この時が午後2時頃であった。惨状をみて報告を受けた水野内務大臣も同じ考えであった。問題は戒厳令を宣布すべき名分がないということであった。戒厳令の宣布には戦時や内乱が前提条件となるが、関東大震災は単に地震による混乱があるだけで、戦争でも内乱でもない状態であった。水野は、戒厳令の宣布の理由を「朝鮮人来襲」という暴動説のためだとした。

以上のように日本政府は9月2日午後6時を期して戒厳令を宣布した。実際は「朝鮮人暴動説」は全然根拠のないもので、朝鮮人の虐殺事件を隠蔽し、当時の不安な国内情勢の中で日本の為政者が権力基盤を強化しようとしたことにその目的があった。朝鮮人暴動に関する流言蜚語は、少なくとも2日から日本政府によって組織的に撒き散らされた。第一に、千葉県の船橋海軍送信所から内務省警報局長の名義で全国の府県知事宛に発送した電文には、東京付近で震災を利用して朝鮮人らが放火し、現在東京市内では爆弾を所持したり、石油で放火しようとしている。すでに東京府下には戒厳令が実施されているので、各地では十分視察を強化し、厳しく取り締まることとの趣旨が書かれていた。第二に、関東各県に送った朝鮮人の暴動を取り締まる内務省の通達文で、多数の不逞鮮人が過激思想を持っているものと糾合しているので、各地では在郷軍人会や消防士、青年団員などと一致協力して彼らを警戒し、一朝有事の際はすばやく適当な方策を講じること、などを知らせた。これは事実上朝鮮人殺害を許す内容であった。

震災の混亂に乘じ
鮮人の行った兇暴
中には婦人凌辱もある
鮮人三百名を殺す
大審院で審理

（5）日本の言論

関東大震災当時の日本の言論は、根拠のない流言蜚語を報道して朝鮮人の虐殺をそそのかす役割を果たした。『東京日日新聞』は9月1日付で日本で最初に関東地震に関するニュースを号外で発行し、9月3日には「不逞鮮人」という朝鮮人に対する差別的な用語も最初に使って一面トップ記事として報道した。

また、朝鮮人200人が警察と衝突して数十人の負傷者が発生し、現場で20名を検挙したがみな逃げた。不逞鮮人たちが窃盗・強姦していると報道した。このような報道内容はみんな根拠のない虚偽事実であった。日本政府の告知に興奮した日本民衆は9月1日夜から朝鮮人を虐殺しはじめた。軍警が率先して虐殺をほしいままにし、軍人と警察の指導で自警団を構成して、朝鮮人と確かめられれば現場で虐殺した。

犠牲者たちはほとんど日本語のできない労働者であった。ここには子供や妊婦もかなり含まれていた。虐殺方法は竹槍や鉄杖、棒、銃剣などで手当たり次第に虐殺して川に捨てたりしたもので、焼却や埋葬などで虐殺事実さえも徹底的に隠蔽したのである。朝鮮人の虐殺が本格的に行われたのは4日前後であり、東京の中でもっとも酷かったところは亀戸警察署で、一晩で312人も虐殺された。その他に横浜、千葉、埼玉、群馬県などでも数千人が虐殺された。朝鮮人虐殺と同様に、「中国人暴動説」が流布され、中国人も虐殺された。

（6）6千人を越える朝鮮人の死

日本政府は朝鮮人虐殺を少数の日本国民が偶発的に起こしたもののように扱いながら、真相について一度も公式的な実態調査を行わないまま現在に至っている。1923年の朝鮮人虐殺事件は、日本政府の流言蜚語に日本国民が惑わされて関東大震災を口実に朝鮮人を虐殺した事件だったのである。

斎藤朝鮮総督は日本の各新聞に当時関東地方に住んでいた朝鮮人は労働者3千人と学生3千人、合計6千人で、この中で調査結果、殺害されたものは二人だけだといった。事実の隠蔽は日本政府の発表においても同様で、日本政府は1923年11月15日現在、殺されたものは233人、重傷者15人、軽傷者27人と発表した。朝鮮人虐殺事件の真相調査を日本政府に強く要求していた吉野作造は「朝鮮羅災同胞慰問団」に2613人と明かした。上海の大韓民国臨時政府の調査によると、虐殺された朝鮮人は関東地域全体で6661人であった。最近日本の学界においてもおおむね6000人を上回るとみており、当時の関東地域の人口統計に基づき、関東大震災によって朝鮮人は一万人以上虐殺されたとみる場合もある。

（7）日本社会主義者

関東大震災当時、日本政府によって計画、組織された流言蜚語によって、朝鮮人虐殺事件以外にも亀戸事件や大杉事件が発生した。関東大震災が発生し朝鮮人虐殺がほしいままにされていた時、日本国内は大衆運動の高揚期であった。1918年の米騒動以後、大衆運動はますます成長し、1922年7月に日本共産党が結成された。日本共産党は社会運動の前衛を自任し、対ロシア干渉反対の大衆運動を組織し、3大悪法反対運動を主導していた。特に日本の中の活動家は朝鮮民衆と不十分でありながらも共同戦線を作って、朝・日連帯の闘争を主張していた。しかし、いざ関東大震災が起きると、態度が変わった。それまで朝・日労働者の階級的連帯を掲げていた社会主義・労働運動勢力は、自分たちの命を保つために国際的連帯を投げ捨てた。9月3日午後10時頃、川合義虎などの社会主義者が検挙され、翌日虐殺された（亀戸事件）。社会主義者の検挙はだいたい3日夜と4日以後であった。

問題は関東大震災の起きた1日から社会主義者が何をしていたのかである。社会主義者たちは自警団の一員として殺す側に立っていたのである。彼らは忠犬として自分の生存のために積極的に民族的利害の側に立った。すなわち、関東大震災によって人々の狂乱が極まった9月1日から4、5日間、社会主義者たちは積極的に朝鮮人虐殺を行なった自警団に加わった。日本労働総同盟は1924年1月、日本の労働運動家を殺害したことに対する糾弾声明を出したが、朝鮮人虐殺については何の言及もしなかった。関東大震災直前までも「朝鮮労働者は我らの同僚であり、我らの兄弟であり、我らの戦友だ」と連帯的立場を主張しながら共同闘争を強調していた人々がまさに日本の社会主義者と労働運動家だったにもかかわらずである。

（8）朝鮮人虐殺とその後

1923年関東大震災が発生し、朝鮮人が無惨に殺されていった。このような状況においても在日朝鮮人の組織は積極的に活動することができなかった。在日朝鮮人の中で先進的な活動家は投獄されたり、監禁状態にあったので、虐殺事件に対応する戦術もなかったし、糾弾活動をする体制も整っていなかった。もちろん日本人労働者との国際的連帯も台無しになってしまった。彼らにとって連帯意識とは平常時における日常的なレベルに留まっていたのである。

1923年の虐殺以後、生死の瀬戸際を脱した朝鮮人たちは、当時生き残った唯一の朝鮮人団体の天道教会青年会の事務室に集まった。事前の予定なしに集まった人々は、その際に提出された問題について議論した結果、10月上旬に東京地方罹災朝鮮人救済会を結成し、調査事業に乗り出した。

一方、相愛会の朴春琴は、朝鮮人が無惨に虐殺された状況にもかかわらず、虐殺の主犯の赤池警視総監を訪ねた。その場で警視総監は朴春琴などの相愛会一派の身辺を守ることはできないと言った。にもかかわらず、相愛会一派は先頭に立って、朝鮮人と日本人の和合を見せつけるように、地震の後片付けの一環として東京市内を掃除した。以後、日帝の走狗の相愛会は彼らの支援の下で勢力を伸ばしていった。

(9) 1923年関東大震災朝鮮人虐殺の意味

今日に至るまで日本政府は、日本人に対する犯罪にたいしては形式的ながらも責任を問うた反面、朝鮮人虐殺者に対してはどんな責任も問わなかった。特に朝鮮人虐殺事件に対する真相調査を元から封じ込め、犠牲者や遺族に対して一言の哀悼の言葉もなかったし、補償はなおさらいうまでもない。

9月1日朝、学校で式を終え、帰宅してしばらく遊んでいた。お昼になって母が火を起こしていたが、いきなりゆらゆら家が激しく揺れ、水が出てきた。……朝鮮人が人を殺し、乱暴な行動をしていると言い触らしていた。ところで「朝鮮人が来るから、みんな集まってください」といわれて、体が凍えてがくがく震えた。……兄と姉は母がどこにいるか探しに行った。ちょうどその時、朝鮮人が逃げてきたが、その後ろをついて人々が丸太やいろんなものを持ってきて、その朝鮮人を殴っていた。そのうち一人の朝鮮人は死んでしまった。(42)

4 おわりに

韓国における在日朝鮮人に関する研究史を検討すると、いくつかの問題点が見られる。第一に、総体的な視角の不在、第二に、社会集団としての在日朝鮮人社会の形成の実態と、日本人との関係についての把握の限界、第三に、時期ごとに断絶している研究の傾向性などである。

在日朝鮮人を対象とする歴史教科書は、現在の「在日」の存在を認めながら出発しなければならない。現状をふまえて民団系と総連系がオールドカマーとニューカマーなどの存在を互いに認めつつ、理解できる内容から始めなければならない。特に政治的な観点からまず理解の幅を広げようとする試みと同時に、東アジア共同体の歴史の中の一部だという観点に立つ必要がある。

しかし、現在韓国の歴史教科書が果たしてこのような観点に立とうとしているかについては疑問がある。同時に、韓国の教科書は日本移住、二・八独立宣言と三・一運動、李奉昌義挙、関東大震災、強制連行などにのみ紙面を割り当てているが、より多様なテーマについての叙述が積極的に試みられる必要がある。このような次元から考えると、清水書院が刊行した中学教科書の在日朝鮮人に関する叙述内容は韓国においても積極的に参考にすべきである。

本文で示した叙述案を通じて述べたように、在日朝鮮人に焦点を合わせて１９２３年関東大震災の意味を考えるならば、具体的な在日朝鮮人の動きを述べることが望ましい。たとえば、相愛会の朴春琴は朝鮮人が無惨に虐殺された状況にもかかわらず、虐殺の主犯の赤池警視総監を訪ねて、東京市内の掃除を請願し、積極的にそれを行ったという事実などからである。

１９２３年関東大震災朝鮮人虐殺は実状に対する明確な調査と、それに基づいた歴史教育現場における活用が必要だといえる。それとともに、国家的レベルでの調査と研究が必要である。そして韓日の歴史論争としてではなく、歴史的事実に対する基本的な共有という次元で共同の調査団を組織することも切実な課題である。もちろん、市民社会が積極的にこれにかかわることも必要だと考える。

注

(1) 本稿の図は呉充功監督から提供されたものである。貴重な写真を提供してくださった呉監督にお礼を申し上げたいと思います。

(2) 金仁徳「日本の中学歴史教科書に現れた韓国関連叙述の変化——在日朝鮮人に関する叙述を中心に」『歴史と教育』16(2013)。

(3) 外村大「在日朝鮮人史研究の現状と課題についての一考察——戦前期を対象とする研究を中心に」『在日朝鮮人史研究』25(1995)/金仁徳「日本地域における独立運動に関する研究の回顧と展望」『韓国史論』28(1996)/金仁徳「韓国における在日朝鮮人史の研究の現況」『在日朝鮮人史研究』33(2003)。

(4) 詳しい内容は後述する。

(5) 申載洪「関東大地震と韓国人大虐殺」『史学研究』38(1984)、韓国史学会/李真姫「関東大震災を追悼する——日本帝国の「不逞鮮人」と追悼の政治学」『亜細亜研究』131(2008)、高麗大学校亜細亜問題研究所/朴京夏「1920年代における一朝鮮青年の求職及び日常生活についての一考察——「晋判鈺日記」(1918~1947)を中心に」『歴史民俗学』31(2009)。

(6) 盧珠恩「関東大地震と朝鮮総督府の在日朝鮮人政策——総督府の「震災処理」過程を中心に」『韓日民族問題研究』12(2007)/盧珠恩「関東大地震朝鮮人虐殺研究の成果と課題——関東大地震85周年に際して」『学林』29(2008)。

(7) 李志炯「正宗白鳥『人を殺したが』の風景——殺人の想い出、そして関東大地震」『日本文化研究』10(2004)、東アジア日本学会/李志炯「関東大地震と島崎藤村——『子に送る手紙』を中心に」『日本文化研究』13(2005)/曺慶淑「芥川竜之介と関東大地震」『韓国日本学連合会第6回学術大会発表文集』(2008)/金志妍「竹久夢二と関東大地震、そして朝鮮——絵画と思想性」『アジア文化研究』21(2011)、嘉泉大学アジア文化研究所/富山一郎「戒厳令について——関東大震災を想起するということ」『日本批評』7(2012)、ソウル大学校日本研究所/黃鎬徳「災難と隣、関東大地震から福島まで——植民地と収容所、金東換の叙事詩『国境の夜』と『昇天する青春』を手がかりに」『日本批評』7(2012)。

(8) 金仁徳「在日朝鮮人と関東大地震に関する研究及び叙述傾向」『韓日歴史争点論集——日本教科書への対応論理』(東北亜歴史財団、2010)。

(9) 時代別の研究傾向については次の論文を参照した。林永彦・金仁徳「在日コリアン研究」尹インジンほか編『在外韓人研究の動向と課題』(ブックコリア、2011)。

(10) 金相賢『在日韓国人在日同胞100年史』(韓民族、1988)。

(11) 金淇周『韓末在日韓国留学生の民族運動』(ヌティィナム、1993)。

(12) 崔泳鎬『在日韓国人と祖国光復』(クルモイン、1995)。

(13) 金仁徳『日帝時代民族運動家研究』(国学資料院、2002)。
(14) 鄭鎮星ほか編『近現代韓日関係と在日同胞』(ソウル大学校出版部、1999)。
(15) 金仁徳『在日本朝鮮人連盟全体大会研究』(景印文化社、2007)。
(16) 金徳龍『風の想い出』(ソニン、2009)。
(17) 宋基燦「民族教育と在日同胞の若い世代のアイデンティティ」(漢陽大学校修士論文、1999)。
(18) 金デソン「在日韓国人の民族教育に関する研究」(檀国大学校博士論文、1996)/鄭熙鐥「在日朝鮮人の民族教育運動研究」(江原大学校博士論文、2006)。
(19) 趙ジョンナム外編『北韓の在外同胞政策』(集文堂、2002)。
(20) 鄭熙鐥ほか訳『1948年阪神教育闘争』(景印文化社、2006)。
(21) 呉圭祥「朝鮮学校の歩んできた道」『民衆の声』2007年8月5日参照。
(22) 金広烈『韓人の日本移住史研究(1910~1940年代)』(論衡、2010)/許光茂『日本帝国主義救貧政策史研究：朝鮮人保護救済を中心に』(ソニン、2011)。
(23) 以下の内容は筆者の論文と関連教科書を参照した。金仁徳「韓日両国の近現代史叙述と在日朝鮮人史認識」『東北亜歴史論叢』17(2007年9月)、東北亜歴史財団。
(24)『高等学校韓国近現代史』(斗山出版社、2007)、219頁。
(25)『高等学校韓国近現代史』(金星出版社、2007)、222頁。
(26)『高等学校韓国近現代史』(斗山出版社、2007)、219頁。
(27)『高等学校韓国近現代史』(金星出版社、2007)、222頁。
(28)『高等学校韓国近現代史』(斗山出版社、2007)、220頁。
(29)「日本にいた韓国人学生らはこのような国際情勢の変化を独立運動のチャンスだと思い、日本東京において朝鮮青年独立団を組織して韓国の独立を要求する独立宣言書と決議文を発表した。これが二・八独立宣言である(1919年2月8日)。」『中学校国史』(2002)、265-266頁。
(30)『高等学校韓国近現代史』(斗山出版社、2007)、220頁。
(31)『高等学校韓国近現代史』(斗山出版社、2007)、184頁。
(32)『高等学校韓国近現代史』(金星出版社、2007)、188頁。
(33)『中学校国史』(下)(教学図書、2012)、95頁。
(34) 天才教育、2012。
(35)『中学校国史』(下)(天才教育、2012)、92頁。
(36)『高等学校東アジア史』(天才教育、2012)、196頁。
(37)『高等学校韓国近現代史』(斗山出版社、2007)、220頁。

(38)『高等学校韓国史』(ミレエン、２０１２)、２６５頁。

(39) 崔泳鎬「韓国と日本の中高校歴史教科書に現れている現代韓日関係関連叙述」『東北亜歴史論叢』17(２００７)、２００頁。

(40) この内容は、金仁徳『韓国独立運動史事典(１－５)』(韓国独立運動史研究所、２００４)の中の「関東大地震と朝鮮人虐殺事件」を参照した。それに次の文章から補った。姜徳相『関東大震災』(中央公論社、１９７５)／金ゴン「虐殺」『韓国独立運動史』３(国史編纂委員会、１９７６)／朴慶植『在日朝鮮人運動史――８・15解放前』(三一書房、１９７９)／李ヨン「関東大地震と言論統制――朝鮮人虐殺事件と報道統制を中心に」『韓国言論学報』27(１９９２)／松尾章一「関東大震災の歴史研究の成果と課題」『多摩論叢』９(法政大学、１９９３)／金仁徳「在日運動史の中の１９２３年朝鮮人虐殺」『殉国』32(１９９３、９)／姜徳相『朝鮮人の死』(洪真姫訳、トンチョクナラ、１９９５)。

(41) 作成委員会編『歴史教科書在日コリアンの歴史』(慎ジュンスほか訳、歴史ネット、２００７)、72頁。

(42)「朝鮮人虐殺についての日本子供の証言手記」(この内容は『朝鮮人虐殺関連児童証言資料』緑蔭書房、１９８９の一部である)『殉国』３(１９９３)

第Ⅲ部　関東大震災と残された課題

張世胤　森川文人　金鍾洙

関東大震災時の韓人虐殺に関する『独立新聞』の報道と最近の研究動向

張世胤

1 序言——真相究明のための現状把握の必要性

2013年9月1日は日本の関東大震災90周年の日であった[1]。周知のように、大震災の発生以後、無実の韓人が多く虐殺される惨劇が起った。今まで関東大震災時に虐殺された韓人(朝鮮人)問題[2]についてはかなり研究が進んできたが、まだその真相を究明するには遼遠な状態だといえる。

関東大震災の発生過程やその被害に関する公式的な統計は、日本の中央防災会議から2006年に刊行された報告書(第1編)に入っている。日本の公式機関で韓国人関連の部分をどのようにまとめているかが知りたいが、残念ながら筆者はまだこの本をみていない。今後、日本側の統計はこの報告書を参照する必要があると思われる[3]。

関東大震災時の韓人問題については、姜徳相と山田昭次、琴秉洞などが早い時期から関心をもって、資料集や専門的な研究書を刊行していた[4]。特に姜徳相は1990年代末に注目すべき一連の論文を発表して、学界の関心を集めた[5]。姜徳相の韓人虐殺に関する一連の著作は、1990年代半ばから韓国語に翻訳・出版されたが[6]、2000年代に入ってからは韓日関係史と韓人虐殺問題に対する関心が高まるにつれて、2005年に『虐殺の記憶、関東大地震』が翻訳出版され、韓国においても在日韓人の被害と虐殺問題に対する関心を呼び起こす一つのきっかけとなった。[7] 山田の本も２００８年に翻訳され、この問題についての研究や国民啓蒙に役立っている。[8]

ところで、関東大震災時の韓人虐殺の真相はほとんど明かされていない。虐殺された韓人の被害については正確な統計すらもない状態である。[9] 地震発生直後から日本当局と朝鮮総督府が強力な言論統制を実施して、事実の伝播を徹底して遮ったからである。山田昭次と李妍によって関東大震災時の言論統制に関する真相の一部が解明されている。[10]

現在、韓国学界においては歴史学研究者による研究が多少あるが、[11] まだ解決されていない課題が山積している。最近は、李炯植と盧珠恩の一連の研究と研究史の整理によって、関東大震災時の朝鮮總督府の役割と在日朝鮮人政策、朝鮮人虐殺に関する研究成果が一部整理された。[12] 特に盧珠恩は、研究史をまとめた論文の中で、関東大震災時の「朝鮮人虐殺」に関する研究がまだ韓国と日本の近代史の中にまともに位置づけられていないと指摘しつつ、「東アジア近代史の空白」を埋めるべき研究が望まれると主張した。[13] また、盧珠恩の指摘する通り、むしろ日本文学の研究者によって多様な研究成果が蓄積されている傾向がある。[14]

今まで虐殺の暴力性とその責任を糾明し告発することに関心が向いていて、事件以後の震災処理過程とその結果、影響、朝鮮総督府と日本の関係などについては疎かだったという指摘もあるが、[15] 依然として韓人虐殺の被害やその責任についての充分な究明はなされていない状況だと思われる。

管見の限り、国内外の学界で関東大震災当時の韓国言論、特に中国上海で発行されていた『独立新聞』の動向に関する研究はほとんどない。そこで本稿では、大韓民国臨時政府が発行していた『独立新聞』が関東大震災及び韓人に関してどのように報道していたかを検討したいと思う。

特に注目すべき事実は、上海版『独立新聞』が１９２３年9月4日、一番先に号外を発行して関東大震災及び在日韓人関連のニュースを報道し、その後も大きな関心をもって韓人の被害を体系的に調査し報道したということである。まだ国内外で関東大震災当時どれほど多くの韓人が虐殺されたかについて正確な統計がない状態において、『独立新聞』は同年12月5日付け（第１６７号）の記事で６６６１名が犠牲になったと明らかにして、大きな波紋を引き起こした。その後、関東大震災時に虐殺された韓人の人数は、ほとんどこの報道によって定説となった。なお、この新聞は同年12月26日付け（第１６８号）でドイツ人目撃者の証言をもとに、虐殺された韓人が２万１６００余名であると報道したりもしていた[16]。

現在、韓国史概説書や高等学校韓国史教科書では、だいたい６千余名が犠牲になったと述べられている。「関東大虐殺」と呼ぶべきだという新聞報道もあったが[17]、すでに一部の概説書や教科書には「関東大虐殺」という用語が使われており、今後「関東大虐殺」という用語で統一されるかどうか、その帰趨が注目される。

２０１３年９月、関東大震災韓人虐殺事件90周年を迎えて、この問題に関する『独立新聞』の報道やその波及効果、特に６６６１名虐殺説と、それの韓国・北朝鮮及び日本の学界や教育界に及ぼした影響を簡単に検討することによって、今後の真相究明や対応の方向を確立するための基礎作業としたいと思う。

2 『独立新聞』の関東大震災韓人関連報道

（1）『独立新聞』の概観

韓国近現代史において『独立新聞』というタイトルの新聞は5種発刊された。徐載弼などの開化派が１８９６年４月７日に発刊したハングル新聞がよく知られているが、本稿で検討する『独立新聞』は１９１９年４月、中国上海に樹立した大韓民国臨時政府の機関紙の役割を果たしていた新聞である。この新聞は１９１９年８月21日に創刊号が発行された。創刊当時のタイトルは『独立』だったが、同年10月25日（22号）から『独立新聞』に変更した。そして１９２４年１月１日（１６９号）から再び題号をハングル『독립신문』（独立新聞）』に変えた。最初は週3回発行していたが、しだいに発行の間隔が長くなり、不定期的になっていた。そして資金難などいろいろな事情によって１９２５年11月11日付け第１８９号をもって廃刊となってしまった[18]。

一方、１９２２年７月からは中国語版も発行し、中国人記者を雇い、中国人読者の呼応を得ようとしていた。主に中国の官公署や学校、公共団体などに配って、韓国独立運動の実相を広く知らせた。関東大震災の発生当時、独立新聞社の社長は金承学（号・希山）、主筆は尹海であったが、中文版の主筆は臨時政府の要人で代表的な民族主義史学者として知られている朴殷植が担っていた。[19] 朴殷植は、1924年11月頃、独立新聞社の社長から大韓民国臨時政府の大統領に就任した。[20] その初期の発行部数は、国漢文版が4000部、中文版が1000部、合わせて5000部余りであった。この新聞は上海は勿論、中国関内地域と東北（満州）、沿海州、ハワイとアメリカ、国内地域（1500部）などに配布された。[21] しかし、運営難などのため発送地域や部数もしだいに減っていった。新聞紙の大きさは27×38・5㎝くらいのタブロイド判である。

それにもかかわらず、この新聞は独立運動の生々しい実相を広く知らせ、独立運動陣営のアジェンダを先導し、時には激烈な論争を紙面に中介するなど、独立運動を代弁する機関誌の役割を充分に果たしていた。もちろん限界もあったが、韓国の言論史において独自の位相を占めていると評価できる。特に上海地域は勿論、海外同胞の居住する主要地や朝鮮国内に広く配られており、日帝当局はこの新聞の流通を食い止めるために厳しい監視の目を張り巡らせていた。『独立新聞』は国内外の独立運動を鼓吹し広報しており、海外僑民たちを団結させる求心体の役割を果たしていた。[22] 特に発刊初期には、日本政府当局を「敵」、あるいは「仇」と規定し、日帝統治の野蛮性と残虐性を暴露する記事や論説、写真を多く掲載しており、国内の『東亜日報』などを批判したりもしていた。

『独立新聞』は、大韓民国臨時政府が中国国民政府について1940年9月重慶へ移った後、1943年6月から重慶において中文版として再刊した。この新聞の原本のほとんどは延世大学校中央図書館に所蔵されており、その一部は独立記念館などに所蔵されている。筆者は1985年10月、独立記念館建立推進委員会の影印版の『独立新聞』を主に活用した。

（2）韓人虐殺関連報道内容の概略的検討

関東大震災当時、独立新聞社社長を務めていた金承学は、後日『亡命客行蹟録』という回顧録を残しているが、そ

〈表〉『独立新聞』報道の関東大震災関連主要記事

日付	類型	記事の大きさ（大・中・小）	題目（主要内容）	備考
1923.9.4（火）	号外	36 × 17cm	「東京を中心にした敵国内の大震災」- 地震・暴風・海嘯・大火が並起して全市が焦土と化した。 • 日本東京一帯の被害ニュースを伝える傍ら、韓人の組織的な武装蜂起、200 余名の韓人の八王子進入説などを無批判的に報道する。	国漢文混用
9.19（水）（164 号）	正規新聞	1 段（大）	「敵地災変について」 • 被害のニュースを伝える。	1 面トップ
		2 段（大）	「敵地の大地震、大火災」 首都と名港が全滅され、驚くべき人命と財産の損害。死傷者 50 万、損害額 50 億。	2 面
		3 段（中）	「在留同胞の動静」 －日本側の流言蜚語をそのまま受け入れて、一部韓人の武装闘争事実を報道し、また一部韓人の殺害された事実を報道。	2 面
		3 段（小）	「我が臨時政府が敵政府へ抗議提出」- 災中韓人虐殺について • 天災地変の禍を韓人に転嫁、軍営に囚禁された韓人 1 万 5 千名、韓人惨殺など抗議。 － 1 万 5 千の韓人釈放、生死者調査公布、韓人虐殺乱徒の厳重懲罰など要求。	3 面
10.13（土）（165 号）		1 段（大）	「敵の罪悪」 • 軍が同胞 1 万 1100 人を別に収容した後、宇田川の河畔で機関銃で射殺、**惨絶屠殺された者 6、7 千人。** **• 殺害された韓人を 6 千～ 7 千人と報道。**	1 面トップ
		2 段（中）	「日本震災と余の辛苦」（呉竹）- 地震当初の光景、火災当時の光景、収容余裕地の訪問、放火の疑いで逮捕、逮捕された同胞の惨景 • 地震当時、東京に留りながら苦労をした呉竹（筆名のようだ―筆者）の虐待された経験と九死に一生の帰還手記。	1 面

		3段（小）	「広告」上海韓人僑民大会執行委員 - 尹琦燮、趙徳津、呂運亨、趙琓九、趙尚燮、李裕弼、金承学	1面
		3段（中）	「凶暴な軍閥の手に大杉栄一家 全滅」	2面
		3段（中）	「敵地災後の彙聞」- 死傷者の総数（死亡者だけで22万余名）、焼失した総戸数、復興院の設置、日本の負債国化、交通機関の損害、図書館損害1億円、郵便貯金3億円が全部消える。土地所有権不明、石川島の造船廃止、災区同胞の消息、敵の官吏輩の醜行、強盗党は労働党。	2面
		3段（小）	「敵の韓人虐殺に対する上海我 僑民大會」 • 10月5日午後8時、三一堂で開かれた僑民報告大会及び決議文を報道。	3面トップ
		4段（小）	「韓人虐殺に関する敵の発表、陰謀的詭弁をもって」 • 軍部の捏造した韓人の放火・井戸への毒入り、略奪・強姦など暴行説を批判。	3面
		2段（中）	「韓人虐殺の彙報」 • 東京と京城の日文及び韓文新聞、通信、中国言論、調査員など各地からのニュースをまとめ、韓人の被害と困窮を報道。	4面トップ
11.10（土） （166号）		2段（中）	「惨死した同胞」 • 我が**同胞数千人**が無実に貴重な命を失ったことを嘆き、日本政府を糾弾する。	1面
		3段（中）	「我が同胞を虐殺した敵の大陰謀の発見――内務当局の悪どい政策によって激憤した民怨を韓人に転嫁。 • 我が**同胞数千人**が虐殺されたとして、その原因を日本当局が日本人の民怨を韓人同胞に転嫁したことに求めて報道する。	1面
		2段（小）	「新聞、通信などを押収する倭総督府の暴行」	2面
		2段（小）	「災時の韓人についての敵外務省の発表」	2面
		3段（小）	「敵が発表した殺害された韓人の総数」-3百数十人	2面

		3段（小）	「敵が騙している所謂韓人犯行数」	2面
		4段（小）	「韓人の所為というが、実は日人の犯行」	2面
		4段（小）	「惨殺事件の自白」－上海の敵の商業会議所から自己政府に建議書を提出。	2面
		1段（中）	「震災時、倭の官民が協同して無実の同胞を惨殺した証拠と真相が暴露」 ・英国人が上海で発行している『字林報』の記事を翻訳して紹介。	4面
		3段（中）	「黒幕の暴露」－自警団暴行と軍警の不法虐殺を報道し糾弾。	4面
		5段（中）	「敵の発表した所謂韓人の暴行」－日本政府が発表した韓人暴行の事実をでっち上げだと批判しながらも各事例を掲載。	4面
11.14（水） 中文版 36号		2段（大）	「震災時日政府虐殺韓僑之大陰謀発見」	1面2段
		2段（大）	「中国人不要受欺！」 ・中国人に日本当局の奸計に騙されないようにと呼び掛ける。	2面2段
12.5（水） （167号）		1段（大）	「1万の犠牲者 !!!」（本社の被虐殺僑日同胞特派調査員 第1信）－悲しい。7千の可憐な同胞が敵地で血の海を成した。 ・各地域別犠牲者の統計を摘示し、合計6661人が殺害されたと捉えて報道。	1面トップ
		3段（中）	「虐殺された同胞のために悽悵痛切の追悼会」	1面
		4段（小）	追悼文	1面
		5段（小）	追悼歌	1面
		3段（小）	「ドイツ人が目睹した韓人惨殺事件」	2面
		3段（小）	「韓人虐殺に対する在米韓友会の蹶起」	2面
		3段（小）	「可殺者 駐日米使が韓人虐殺説 を否定」	2面
		3段（小）	「千葉県で起った韓人虐殺事件」	2面
		4段（小）	「韓人惨殺犯人にわずか懲役5年以下」	2面
		5段（小）	「倭当局の詭譎手段」	2面

		1段（大）	「韓人虐殺に関する日人の評論」－『中央公論』に掲載された吉野作造の論評を紹介。	4面トップ
12.26（水）（168号）		3段（大）	「ブ博士訪問記（上）」－ 韓人大虐殺は真正	1面
		5段（中）	「敵に虐殺された同胞、横浜だけで1万5千人」——総計2万1千6百人余り。 • ドイツ人ブルクハルト博士の証言をもとに韓人2万1600人余りが殺害されたと報道。	2面
		5段（中）	「残極虐極な惨状」	2面
1924.1.1（火）（169号）		3段（中）	「敵の議会に現れた韓人虐殺問題」——議員の質問に対して政府当局は答弁を回避。虐殺の責任が政府にあると。	2面

【典拠】独立記念館建立推進委員会『独立新聞』（影印本）、1985。

の中で彼は当時名古屋の雑誌社に勤めていた韓世復（本名・韓光洙）を東京などへ派遣して、韓人虐殺の真相を把握して報告するように頼んだと述べている。[23] しかし、真相調査活動は「在日本関東地方羅災朝鮮同胞慰問班」の助力によって可能であった。

一方、1923年10月5日、大韓民国臨時政府の主導によって上海居留韓人たちは、虐殺事件を調査して日本の暴悪さを批判し、中国など世界各地にそれを広く知らせるために、『独立新聞』社長金承学をはじめ尹琦燮、呂運亨、趙徳津、趙琬九、李裕弼、趙尙燮の7人を執行委員に選出した。[24] だが、これらの執行委員は実際に日本へ行って真相を調査することはできなかった。『独立新聞』が報道した関東大震災関連記事を簡単に整理すると、〈表1〉のとおりである。

1923年9月4日に発行された号外には非常に注目すべき内容が盛り込まれていた。特に在日韓人200名が武装蜂起などを起こしたというニュースを報道し、「敵国」日本の心臓部の東京で独立運動が展開されることを期待する心情をほのめかしている。当時誤って伝わった話を聞いて掲載したと思われるが、このような素早い報道は、上海で活動していた独立運動家たちの機敏な国内外情勢及び動向の把握と、緊急に対応する活動をよく反映しているものといえる。[25]

『独立新聞』は1923年12月5日付け1面で東京一帯の各地域別

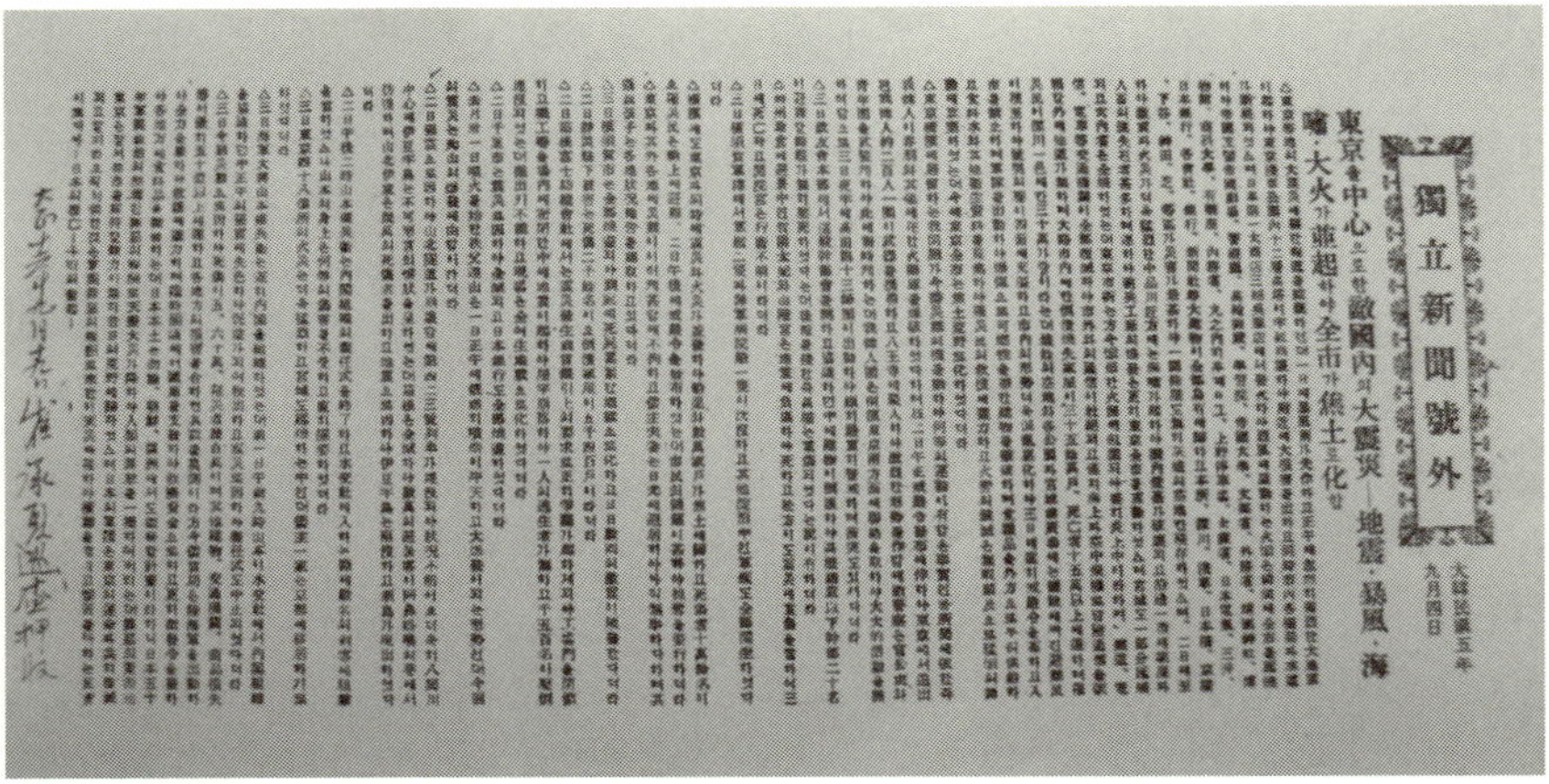
獨立新聞號外

大韓民國五年九月四日

東京을中心으로한敵國內의大震災—地震·暴風·海嘯·大火가並起하야全市가焦土로化함

〈図１〉『独立新聞』号外（1923.9.4）。1923 年 9 月 19 日、崔承烈巡査が押収したと左端に書かれているのが見られる。これによって、独立新聞社から国内へ発送され、朝鮮総督府当局に押収されたことが確認できる。

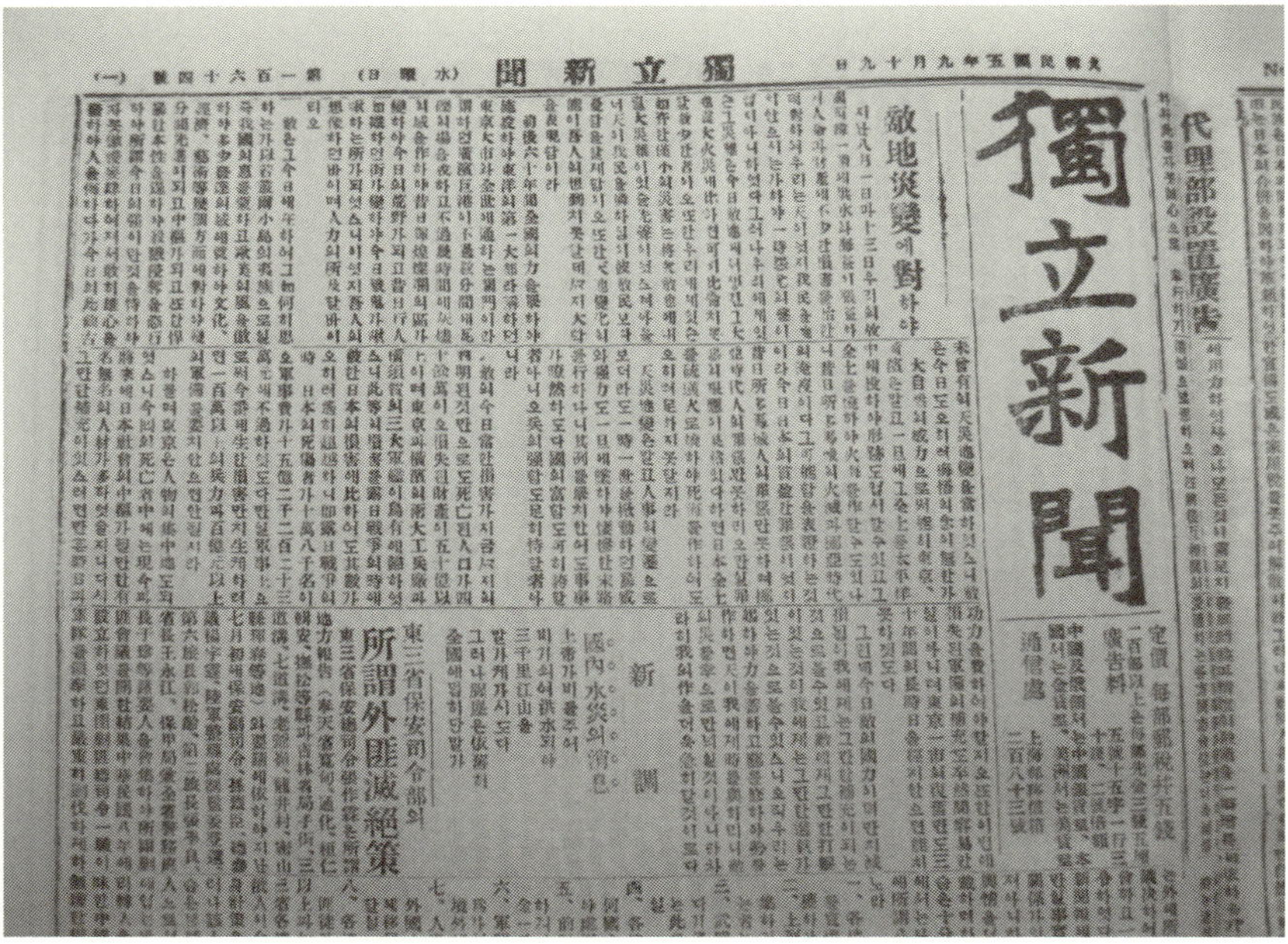
大韓民國五年九月十九日　獨立新聞　（水曜日）　第一百六十四號　（一）

獨立新聞

敵地災變에對하야

代理部設置廣告

國內水災의消息

所謂外匪滅絕策

〈図 2〉『独立新聞』の関東大震災に関する最初の報道記事（1923.9.19）。「敵地災変について」という題で１面トップ記事として大書特筆している。

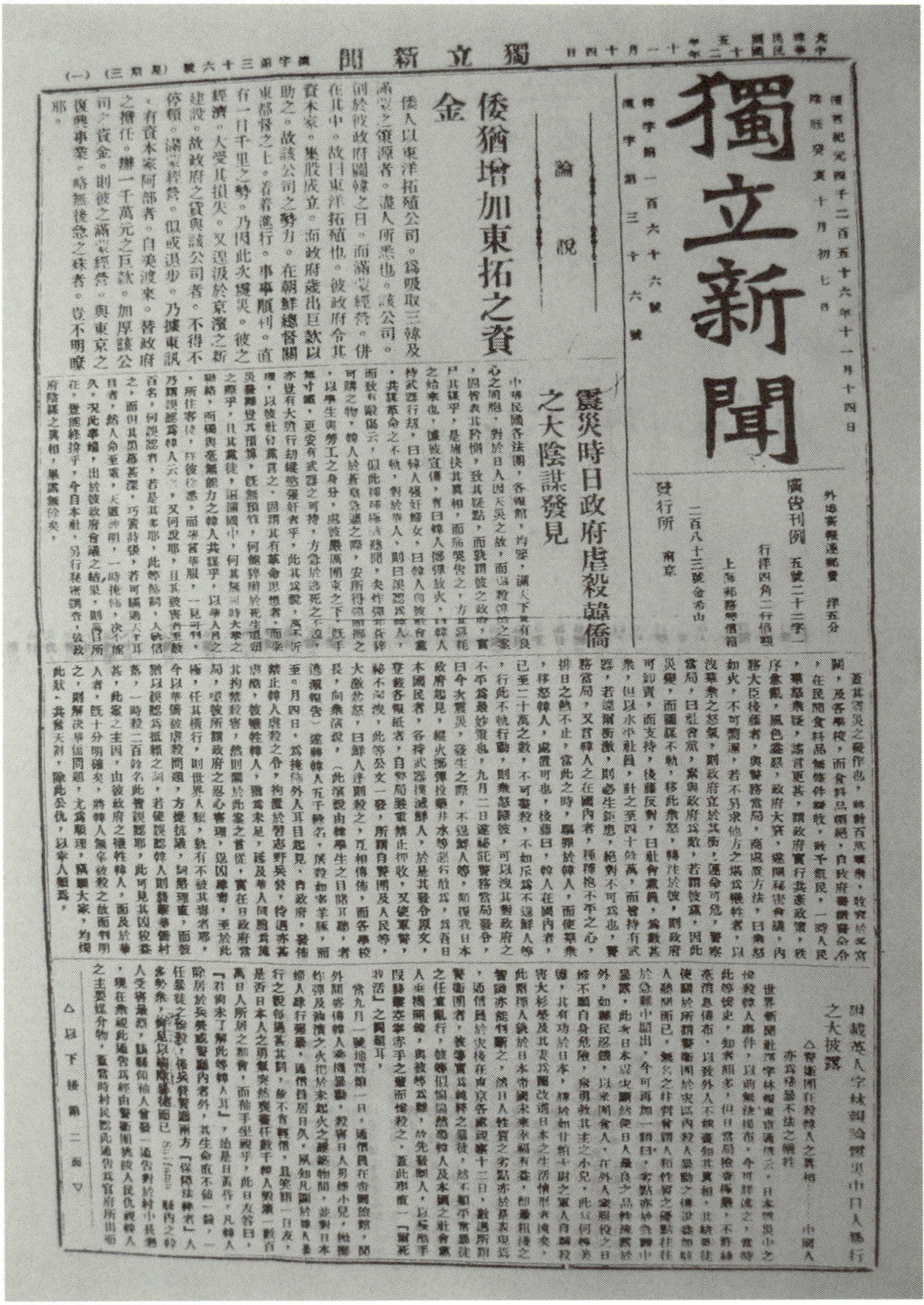

〈図 3〉『独立新聞』中文版の関東大震災報道記事（1923.11.14)。「震災時日政府虐殺韓嶠 之大陰謀発見」という見出しで報道している。2 面には中国人に対する呼び掛け文を掲載して日帝の欺瞞的な宣伝に騙されないよう訴えた。

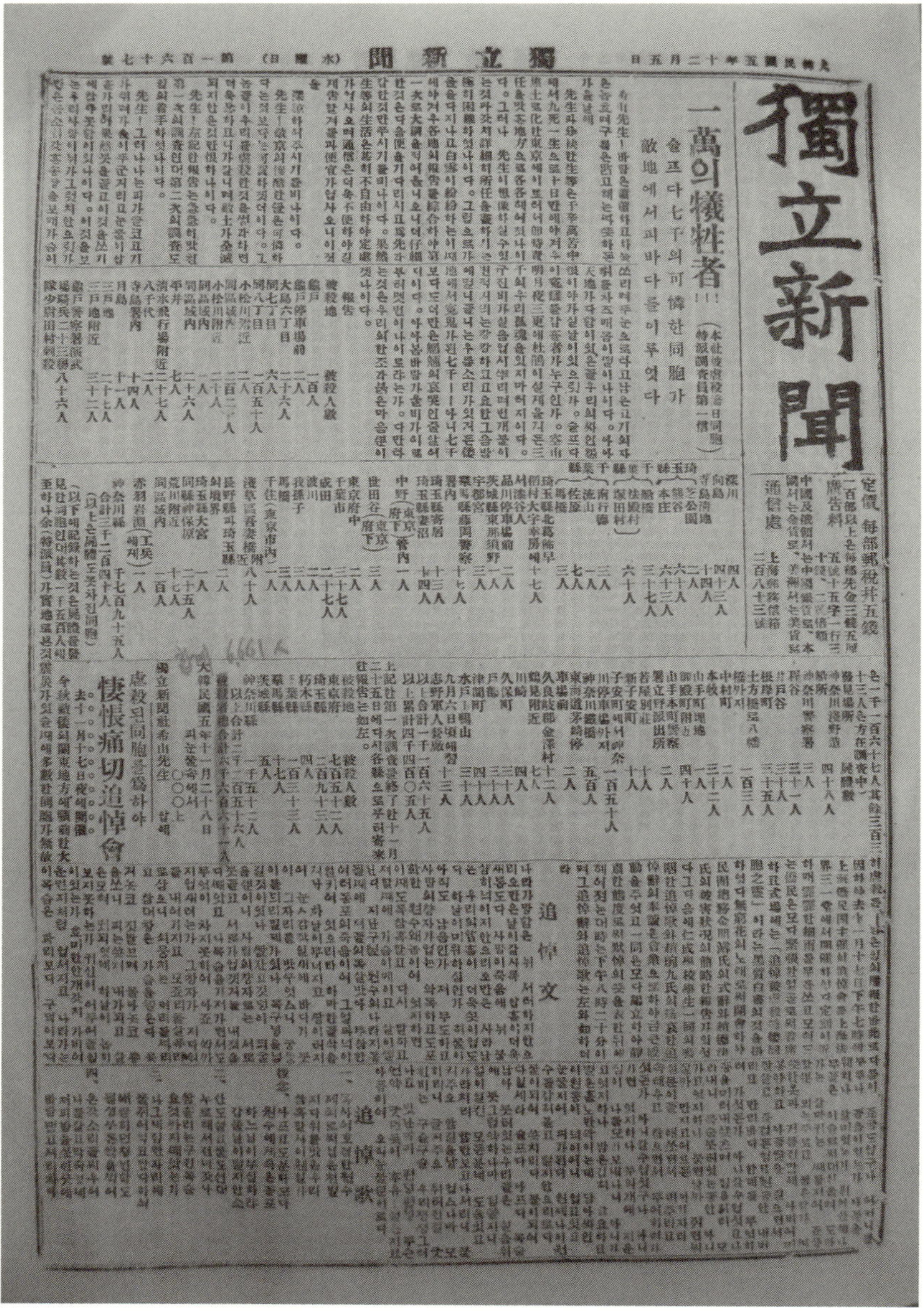
獨立新聞

大韓民國五年十二月五日　獨立新聞　(水曜日)　第一百六十七號

一萬의犧牲者!!!

悽悵痛切追悼會

追悼文

追悼歌

〈図 4〉『独立新聞』に載った関東大震災時の犠牲韓人調査統計及び追悼行事の報道記事(1923.12.5)。追悼文と追悼歌も載っている。

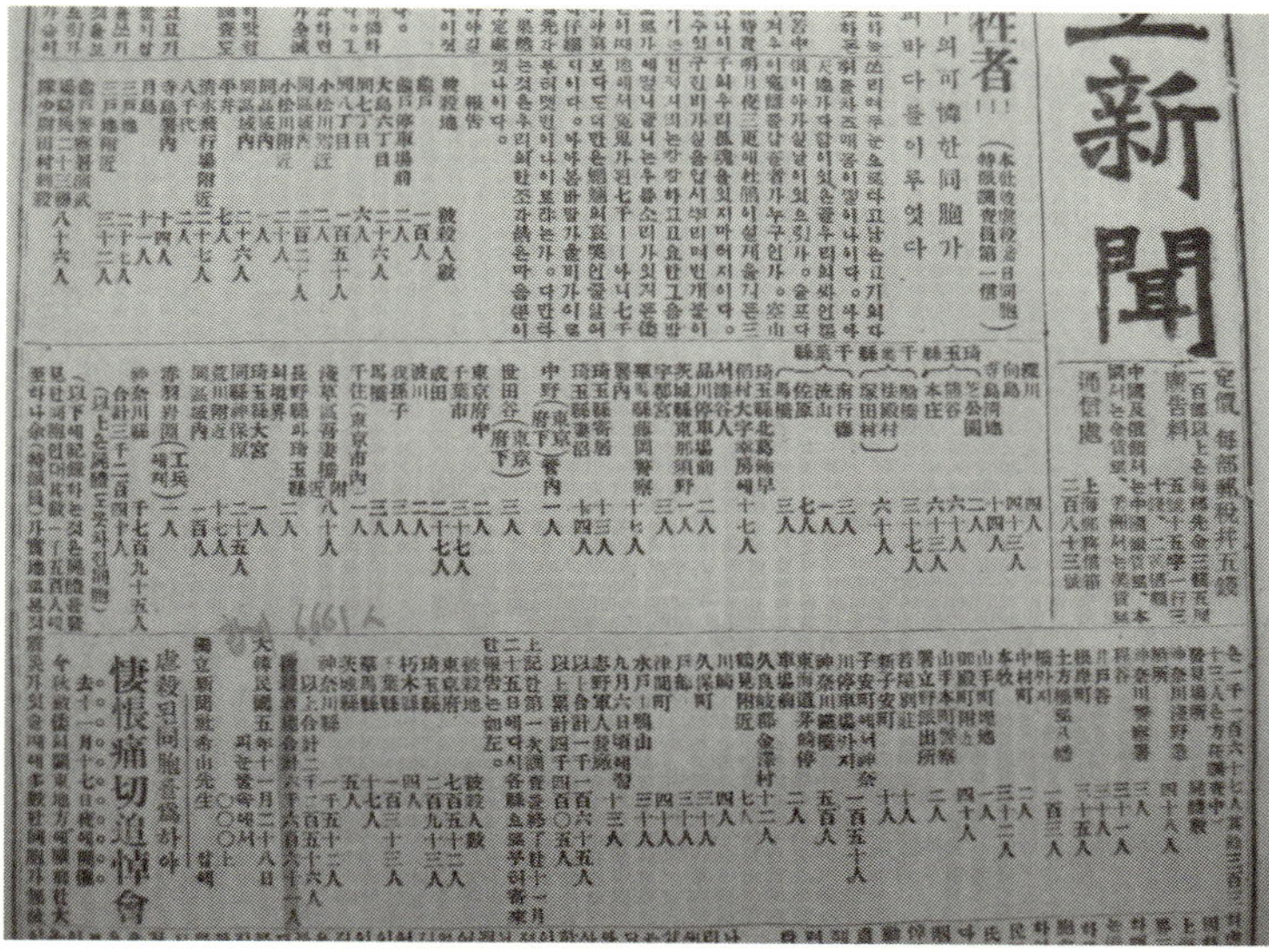

立新聞

牲者!!

悽悵痛切追悼會

〈図５〉『独立新聞』の韓人犠牲者調査統計の報道記事、細部（1923.12.5）。合わせて 6661 名が犠牲となったと捉えられている。

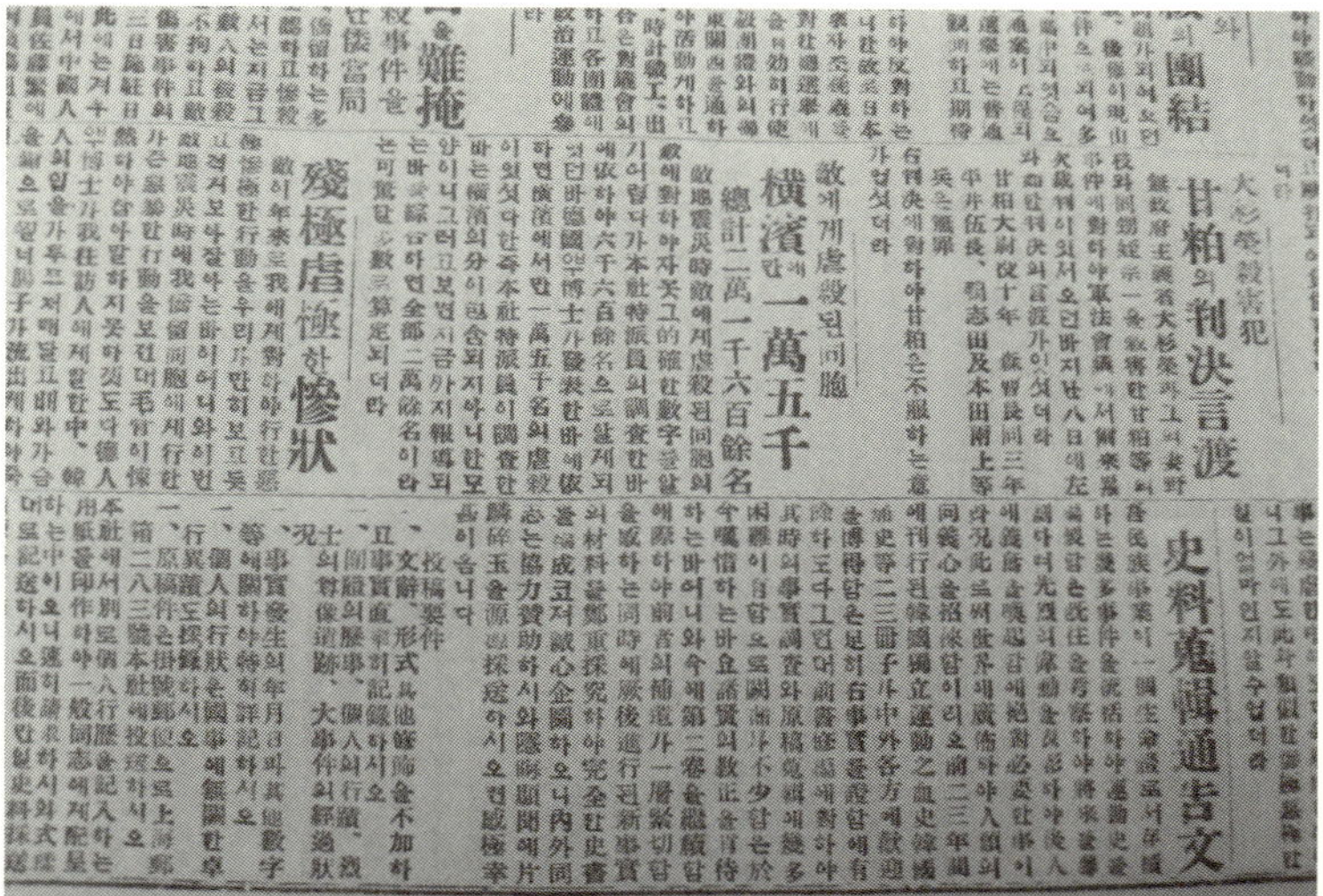

甘粕의判決言渡

史料蒐輯通告文

敵에게虐殺된同胞

横濱만에一萬五千

總計二萬一千六百餘名

殘極虐極한慘狀

難掩

〈図６〉韓人犠牲者を総計２万 1600 余名と報道した『独立新聞』記事（1923.12.26）。「敵に虐殺された同胞、横浜だけで１万５千、総計２万１千６百余名」と報道されている。

調査をもとに、6661人の韓人が殺害されたと報道して大きな衝撃を与えた〈表〉参照)。一方、1923年12月26日付けの記事はもっと衝撃的である。殺害された韓人の総数がおおよそ2万1600人余りに上ると言っているのである。その主要な内容をみると、次のとおりである。

敵に虐殺された同胞が横浜だけで1万5千、総計2万1千6百人余り

敵地の震災時に敵に虐殺された同胞数について、その的確な数字を知ることは難しかったが、本社特派員の調査によると、6千6百余名と明かされた。しかし、独逸人プ博士の発表によると、横浜だけで1万5千名の虐殺があったというもので、本社特派員の調査した人数は、横浜の分が含まれていないようである。そこで今まで報道されたことを総合してみれば、全部2万余名という驚くべき多数となる。(26)

この報道によると、ドイツ人ブルクハルト博士が横浜だけで15000名の虐殺があったと証言しており、それによって、『独立新聞』特派員が調査した6600余名を合算して2万1600余名と捉えたのである。しかし、一部の学者はこの数字について、当時関東地方に住んでいた韓人の規模に比べると多すぎるという意見を示している。(27)したがって、もっと多くの資料を収集して分析する必要があると思われる。だが、北朝鮮学界においてすでに1980年代初に2万3千余名説を定立しているので、(28)この数値を裏付けるべき資料や証言を確保することも大事だと思われる。

一方、『独立新聞』は韓人大虐殺の惨状を目撃し、その事実を積極的に暴露して批判したドイツ人目撃者のブルクハルト博士を訪問し、対談して書いた記事「ブ博士訪問記」を掲載したが、これは当時の惨状をまさに実態として伝えているように思われる。在独留学生の高一清、黄鎮南の訪問を受けたブルクハルト博士は次のように強調していた。

事実に当たって、何も知らない民衆を軍がそのように指導したために、そのような惨劇が生じました。もともと

釈放された３千余名の囚人の中で、日本人は少なくとも韓人の10倍にもなったにもかかわらず、当時横浜で掠奪するものは全部韓人だと軍が民衆を煽動したので、人民はみな韓人がそうしていると叫んでいました。そして、この惨状は私だけが見て聞いただけではなく、日本で発行された英字紙に公報として載ったものがあり、スイス人の友達は私よりもっと詳しく見ていました。[29]

これは虐殺事態の責任が軍など政府当局にあり、日本人が軍の誤った煽動によって韓人虐殺を恣にしたという目撃が真実であると強調している貴重な証言記録といえる。

このように『独立新聞』の韓人（または中国人）虐殺事実に対する数次にわたる積極的な報道を通じた世論形成の活動は、上海を中心にして中国全域へ拡大された。それによって上海において日本に対する世論が悪化し、上海日本商工会議所は11月３日、建議書を上海日本総領事館に提出して日本当局の真相発表と解明を要求した。[30] 中国政府も中国人虐殺の真相を把握するために、日本へ調査団を派遣することにした。[31] また、上海地域の韓人独立運動家や韓人僑民らは、虐殺の真相を世界に知らせるために、国漢文版と中文版、英文版の小冊子を製作して配布することにした。[32] こうして『独立新聞』の上記の報道記事をもとに製作した英文小冊子を１９２４年３月に刊行して、中国はもちろん欧米諸国にも広く配布した。[33] このような措置を通じて、日本における韓人虐殺を国際社会に告発する成果をあげたのである。

筆者がさる２０１３年７月29日、東京での出張調査で会った西崎雅夫は、上述した『独立新聞』（12月５日付け１面）の神奈川韓人虐殺記録はやや誇張されているのではないかという意見を示した。しかし、東京の統計は真相に近いかも知れないと述べた。

以下、『独立新聞』の報道が与えた波及効果とその影響、特に韓国と北朝鮮、日本、アメリカ学界の動向と叙述内容を概略的に検討することにしたい。

3 『東亜日報』・『朝鮮日報』の報道の概観

当時、植民地朝鮮において発行されていた『東亜日報』や『朝鮮日報』、『毎日申報』などは朝鮮総督府と日本本国の強い統制と監視下にあったので、事件発生当初からほとんど報道することができなかった。いわば「民族紙」として出発した『東亜日報』と『朝鮮日報』は散々な目に遭わなければならなかった。関東大震災時の韓人虐殺事件、それに関連した流言蜚語など、いわゆる「不穏言動」関連の報道問題で、この二紙は数百回の記事掲載禁止措置を受けるなどの弾圧を受けなければならなかったのである。

特に、9月1日から11月1日までこの二紙は虐殺事件関連記事の掲載禁止602件、差押措置18回を記録した。[34] もちろん、この時期（1923年9~10月）において、植民地朝鮮の民衆もまた朝鮮総督府警務当局によって日本での韓人虐殺事件に関連した「不穏言動」の疑いで、訓戒放免1156件に1317人、法規違反検挙111件に122人に達するといった酷い弾圧に耐えなければならなかった。[35]

『朝鮮日報』は、地震発生直後の9月8日付けの記事「中途に帰還した留学生」で、「日本の新聞号外において品川で朝鮮同胞数百人を○○（「殺害」と推定されるが、検閲によって削除―筆者）したという記事を見たが、大体我が同胞の消息は知らない」と報道した。[36] 日本政府と朝鮮総督府警務当局の報道統制のもとでも、それなりに読者に虐殺事件の真相を知らせようと努めたことがわかる。

一方、『東亜日報』は9月10~11日付けの記事で「関東大震災が起きて以来、日本各地に在留する韓国人は日本人の蛮行に耐えきれず、あるいは日本政府の帰国命令によって、あるいは災難を避けて続々帰国しているが、去る9月5日からこの日まで1086人が帰国し、その中で東京、横浜から帰ってきた人は74人である」と報道した。[37] 虐殺の真相をろくに報道できないでいたのである。しかし、当時『東亜日報』は朝鮮総督府の強力な報道統制下でもそれなりに関東大震災時の韓人の動向を伝えようと努めた。その主要な記事を例示すると、以下の通りである。

日本浦和地方裁判所において、関東大震災時に埼玉県で韓人を惨殺した自警団員121人に対する判決があった。そのうち18人に対しては実刑が、その他は1年ないし3年の執行猶予が言い渡され、2人は証拠不十分で釈放された[38]。

朝鮮新聞社主催の関東大震災報告会が京城長谷川町公会堂において開催されたが、現地を視察して帰ってきた朝鮮新聞社社会部長の野崎真三は、韓人が暴行をしたとか、団体を組織して建物を破壊し人命を殺傷したとか、井戸に毒を入れたとかなどの話は全く無根の風説だと報告した[39]。

一方、当時『東亜日報』編輯局長を務めていた李相協(1930年代半ば、親日新聞『毎日申報』副社長を務める)は1934年9月号『三千里』に関東大震災時に直接日本へ行って韓人救護や取材活動を行った回想記を残していた。彼は想像を絶する地震の被害と韓人の惨状を現場で目撃したが、そのことを間接的に回想するに留まっている。しかし、それを通じて当時の惨状を間接的ながら把握することができる[40]。

4 韓国学界における関東大震災韓人虐殺問題の研究と叙述

(1) 韓国学界の研究動向

韓国においては、早くから独立運動家や関連人物の組織した団体、金承学の刊行した独立運動史などに韓人虐殺問題が重要視され、相当詳しく述べられていた。特にそれらの団体は、『独立新聞』が報道した記事(1923年12月5日付)をほぼそのまま転載して韓人6661名が虐殺されたと述べている[41]。

盧珠恩によると、朝鮮総督府は関東大震災時の韓人処理問題を、3・1運動によって失墜した総督府の権威を挽回し、次年度の朝鮮予算の削減を防ぐ機会として逆説的に利用したという。その後、朝鮮総督府は結局、震災処理をそれなりに効果的（？）に遂行して、予算や政策方向においても成果をあげたという。(42)

その間、韓国学界は関東大震災時の韓人虐殺問題についてあまり関心を持っていなかった。そのことは韓国史研究の入門書が数回刊行されたが、最近刊行された入門書にはじめてこのテーマを扱った文章が収録されたという事実によって証明される。そこでは「関東大地震時の狂乱の朝鮮人大虐殺」という題でこの問題をまとめているが、韓人らの被害については東京地域だけで3千余名、関東地方全域で6千余名が殺害されたと述べられている。(43)

近年もっとも広く普及している韓国史概説書にも1923年の関東大震災時に日本人自警団が7千余名の韓人を虐殺する蛮行をしでかしたとして、これを「関東大虐殺」とすると述べられており、注目される。(44)

一方、韓国の代表的な歴史事典といえる『韓国民族文化大百科事典』は「関東大虐殺」という項目で次のように述べている。

1923年の日本関東大地震の時、日本の官憲と民間人が韓国人と日本人社会主義者を虐殺した事件。（中略）戒厳令のもとで軍隊や警察を中心に、また朝鮮人暴動の取締令によって各地に組織された自警団によって6千余名の朝鮮人および日本人社会主義者が虐殺された。（中略）日本政府は10月20日、虐殺事件の報道禁止を解除したが、彼らは軍隊や官憲の虐殺はみな隠蔽し、その責任を自警団に転嫁するのに汲々とした。(45)

これは、韓国人と日本人社会主義者を虐殺した事件と定義している点が特徴的である。

独立運動家の子孫が中心になってつくられた団体である殉国先烈遺族会が刊行している月刊紙『殉国』1993年9月号は、「特輯：関東大地震朝鮮人虐殺の真相を明かす」において、3人の専門家の資料の翻訳紹介と論文を掲載し、大きな関心を集めた。(46)また、この雑誌は1997年9月号にも関連論文を掲載して、関心を反映していた。(47)一方、関東大震災時の韓人虐殺問題に関する展示会が光復50周年の1995年8月ソウルで開催されたことがある。(48)今後、韓国と北朝鮮の関係が改善されるとすれば、そこでは韓国・北朝鮮の学界や関連団体、機関などで共同展示会や共同学術会議、共同の連帯活動を通じた真相究明や研究、追慕行事、日本政府に対する責任追及などを推進する必要がある。

今まで韓国学界は関東大震災時韓人虐殺問題についてそれほど大きな関心を持っていなかった。しかし、90周年の2013年9月1日を前後して一時的に関心を引いた。だが、持続的な資料蒐集と研究が切実であるというのが実情である。

（2）最近の高等学校教科書における関東大震災時韓人虐殺に関する叙述

第7次教育課程において施行された「韓国近現代史」という科目と、それにしたがって編纂されて2003年から2012年まで使われた高等学校『韓国近現代史』教科書6種は、分量的な違いはあるものの、すべての教科書で取り上げている。人数についてはほぼ『独立新聞』の殺害数字に基づいて、6千余名の韓人が虐殺されたと述べられている。(49) この中には、日本人の証言を生々しく伝えている教科書もあって、虐殺の真相を学生にありありと伝えようと努めていることがわかる。(50) ところで、一部の教科書には6千~2万余名の韓人が虐殺されたと述べられている。(51) また、「関東大虐殺」という用語を使った教科書もあって、(52) この事件の本質をよく捉えていることを示している。

最近施行された新教育課程において高校1年生の必須科目として指定された韓国史科目に対応して2011年から6種の検認定韓国史教科書が使われている。(53) その中で、関東大震災時韓人虐殺事件について本文で述べている教科書は2種（法文社、志学社）に留まっている。わりと詳しく述べられている志学社の教科書の内容をみると、残念ながら虐殺された韓人数は正確に提示されていないが、日本政府と警察などによって虐殺が主導されたことが明確に述べられている。(54)

また、2012年から高等学校の選択科目として世界で唯一、正規の教育課程で施行されている「東アジア史」という科目の教科書にも、本文ではないが、「主題探究」において関東大震災時の韓人虐殺問題を次のように述べている。その主要な内容を引用してみる。

韓国の被害：1923年、関東地方に地震が発生した。……大混乱の中で「朝鮮人が暴動を起こした」「朝鮮人が井戸に毒をいれた」という根拠のない流言蜚語が広まって、軍隊・警察と民衆が約6700人の韓国人を虐殺した。……政府は「朝鮮人暴動」という流言蜚語を利用して戒厳令を公布し、青年団・在郷軍人会・消防団などで自警団を組織して無実の韓国人を殺害した。——韓日交流の歴史(55)

『独立新聞』が報道した虐殺された韓人数を提示している点が目につく。実は、日本政府が流言蜚語流布の主体と言い得るが、その事実については正確に述べていない。しかし、ほぼ事実に近い叙述をしていると思われる。

5　北朝鮮学界の関東大震災関連叙述

北朝鮮学界では、1960年代初から韓人虐殺問題に関心をもって、持続的に研究を進めてきていたことが確認できる(56)。特に、北朝鮮歴史学界は早くから関東大震災時「集団的」韓人虐殺が最初から最後まで日本政府によって計画され、組織的に行われたと捉えていた。そして、集団的に虐殺された韓人は数万人に達すると認識していた(57)。このような傾向は、日本において1950年代から在日同胞が北朝鮮へ送られて、かなりの人々が北朝鮮に居住しはじめたので、早くからこの問題に関心をもつようになったのではないかと推測される。北朝鮮の『歴史事典』は「関東大地震時朝鮮人虐殺事件」という項目をもうけて、かなり詳しい説明をしている。その主要な内容は、次のようなものである。

1923年、関東大地震の時、日本帝国主義者らが日本へ引っ立てられてきた朝鮮人を集団的に虐殺した事件。

（中略）その時、日本の反動政府は大地震が発生すると、何の救護対策も立てない政府に不満だった日本人民の耳目を他のところに向けさせるために、在日朝鮮人に対する虐殺蛮行をほしいままにした。（中略）朝鮮総督府政務総監を務めた際、朝鮮人民を野獣的に弾圧虐殺していた日帝内務相水野練太郎という奴は、朝鮮人を虐殺することを全国に指示した。これにしたがって、軍隊、憲兵、警察、テロ団、自警団などは狼の群れのように飛びかかり、無実の在日朝鮮人を老若男女問わず手当たり次第に惨く虐殺した。（中略）この事件によって虐殺された朝鮮人民数は、東京だけでも１９２３年9月1日から9月18日まで６１６１人に上った。[58]

この『歴史事典』は韓日両国の学界で本格的な研究が始まる前の１９７１年に刊行されたが、事実を正確に述べていることがわかる。ただ触れている虐殺された朝鮮人数の６１６１人は『独立新聞』の記事に出てくる６６６１人の錯誤と推定される。

１９８０年代初、いわゆる主体史観によって新しく書かれた『朝鮮全史』の「年表」には「日本関東地方で大地震、関東大地震時に日帝が朝鮮人を2万3千人を虐殺、日帝が関東大地震以後、朝鮮人虐殺の罪が暴露されることを防ぐために、悪法「流言蜚語取締令」を公布」と記述されている。[59]今まで刊行された刊行物の中でももっとも多い犠牲者数を提示した最初の文献ではないかと思われる。どんな資料を根拠にしているかが気になるところである。『独立新聞』（１９２３年12月26日付け）が報道した最大被害者数の2万１６００余名に近い数字という点からして、この新聞の影響ではないかと推測される。

この本はまた、「日帝が9月1日から11月11日まで関東大地震時の朝鮮人大虐殺の蛮行を覆うため、18回にわたって『東亜日報』や『朝鮮日報』など朝鮮の中の新聞配布を禁止」したと述べ、国内言論弾圧の実相も明らかにしている。[60]

また、近年北朝鮮で出版された代表的な百科事典では、「関東大地震時朝鮮人虐殺事件」という項目に詳しく記述されていることが注目される。[61]在日韓人虐殺の主体を日帝、即ち日本政府と明確に述べており、虐殺された韓人数を

『朝鮮全史』と同様に2万3千余名と述べている点が異色である。

以上のことから、北朝鮮学界は1970年代初まで「朝鮮人」6千余名が虐殺されたと捉えていたが、1980年代から2万3千余名が虐殺されたとまとめていることがわかる。

6 日本とアメリカ学界の動向

(1) 日本学界の動向

日本では早く1963年に姜徳相と松尾尊兊によって関東大震災時に犠牲となった韓人問題についての学術的な問題提起があった。[62] その後、日本学界では関東大震災時「朝鮮人」虐殺問題に関して2000年代初めまで多数の著作が刊行されたが、最近は注目すべき研究書や資料集があまり出ていない状況だといえる。[63] 2003年、関東大震災80周年の年に日本で開かれた記念行事に参加した研究者の参加記録があって、当時の日本学界と市民社会の動向を知ることができる。[64]

一方、日本の代表的な日本史辞典には次のように述べられている。「震災の混乱の中で流言が発生し、不安に震えていた人々が自警団を結成して朝鮮人を虐殺した。その数は6000人に上ったという」[65]。軍隊や警察など虐殺の主体をはっきりと述べてはいないが、虐殺された朝鮮人数を6千人と把握していることが確認できる。

しかし、日本にはこのように真実を明かす良心的な著作物だけがあるのではない。最近、工藤美代子は、関東大震災時「朝鮮人」虐殺問題に誇張、歪曲した内容が多いと批判する研究書を刊行して、物議を醸した。[66] 日本人の「朝鮮人虐殺事件」を問題視することそのものを「自虐の原点」と見なしていて、問題となっているのである。[67]

一方、日本の言論は、2013年9月1日を前後して関東大震災90周年特集記事を多く掲載したが、「朝鮮人虐殺」問題に関心をもって報道したメディアは、筆者の知る限り、毎日新聞がほとんど唯一である。[68]

日本軍と警察、自警団に数千人の韓人が虐殺された悲劇の発端となった関東大震災が起きてから90年が経った。しかし、日本政府は真相究明に取り組んでいないし、犠牲者の身元も責任の所在も明らかにしていない。韓国政府もこの事件に対する真相究明と謝罪を日本に要求したことが全くない。

ところで、最近日本の保守勢力は、韓人虐殺の歴史を隠し消すのに汲々する動きを見せていて、問題となっている。特に、最近、東京都教育委員会は、高校日本史の副読本『江戸から東京へ』に載せた「関東大震災朝鮮人犠牲者追悼碑」についての説明文で「大震災の混乱の中で数多くの朝鮮人が虐殺された」と述べられていたのを、2013年版では「碑には、大震災の混乱のなかで、「朝鮮人が尊い生命を奪われました」と書かれている」と書き換えた。(69) 韓人がなぜ、どのように犠牲になったかを分かりにくく改悪したのである。また、横浜市教育委員会は、中学生用副教材『わかるヨコハマ』2013年版で、関東大震災時「軍隊や警察などが朝鮮人に対する迫害や虐殺を恣にし、中国人を殺傷した」(2012年版)という文章から、軍隊や警察が関与したという部分を削除し、「虐殺」を「殺害」に変えた。(70) こうしたことからしても、日本の韓人虐殺関連事実の隠蔽や歪曲に対する積極的な研究と対応が必要である。

(2) アメリカ学界の動向

1941年、アメリカにおいて英文で出版され、韓民族の独立運動と中国革命の真相を全世界に広く知らせた不朽の名作『アリランの歌(Song of Ariirang – A Korean Communist in the Chinese Revolution)』にも関東大震災時の韓人虐殺関連内容が比較的詳細に叙述されている。この本の口述の主人公の金山(本名、張志楽)はその時6千人の韓人が虐殺されたが、この中に千人の学生が含まれていたといった。(71) また、この本は600人の中国人も虐殺されたと述べていて、(72) 日本の軍警や民間人が犯した残酷な蛮行を比較的実相に近く告発している。おそらく金山は『独立新聞』などに報道された記事をみたか、あるいはそれに基づいた同僚の独立運動家の伝聞を聞いて、このように回顧したものと推定される。日帝強占期に関東大震災時の韓人虐殺関連事実をほぼ真相に近く欧米の外国人に広く知らせたものとしては、ほとんど唯一ではないだろうか。(73)

一方、アメリカ学界においても関東大震災時の韓人虐殺問題を研究した成果が出ていて、今後、この問題に関する国際的研究成果の広まりが非常に注目される。代表的にソニア・ヤンの2003年度論文と、李ジニの2004年イリノイ大学博士論文、および2013年の論文を挙げることができる。

2011年3月11日に発生した東日本大震災の影響で最近アメリカ学界においても関東大震災関連研究が新たに注目されている。韓人虐殺問題を扱ってはいないが、関東大震災をテーマにした研究書2冊が出版された(74)。

7 2013年における関連学術会議の動向

2013年、韓国と日本では、関東大震災時の韓人虐殺事件に関連した国際学術会議やセミナーが三回開かれた。すなわち、韓国国会において劉基洪議員室主催の「関東朝鮮人虐殺事件問題解決のための国会討論会」(6月19日)、東北亜歴史財団主催の「関東大地震と朝鮮人虐殺事件」国際学術会議(8月22日~23日)、日本の立命館大学において独立記念館韓国独立運動史研究所と立命館大学コリア研究センター共同主催の「関東大震災韓人虐殺90年韓日共同学術会議」(9月7日)が開かれたのである。

韓国国会のセミナー「関東朝鮮人虐殺事件の問題解決のための国会討論会:虐殺・隠蔽・歪曲の90年、いま国家が乗り出すべきだ(75)」は、学術会議というよりは同事件に対してあまりにも無関心だった韓国政府や学界、関連機関、市民の関心を促すために開かれた緊急討論会の性格をもっていた。このセミナーで、日本団体代表の西崎雅夫が2009年5月、現地調査に基づいて作成した朝鮮人犠牲者名簿には、「姜良順の他に6名、9月3日、墨田区で日本刀・手鉤などで全員殺害(法務部・新聞・警視庁資料)」など、東京、千葉などで殺害された朝鮮人115名と負傷者12名の名前と年齢、殺害場所、典拠などが示されていて、大きな関心を引いた(76)。

これをきっかけにして、韓国国会の劉基洪議員、「国会正しい歴史教育のための議員会」は「韓日在日市民連帯(77)」と共同で「関東朝鮮人虐殺事件の真相究明のための特別法」をつくって9月定期国会において発議する予定だったが、それがそのまま貫徹されるかどうか、見守る必要がある。

一方、東北亜歴史財団は8月22日（木）から23日（金）まで同財団において関東大震災90年韓日学術会議「関東大地震と朝鮮人虐殺事件」というテーマで韓日両国の学者が参加した学術会議を開催した。[78]

この学術会議で姜孝淑（圓光大学）は、「日本政府の関東大震災朝鮮人虐殺問題事後処理」という題の発表において、ドイツ外務省の資料に基づいて当時虐殺された朝鮮人は23058名と明らかにして、注目を集めた。今まで韓日両国によって公式化された人数は『独立新聞』に報道された6661名であった。

徐鍾珍（東北亜歴史財団）は、最近検定を通過した日本の小・中・高校の歴史教科書を調べてみると、関東大震災時の韓人虐殺に関連して犠牲者数を具体的に示した教科書は7種から5種へ減り、虐殺主体を日本の軍警と自警団と明確に記述した教科書は15種から14種へ減っていて、問題だと指摘した。[79] 一方、日本の田中正敬教授は、教育出版、日本文教出版、清水書院の刊行した中学校歴史教科書は、虐殺主体として自警団、軍隊、警察を明記したが、[80] 韓人の被害については「多くの（または数千人の）朝鮮人や中国人が**殺害され**、また朝鮮人に誤解されて**殺害された**日本人と中国人もいた（強調は筆者）」といったような曖昧な表現を使っている教科書もあることを明らかにした。[81] ここでは「虐殺」を「殺害」に変えた点が非常に注目される。このような用語の変更は、最近検定を通過した高校の教科書2種（明成社『日本史B』と山川出版社『日本史A』・『日本史B』）にも見られる問題である。[82]

独立記念館韓国独立運動史研究所と立命館大学の共同主催の学術会議では6本の論文が発表された。この中では李明花と洪善杓の発表が注目される。関東大震災に対する韓国の独立運動界と欧米の韓人勢力の対応を考察したものである。[83]

8 結論——当面の課題と展望

90年前、関東大震災の大混乱、偏見と差別、日本当局の使嗾の中で発生した在日韓人虐殺事件を我々は本当に記憶しているのだろうか。記憶していれば、どのように記憶しているのか、その実相と意味、今日に与える教訓や正しい継承の方案について模索しなければならない。関東大震災は在日韓人に対する民族差別から生まれた日帝時代の最大の受難史といえる。今まで日本で進められてきた関連の研究や歴史教育、市民運動について確認し、さらに韓国学界の研究や歴史教育、市民運動を通じて関東大震災時の韓人虐殺についての真相究明と問題点、未解決の課題の解決方案を模索する必要がある。同問題について日本政府にその真相究明を要求するための基礎資料の収集や体系的な研究も急がなければならない。2013年11月中旬、韓国の国家記録院が公開した「日本震災時被殺者名簿」によって219名の韓人の名簿が新たに確認された。[84]これから本格的な調査と研究を進めなければならない。

関東大震災の発生直後、日本当局は戒厳令を宣布して、日本国民を強力に統制する傍ら、言論報道も統制した。このため、日本当局と軍警、自警団などの民間人が犯した韓人虐殺の真相は正しく把握できなかったし、国内外に知られなかった。

このような厳しい条件の下、『独立新聞』の特派員や日本で活動していた韓人団体の調査を基にした『独立新聞』の関東大震災韓人虐殺問題に関する比較的正確な報道、即ち韓人6661名虐殺説の説得力が大きかったので、それが広く受け入れられた事実を確認した。もちろん、限界もあったが、現在の韓国・北朝鮮および日本の学界、教育界においてはこの記事を根拠に大体6千名ないし7千名の在日韓人が犠牲になったと見ている。事件当時、日本政府と朝鮮総督府が真相を歪曲し隠蔽したため、正確な統計すらもない状況の中、『独立新聞』の関連報道が大きな影響を及ぼした点が検証されたのである。最近、日本ではこのような根拠すらも無視し、韓人虐殺の蛮行を誤魔化し、歪曲しようとする一連の修正主義の動向が台頭している。実に憂慮すべき状況といわざるを得ない。

北朝鮮では早くから6千余名虐殺説を立てていたが、1980年代初からは2万3千名が虐殺されたという立場をとっているという事実を確認した。では、上海版『独立新聞』1923年12月5日付の犠牲者数6661名をどのように考えるべきか。姜徳相は、1999年、韓国の『歴史批評』掲載論文で、当時関東地方に約2万人の韓人が住んでいたが、震災後、日本の官憲がすべての朝鮮人を強制収用した時、その数は1万1千人だったという。その差の9千人がみな殺されたと見ることはできないが、6千6百名という数字がとんでもないものではないと述べた。[85]したがって信憑性が高いと評価できる。また、この新聞は、1923年12月26日付（168号）において、ドイツ人目撃者の証言をもとに2万1600余名の韓人が虐殺されたと報道していた。これから我らがやるべきことは、虐殺された人々の身元を確認した上、真相と責任の所在を糾明し、その教訓を今日に生かすことだといえる。また、その事件をどのように記憶し、追慕するかについての模索も切実である。

近来、日本社会が全般的に右傾化し、ナショナリズムが高まっているのは事実であるが、他方でこのような流れに対して批判的な（あるいは良心的な）市民や民間団体（NGO・NPO）、学者などがそれなりに声をあげている。したがって彼らとの緊密な協調を通じて問題を解決する努力も必要だと思われる。

当面は難しいと思われるが、今後北朝鮮との関係が改善されるならば、韓人虐殺事件に関する共同研究や教育、資料集の刊行、共同展示会、学術会議、追慕行事、日本政府に対する共同対応などの多様な協力の方案を講じる必要がある。このことを通じて韓国・北朝鮮の学界の異見を解消することもできよう。また、今後、中国および日本、欧米の学界との共同研究も模索する必要がある。

これからも韓国学界が明らかにせねばならない宿題は山積している。しっかりした基礎研究をもとにして虐殺の真相究明および責任所在の糾明のために関連の政府機関や団体、学界、教育界、市民団体、言論などとの有機的な協力と緊密なネットワークの構築を通じて、多様な交流と協力、対策を講じなければならない。持続的な関心と資料収集、研究、対応活動が要求されている。

注

（1）関東大震災は1923年9月1日、マグニチュード7・9の大規模な地震であった。この地震によって、死亡者10万5千余名、負傷者11万千余名の大きな被害が生じたことが知られている。この地震により民心恟恟となると、内務省は戒厳令を宣布して事態の収拾に取り組んだ。だが混乱が深まると、日本国民の不満を韓人や一部の社会主義者へ向けさせるために、彼らが暴動を起こしたなどの流言飛語を組織的に流布して事態をさらに悪化させた（姜徳相『虐殺の記憶、関東大地震』歴史批評社、2005、27～33頁／山田昭次著、李真姫訳『関東大地震朝鮮人虐殺に対する日本国家と民衆の責任』論衡、2008、100～118頁／金仁徳「関東大地震と朝鮮人虐殺事件」『韓国独立運動史事典（運動・団体編）』3、独立紀念館、2004、308～311頁）。

（2）筆者は「韓人」という名称を主に使いたいと思う。その理由は、大韓民国臨時政府やその機関紙ともいえる『独立新聞』で「韓人」という用語を使っているためである。しかし、「在日朝鮮人」など、日本では「朝鮮人」という用語を慣例的に使う事例が多いので、場合によっては「朝鮮人」と表記する。

（3）災害教訓の継承に関する専門調査会編『1923関東大震災』第1編、東京：中央防災会議、2006。

（4）姜徳相・琴秉洞編『現代史資料 6：関東大震災と朝鮮人』東京：みすず書房、1963／姜徳相『関東大震災・虐殺の記憶』東京：青丘文化社、2003／琴秉洞編『関東大震災朝鮮人虐殺問題関係史料』2（朝鮮人虐殺関連官庁史料）東京：緑陰書房、1991／山田昭次編・解説『朝鮮人虐殺関連新聞報道史料』東京：緑陰書房、2004。

（5）姜徳相「1923年関東大震災大虐殺の真相」『歴史批評』45（1998）／姜徳相「関東大震災朝鮮人虐殺をみる新しい視角――日本側の「3大テロ事件」史観の誤謬」『歴史批評』47（1999）。

（6）姜徳相著、洪真姫訳『朝鮮人の死』トンチョクナラ、1995／洪真姫『関東報告書：関東大震災朝鮮人虐殺』ナムワスップ、1998。

（7）姜徳相、『虐殺の記憶、関東大地震』、歴史批評社、2005。

（8）山田昭次著、李真姫訳『関東大地震朝鮮人虐殺に対する日本国家と民衆の責任』論衡、2008。

（9）ただ、吉野作造は、著書『圧迫と虐殺』で2613名、中国上海の大韓民国臨時政府の機関紙『独立新聞』（1923年12月5日付）は6661名と把握している。反面、朝鮮総督府警務局は、最初は2名、後には813名とまとめており、日本の新聞は400余名と推算した（金仁徳、前掲論文、310頁および「関東大地震韓人虐殺 国際社会も憤怒した」、独立紀念館ホームページ「お知らせ」の「学術会議報道資料」参照、2013年9月9日検索）。

（10）山田昭次「関東大震災期朝鮮人暴動流言をめぐる地方新聞と民衆――中間報告として」『在日朝鮮人史研究』5（1979）、在日朝鮮人運動史研究会／李妍「関東大地震と言論統制――朝鮮人虐殺事件と報道統制を中心に」『言論学報』

27（1992）参照。
(11) 申載洪「関東大地震と韓国人大虐殺」『史学研究』38（1984）、韓国史学会／李真姫「関東大地震を追悼する：日本帝国の「不逞鮮人」と追悼の政治学」『亜細亜研究』131（2008）、高麗大学校亜細亜問題研究所／朴京夏「1920年代における一朝鮮青年の求職及び日常生活についての一考察――「晋判鈺日記」（1918～1947）を中心に」『歴史民俗学』31（2009）などを挙げることができる。
(12) 李炯植「中間内閣時代（1922.6-1924.7）の朝鮮総督府」『東洋史学研究』113（2010）、東洋史学会／盧珠恩「関東大地震と朝鮮総督府の在日朝鮮人政策――総督府の「震災処理」過程を中心に」『韓日民族問題研究』12（2007）／盧珠恩「関東大地震朝鮮人虐殺研究の成果と課題：関東大地震85周年に際して」『学林』29（2008）、延世大学校史学研究会。
(13) 盧珠恩「東アジア近代史の「空白」――関東大地震時期における朝鮮人虐殺研究」『歴史批評』104（2013.8）、歴史問題研究所、233～235頁。
(14) 李志炯「正宗白鳥『人を殺したが』の風景――殺人の想い出、そして関東大地震」『日本文化研究』10（2004）、東アジア日本学会／李志炯「関東大地震と島崎藤村――『子に送る手紙』を中心に」『日本文化研究』13（2005）／成海濬「日帝期における韓国新聞を通じてみた大杉栄」『日本文化研究』24（2007）／曺慶淑「芥川龍之介と関東大地震」『韓国日本学連合会　第6回学術大会発表文集』（2008）／金興植「関東大地震と韓国文学」『韓国現代文学研究』29（2009）／金志妍「竹久夢二と関東大地震、そして朝鮮――絵画と思想性」『アジア文化研究』21（2011）、嘉泉大学アジア文化研究所／富山一郎「戒厳令について――関東大震災を想起するということ」『日本批評』7（2012）、ソウル大学校日本研究所／黄鎬徳「災難と隣、関東大地震から福島まで――植民地と収容所、金東換の叙事詩『国境の夜』と『昇天する青春』を手がかりに」『日本批評』7（2012）。
(15) 盧珠恩、前掲論文（2007）、6頁。
(16) 張世胤「韓国言論に報道された関東大地震時の韓人虐殺――《独立新聞》を中心に」『関東大地震と朝鮮人虐殺事件』、東北亜歴史財団学術会議発表論文集（2013.8.20）、163～167頁。
(17) 『朝鮮日報』2013年8月30日付1・10・11面。朝鮮日報は2013年8月30～31日付で「関東大虐殺90年」という特輯記事を全面に報道し、31日付で「日本は歪曲し、韓国は知ろうとしない「関東大虐殺」」という社説を載せて、国民一般や政府の関心を促した。他のメディアもまた8月末から9月初にかけて、この問題に関する記事を多く掲載して、大きな関心を示した。
(18) 鄭晋錫「上海版独立新聞に関する研究」『汕耘史学』4（1990）、汕耘史学会／趙凡来「独立新聞（2）」『韓国独立運動史事典（運動・団体編）』4、独立紀念館、2004、235頁。日帝からけしかけられたフランス租界当局の弾圧によって『独立』の発行を中止し、独立新聞と題号を変えるようになったという（李延馥「大韓民国臨時政府と社会文化運動――独立新聞の社説の分析」『史学研究』37、1983、199頁）。

(19) 趙凡来、上掲論文、237頁。

(20) 崔起栄「上海版《独立新聞》の発刊と運営」『大韓民国臨時政府樹立80周年紀念論文集』下、国家報勳処、1999、400頁。

(21) 崔起栄、上掲論文、397頁。

(22) 金喜坤『大韓民国臨時政府 1―上海時期』独立紀念館、2008、135～138頁。

(23) 金承学「亡命客行蹟録」『韓國独立運動史研究』12（1998）、独立紀念館韓国独立運動史研究所、431～432頁。

(24) 「敵の韓人虐殺に対する上海我僑民大会」『独立新聞』(1923.10.13)／「上海僑民大会で虐殺事件調査」『新韓民報』(1923.12.13)。

(25) 以下、その主要な内容を簡単に紹介する。「東京横浜に居留する我が同胞が、今回の災難の機に乗じて何らかの運動があったことは事実であって、噂によれば、我が韓人が赤羽やその他にある火薬庫を爆破したといわれ、また2日正午、戒厳令の発布によって東京から追い出された我が韓人2百人の一団が武器を携帯して八王寺に乱入して激烈な形勢をつくるに当たって、敵の警察は官公吏や青年団をして武装させ、それに対峙させたが、我が韓人団は横浜、東京に連絡をとって、大々的な活動を始めようとしたので、3日夜中、高田第13師団が出動して頗る厳しく警戒して衝突もあったという。」（『独立新聞』号外、1923年9月3日発行）

(26) 『独立新聞』1923年12月26日（168号）2面。

(27) 独立紀念館の尹素英研究委員は、当時関東地方に住んでいた韓人が2～3万人余りだったので、2万1600人余り、あるいは2万3千人余りは多すぎる数字ではないかという見解を示した（2013年9月14日の電話インタビュー）。

(28) 『朝鮮全史』年表、平壌：科学百科事典出版社、1983、478頁。

(29) 『独立新聞』1923年12月26日（168号）1面。

(30) 「惨殺事件の自白――上海における敵の商工会議所から自国政府に建議書を提出」『独立新聞』1923年11月10日（166号）2面。

(31) 「華僑虐殺に対する中国の厳重交渉」『独立新聞』1923年12月5日（167号）2面。

(32) 「広告」『独立新聞』1923年10月13日（166号）1面。

(33) 「在広東総領事天羽英二が外務大臣男爵松井慶四郎に送る公文、日本ニ於ケル朝鮮人虐殺ト題スル小冊子送付ノ件［機密公文第66号（1924.5.31)］」／李明花「関東大震災と韓国独立運動」『関東大震災朝鮮人虐殺から90年――国家暴力と植民地主義を超えて』（関東大震災90周年国際シンポジウム）、独立紀念館韓国独立運動史研究所・立命館大学コリア研究センター共同開催、109～110頁から再引用。韓文・漢文本と中文本が製作され配布されたかどうかについては確認できない。

(34) 朝鮮総督府警務局『朝鮮の治安状況』（1923）／金

興植「関東大地震と韓国文学」『韓国現代文学研究』29（２００９）、１８１頁から再引用。

(35) 金興植、上掲論文（２００９）、１８１頁。

(36)『朝鮮日報』２０１３年8月30日A10面。

(37)『東亜日報』１９２３年9月10日・11日・13日・14日（国史編纂委員会、韓国史データベース http://db.history.go.kr）参照。

(38)『東亜日報』１９２３年11月30日／国史編纂委員会、韓国史データベース http://db.history.go.kr（検索：２０１３年9月6日）

(39)『東亜日報』１９２３年9月27日／国史編纂委員会、韓国史データベース http://db.history.go.kr（検索：同右）

(40)「〈突然の飛報〉9月1日、突然東京に大きな地震が起って、関東一帯――東京、横浜、鎌倉はいうまでもなく、その付近全部――が実に瞬時に焦土と化したという飛報がソウルに飛んできたのはその日の午後であった。最初は、電信電話が全部破損されて、無線電線でその惨状が辛うじて世に知らされた。（中略）その日、私は東亜日報編集局室にいたが、この電文を受け取って他の同僚とともに頗る驚いた。そこで新聞社で真っ先に初号活字を使って号外を出した。そして後報を待っていた。その時、我らの心理を支配したのは、東京が火に包まれているが、その中の白衣の同胞の生死はどうなっているのか、朝鮮各地から渡っていった数万の留学生はどうなっており、父母妻子を放っておいて労働しに行った労働者の運命はどうなっているかということであった。その当時は、数百万人が死んだだろうと推測する声が高かっただけ、死傷者ができたならば、その中に朝鮮人がいないだろうか、また幸にして命は保ったとしても、身ひとつで避難しただろうに、これから何を着、何を食べて生きていくだろうかという心配であった。ここに我らがすべきことがある。それは彼らを救うべき方策をたてることであった。〈直接現場へ〉そこで幹部会議の挙げ句、まず東京の震災現場へ人を派遣することにしたが、そんな危険なところに人を行かせるのはなんなので、私が行くことに決め、9月6日朝、京釜線列車で南大門駅を出発した。震災の後は、人心恟恟であった。しかも、子女の生死や夫の生死を心配する朝鮮の数万の家族は、新聞社に手紙を送り、時たまは自ら玄海灘を渡った。このように遺族の数が次第に増えていくと、警察は危険地帯の現場に入れるのを防いだ。平安道、咸境道から子女の安否を知りにわざわざ釜山まできて、追い払われた人々はどんなに多かっただろうか。関東一帯にはやがて戒厳令が発布された。恐ろしい限りであった。こんな空気の中で、単身で人の目を避けながら東京行きを決心したその時の私は、大胆というか、無謀というか。しかし、私の胸から沸いてくる同胞の安全を案じる一片の誠心が、向こう見ずにもこの行きを決めさせたのである。釜山水上署の警戒も、下関での二重三重の警戒もみんな突破して、辛うじて大阪に到着した。停車場に降りると、災害地からやってきた避難民で騒々しい光景が目に入った。彼らの口から東京の朝鮮人の消息を聞いた。胸を驚かすいろんな消息があった一方で、生きている人も多いという話を聞いてほっとした。〈同胞救済の急務〉（中略）その時、朝鮮人の罹災民が収容された所は、麹町区にある留学生監督部と市外の千葉県下習志野など4～5個所である。ぼろをまとった留学生らはいまだ恐怖に震えている。生存者と死亡者を大体調査して、その足で習志野へ行った。そこはもともと日独戦争の時、青島攻衛軍に捕まえられてきたドイツ兵捕虜を休戦当時まで収容していたところであって、その付近には騎馬練兵場があった。板垣でつくられたバラック10余棟に二三千人の朝鮮人が収容されていた。藁が敷かれていたその家の光景、芝生に横たわって、故郷への思いで心配そうだったその顔たち、私はそこから出てきながら溜め息をついた。〈回路の哀愁〉9月6日ソウルを発って、帰ってきた23日まで私が新聞記者として経験した悩みは一々覚えていない。ただ10余年後の今日まで頭から消えない印象は実に大きかった。ソウルへ帰って父老に何と報告すべきか、新聞の読者にはどんなニュースを伝えるべきか。なによりも何ともいえない悲哀が胸を刺してくる。それで私は流れるまま涙を流した。（中略）これによるエピソードは多いが、割愛したい。（李相協「名記者その時節の回想（2）、東京大震災時の特派」『三千里』第6巻第9号（1934.9）／国史編纂委員会韓国史データベース(http://db.history.go.kr［2013年9月6日検索］)

（41）愛国同志援護会編『韓国独立運動史』1956（「東京震災時の韓人虐殺事件」417～420頁）／金承学編『韓国独立史』独立文化社、1966（「東京地震と韓人虐殺事件」481～484頁）。

（42）盧珠恩「関東大地震と朝鮮総督府の在日朝鮮人政策——総督府の「震災処理」過程を中心に」『韓日民族問題研究』12（2007）および盧珠恩の延世大学修士論文（2006）。

（43）鄭泰憲「日帝の強制動員と民族離散」『新しい韓国史道しるべ（下）』韓国史研究会編、2008、211頁。

（44）韓永愚『取り戻す我らの歴史』経世院、1997、502頁。

（45）金義煥「関東大虐殺」『韓国民族文化大百科事典』3、韓国精神文化研究院、1991、45～46頁。

（46）特集の掲載内容は次のようである。李妍「朝鮮人虐殺についての日本の子供の証言手記」／李妍「朝鮮人虐殺事件の実態と言論報道」／金仁徳「在日運動史の中の1923年朝鮮人虐殺」／徐廷民「関東大震災朝鮮人虐殺の真相が知られるまで——「鳳仙花」の歌を歌いながら眠った冤魂」。

（47）洪真姫「関東大震災と朝鮮人虐殺——流言蜚語を中心に」『殉国』1997年9月号。

（48）光復50周年記念写真展示会「関東大地震と朝鮮人虐殺」。日時：1995年8月7日～9月6日、場所：西大門独立公園の独立紀念展示館（旧西大門刑務所）、内容：関東大地震時の朝鮮人虐殺関連写真・資料・図書の展示、関連ビデオ上映（午前11時、午後3時）、主催：社団法人殉国先烈遺族会、歴史を考える会、後援：民族問題研究所、協賛：図書出版トンチョックナラ、月刊アリラン、Photo C&G。

（49）金光南 ほか『高等学校韓国近現代史』（株）斗山、2005、220頁／金鍾洙ほか『高等学校韓国近現代史』法文社、2005、210頁／金漢宗ほか『高等学校韓国近現代史』金星出版社、2005、222頁／金興洙ほか『高等学校韓国近現代史』天才教育、2005、240頁／朱鎮五

ほか『高等学校韓国近現代史』中央教育振興研究所、2005、241頁／韓哲浩ほか『高等学校韓国近現代史』大韓教科書、2005、217頁（この本は6千名以上と表現）。

(50) 金漢宗ほか『高等学校韓国近現代史』222頁。

(51) 金興洙ほか『高等学校韓国近現代史』240頁。

(52) 朱鎮五ほか『高等学校韓国近現代史』241頁。

(53) 都冕会ほか『高等学校韓国史』飛上教育／李仁石ほか、三和出版社／鄭在貞ほか、志学社：朱鎮五ほか、天才教育／崔俊彩ほか、法文社／韓哲浩ほか、ミレエンなど6種である。

(54) 叙述内容は次の通りである。「日本へ渡った韓国人は主に労働者や留学生だった。日本の急速な産業化による労働力に対する需要の増加で労働者の移住が行われた。彼らは低賃金を強いられ、民族差別による辛酸を嘗めた。1923年関東大地震の時には、でっち上げた流言蜚語によって多くの韓国人が虐殺された。」〈手助け資料：関東大地震と韓国人虐殺〉1923年朝11時から日本の関東地方で5分ずつ三回の地震が発生した。日本内務省は戒厳令を宣布し、各警察署に「災難に乗じて利得を取ろうとする輩がいる。朝鮮人が放火と爆弾によるテロ、強盗などを画策しているので、注意しろ」という公文を送った。このような措置が「朝鮮人が暴徒に変わって、井戸に毒を入れ、放火、掠奪をしながら日本人を襲撃している」という内容に変わって日本中に広まり始めた。過激な民間人は自警団をつくり、検問をして朝鮮人であることが確認されると、仮借なく殴って殺した（鄭在貞ほか『高等学校韓国史』志学社、2012、212頁）。

(55) 安秉祐ほか『高等学校東アジア史』天才教育、2012、196頁。

(56) 金泰善『極悪な犯罪者：日帝の蛮行資料』平壌：勤労団体出版社、1993／歴史科学編輯部「資料：日本新潟県における虐殺事件調査資料の中から」『歴史科学』1964年2号／崔泰鎮「講座：1923年関東大震災当時、在日朝鮮人同胞に対する日帝の野獣的虐殺蛮行」『歴史科学』1965年4号／李鍾賢「関東大地震時、日本軍国主義者が敢行した朝鮮人に対する野獣的虐殺蛮行」『歴史科学』1983年4号／高貞鳳「関東大地震当時、在日朝鮮人同胞に対する日帝の大虐殺蛮行」『歴史科学』2000年1号などの研究成果がある。

(57) 鄭在貞「北韓の日本歴史教科書歪曲に対する認識」『北韓の歴史学（1）』国史編纂委員会、2002、248～250頁。

(58) 社会科学院歴史研究所『歴史事典』1、平壌：社会科学出版社、1971（東京：学友書房、1972翻刻発行）、386～387頁。

(59) 『朝鮮全史』年表、平壌：科学百科事典出版社、1983、478頁。

(60) 上掲書、478～479頁。

(61) その主要内容は次のようである。「1923年、日本の関東地方で起きた大きな地震をきっかけに、日帝が朝鮮同胞を集団的に虐殺した事件。（中略）日帝が関東大地震時に虐殺した在日朝鮮人数は、およそ2万3000余名に上った。日帝は虐殺蛮行の真相を隠蔽するために厳しい報道管制を実施する一方、東京に住んでいた外国人を一カ所に収容し、出入りを取り締まった。この事件は、日本軍国主義者の野蛮性と残酷さを集中的に示しており、彼らこそ朝鮮人民の仇であることを世の中に再びさらけ出した」(『朝鮮大百科事典』１、平壌：百科事典出版社、１９９５、２６１〜２６２頁)。

(62) 姜徳相「関東大震災における朝鮮人虐殺の実態」『歴史学研究』２７８(１９６３)/松尾尊兊「関東大震災下の朝鮮人虐殺事件」『思想』1963年9月・1964年2月号。

(63) その成果を紹介すると、次のようである。樋口雄一「在日朝鮮人戦災者２３９３２０人」『在日朝鮮人史研究』４(１９７９)、在日朝鮮人運動史研究会/高柳俊男「朝鮮人虐殺についての研究と文献」『季刊三千里』36(１９８３)/山田昭次『(関東大震災時の)朝鮮人虐殺』東京：創史社、２００３/山田昭次「今日における関東大震災時朝鮮人虐殺の国家責任と民衆責任」『思想』１０２９(２０１０)、岩波書店/山田昭次「関東大震災時の朝鮮人虐殺の歴史的・思想的意味——日本人社会主義者や先進的労働者の植民地解放の課題意識の生誕とその挫折」『季刊戦争責任研究』79(２０１３年春季号)、日本の戦争責任資料センター/松尾章一「関東大震災の歴史研究の成果と課題」『法政大学多摩論集』９(１９９３)、東京：法政大学/松尾章一『関東大震災と戒厳令』東京：吉川弘文館、２００３/山岸秀『関東大震災と朝鮮人虐殺』東京：早稲田出版、２００２/今井清一『横浜の関東大震災』横浜：有隣堂、２００７/北原糸子「関東大震災の被災者の動向」『日本史研究』５９８(２０１２)、日本史研究会/吉田律人「関東大震災と山下公園の誕生」『歴史と地理』６６２(２０１２)。

(64) 森脇孝広「関東大震災80周年記念集会参加記」『歴史評論』６４７(２００４)。

(65) 『岩波日本史辞典』東京：岩波書店、１９９９、２７６頁。

(66) 工藤美代子『関東大震災「朝鮮人虐殺」の真実』東京：産経新聞出版、２００９。

(67) 工藤美代子、上掲書、８頁(徐鍾珍、前掲論文、１８７頁から再引用)。

(68) 川口裕之「〝朝鮮人虐殺〟真相の究明を——関東大震災90年、日韓で取り組み活発に」『毎日新聞』２０１３年８月29日 23面および明珍美紀「朝鮮人虐殺事件犠牲者の追悼式——墨田・河川敷で7日」『毎日新聞』２０１３年９月４日23面。

(69) 山田昭次「日本人民衆は関東大震災時朝鮮人虐殺事件の歴史的意味をどのように受け止め、今日の日本の政治的思想的状況にどのように対処すべきか」『関東大地震と朝鮮人虐殺事件』、東北亜歴史財団学術会議発表論文(2013.8)、61〜86頁。

(70) 鄭南求「〝関東大地震朝鮮人虐殺90年〟追慕・照明活気」『ハンギョレ新聞』２０１３年9月2日2面。この問題は国内言論にも素早く報道された。これについては、趙俊衡「日本横浜、関東大地震朝鮮人虐殺教科書歪曲」『聯合ニュース』２０１３年8月28日/李髙「日本横浜教育委員会の教科書歪曲「関東大地震時朝鮮人虐殺」削除」『東亜日報』２０１３年8月29日。東京の場合は、田中正敬「戦後日本の歴史教育と関東大震災朝鮮人虐殺事件」『関東大地震と朝鮮人虐殺事件』、東北亜歴史財団学術会議発表論文（2013.8）、232頁を参照されたい。

（71） Nym Wales (Helen Foster Snow) and Kim San, Song of Arirang : A Korean Communist in the Chinese Revolution, New York : John Day Company, 1941 ; San Francisco : Ramparts Press, 1973, 2nd ed. p.94. この本は解放直後の1946年10月からソウル新聞社が発行していた総合誌『新天地』に16ヶ月間その一部が翻訳されており、日本と中国、香港、韓国で翻訳されて大きな反響を呼び起こした。韓国ではドンニョック出版社から『アリラン』（1984）という題で発刊したが、ただちに禁書と指定された。1993年改訂版がでた。

（72） Song of Arirang: A Korean Communist in the Chinese Revolution, San Francisco: Ramparts Press, 1973, 2nd ed. p.94.

（73） Sonia Ryang, "The Great Kanto Earthquake and the Massacre of Koreans in 1923: Notes on Japan's Modern National Sovereignty", Anthropological Quarterly, 76-4, 2003 Autumn ; Jinhee Lee, "Instability of Empire : Earthquake, Rumors, and the Massacre of Koreans in the Japanese Empire (Ph.D. Dissertation)", University of Illinois at Urbana-Champaign, 2004 ; Jinhee Lee, "Malcontent Koreans（Futei Senjin）: Towards a genealogy of colonial representation of Koreans in the Japanese Empire,", Studies on Asia, 3-1, 2013.

（74） Jennifer Weisenfeld, Imaging Disaster: Tokyo and the visual culture of Japan's Great Earthquake of 1923, Berkeley, Los Angeles. London: University of California Press, 2012; J. Charles Schencking, The Great Kanto Earthquake and the Chimera of National Reconstruction in Japan, New York: Columbia University Press, 2013.

（75） 開催場所：国会議員会館第2セミナー室、共同主催：国会正しい歴史教育のための議員会・国会教育に希望を見いだす議員会・1923韓日在日市民連帯、後援：東北亜歴史財団。

（76） 西崎雅夫「関東大震災朝鮮人犠牲者の名前リスト」『関東朝鮮人虐殺事件の問題解決のための国会討論会：〝虐殺・隠蔽・歪曲の90年、いまや国家が出るべきだ〟』（6・19韓国国会セミナー発表資料集）、13~18頁および 金孝燮「関東大地震朝鮮人虐殺の名簿初公開」『ソウル新聞』2013年6月20日27面。

（77） 金孝燮、上掲記事。

（78） この会議で筆者が発表した論文は、後に「関東大地震時の韓人虐殺に関する《独立新聞》の報道とその影響」という題で『史林』46（2013.10、韓国 首善史学会）に掲載された。

（79） 徐鍾珍「日本検定教科書の関東大地震および虐殺事件に関する記述内容の分析」『関東大地震と朝鮮人虐殺事件』、東北亜歴史財団学術会議発表論文（2013.8）、186頁。

（80） 田中正敬「戦後日本の歴史教育と関東大震災朝鮮人虐殺事件」、上掲発表論文集、228頁。

（81） 田中正敬、上掲論文、234~235頁。

（82） 徐鍾珍、前掲論文、187頁。

（83）　これについては、李明花、前掲論文／洪善杓「関東大地震に対する欧米韓人勢力の対応」『関東大震災朝鮮人虐殺から90年――国家暴力と植民地主義を超えて』（関東大震災90周年国際シンポジウム）参照。

（84）　これについての概略的な内容は、韓国国家記録院ホームページ参照。

（85）　姜徳相「関東大震災朝鮮人虐殺をみる新しい視角――日本側の「3大テロ事件」史観の誤謬」『歴史批評』47（1999）、194頁。

関東大震災から90年　我々は、ナショナリズムの分断を乗り越えられるか？

森川文人

1　問題意識

「1923年以来、朝鮮人は決して日本人を信用しないし、日本人も朝鮮人を信用しない（『アリランの歌』キン・サン）」

近年、東京のコリアンタウン・新大久保等では「よい韓国人も悪い韓国人も殺せ」などというプラカード、日の丸の旗、日章旗等を掲げた数百人のデモが行われている。「在日特権を許さない市民の会（在特会）」という団体が中心になって行われている。

内閣府の世論調査によると、韓国に親しみを感じる者の割合は2011年10月の62・2％から2012年4月には35・2％に急激に下がっている。愛国心が強いという人の割合も58％と過去30年の中でも最も高い割合を示している。

2013年7月21日の参議院選挙では、与党である自民党が圧勝し、いわゆる「衆参のねじれ」が解消し憲法9条を改正し、「国防軍」創設に向けた改憲への体制が整いつつある。

世界的には、2008年のリーマンショックに始まった大恐慌情勢が収まらず、世界各国とも刹那的・弥縫策的な経済政策に追われている。

歴史上、このような経済危機の時代には、ナショナリズム・民族・排外主義が、国内問題から目を逸らす為の方法として使われており、それは、概ね成功してしまっている。

排外主義は、国内での階級対立を「回収」してしまい、民衆は戦争に動員される。そして、関東大震災時のような虐殺も引き起こされる。

排外主義は、見えそうになってきた「階級」を見えなくさせる。人々の生活の不満を、そこで「回収」し、対外国に向ける。これまで、何度も「成功」し、戦争や虐殺が起こった。

私たちは歴史に学んでいるのだろうか。学ぶことは出来るのだろうか。他国民の民衆同士が殺し合うような悲劇は二度と起こらないだろうか。

「国家」「民族」の壁は厚い。言語・習慣・地域などによる「分断」を乗り越えて、国際連帯は出来るのか。時代は繰り返さざるを得ないのか。

2　1920年代　関東大震災時の日本・アジアの階級をめぐる状況

1920年代、アジアは第1次世界大戦後の国際環境の変化の中にあった。1917年のロシア革命と1910年の日韓併合を経て1919年の3・1独立運動（1919年2月8日東京　独立宣言）、同年5月の中国での5・4運動という、世界史上最初の共産主義革命とその影響を受けた反帝国主義・民族独立闘争の高揚の時代である。

日本の国内的には、1918年の米騒動による寺内内閣の打倒、1920年代の「戦後不況」をうけての労働運動等の階級闘争が盛んになっていた。これに対抗しての三悪法（過激社会運動取締法、労働組合法、小作争議調停法）が目論まれ、それに対し、さらに反対運動が行われた。1921年11月には原敬暗殺される等、社会は不穏な状況にあった。

大衆のおかれていた状況は2013年の現代と似ている。「追出部屋」「プレカリアート」も近年の造語であるが、「監獄部屋（たこ部屋）」は当時の造語である。監獄部屋へと落ちていった「敗残者の群」には、未熟練労働者だけでなく元小学校教員や洋服屋、床屋、「概して謂ふ知識階級に属する人」もいた。

そのような日本国内の、東京と神奈川地域には2、3万人の朝鮮人労働者が居たのである。

一方、当時の日本の社会主義者は、まだまだ、少数派であり、アナキストとボリシェビキの対立などで分裂・孤立しており、大衆的基盤は、まだまだ薄弱であった。しかし、1922年の日本での第3回メーデーには、朝鮮人の労働者が参加し「ブルジョアには国境があっても、我々に何の国境があろうか」という演説を行っている。そして1923年のメーデーの準備会ではスローガンの一つとして「植民地の解放」が掲げられたが、警察は許可しなかった。それでも、当日は、自由論壇にて朝鮮人労働者により「朝鮮の同胞を解放せよ」「労働者には国境はない」という演説がなされた。在日朝鮮人労働者と日本の社会主義者の連帯の萌芽はあったのである。

9月2日には、日本初の「国際青年の日」には、大規模な集会が予定されていた。（中心的な組織者は平沢計七だが9月3日に刺殺される）

このような社会状況下において、9月1日、関東大震災は人々を襲ったのである。

3　関東大震災時虐殺の国家責任　日弁連勧告の意義

2003年8月25日付けの日弁連の内閣総理大臣に対する勧告書には「国は関東大震災直後の朝鮮人、中国人に対する虐殺事件に関し、軍隊による虐殺の被害者、遺族、および虚偽事実の伝達など国の行為に誘発された自警団による虐殺の被害者、遺族に対し、その責任を認めて謝罪すべき」と記された。

現在、さらに反動化が進む情勢、そして新自由主義＝「司法改革」攻撃の中にある日弁連の状況をふまえても、10

年前に上記勧告が出されたということは意義深い。

弁護士会の勧告には法的効力はない。しかし、実務法曹という事実認定におけるプロフェッショナルの判断として上記判断が日弁連の責任で示されたということの意義は大きい。

軍隊や警察による殺害のみならず、民間自警団による殺害についても、「震災に乗じた『不逞鮮人』による放火、爆弾投擲、井戸への毒物投入などの不法行為や暴動があったとの誤った情報を、内務省という警備当局の見解として伝達・認識せしめた」、すなわち、虚偽の伝達、流言飛語の伝達について「国は責任を免れない」とする踏み込んだ事実認定、歴史的な判断を日弁連が行ったということである。政府はデマを利用する、過去も現在も変わらないということである。

震災翌日9月2日の戒厳宣告は違法性（超法規的）についても指摘されている。帝国憲法8条による緊急勅令の形で発せられたが、枢密顧問の諮詢（注：諮問）を経るという形式を経ていない。また、官報への記載もなされていない。

また、「戒厳令を宣告して軍隊を出動させる必要があったかどうかは、疑問の余地なしとしない。そもそも、戒厳令は、『戦時若しくは事変に際し』という戦争、内乱状態を前提として、敵からの攻撃に対処するために、行政権等の執行を停止させ『兵備を以て』軍に国民生活を統括させるもの」であり、「戒厳令を震災という自然災害事態に対して宣告すること自体」疑問が指摘されている。

むしろ、戒厳令に基づく命令の施行目的として「不逞の挙に対して、罹災者の保護をすること」という事由が掲げられており、「戒厳令」の目的はあからさまであり、これ自体が徒に危機感を増幅させているのである。

8月26日に加藤首相は死去、組閣も出来ていない9月1日という震災のどさくさの中で出された、この戒厳令こそ、体制の上記「怖れ」と、震災を好機と捉えての労働者の国際連帯に対する分断・弾圧の意図の顕著な現れである。

4　国家責任の本質＝ナショナリズムによる階級対立の回収

当時の日本の国家権力が畏れたものは何か。

それは、国内外における労働者階級の国際連帯・団結、具体的には、「三一運動の国際連帯」、さらには「革命」であろう。ロシア革命、三一運動から10年も経っていない。革命、民衆蜂起は体制に対する現実的な「危機」であった。すなわち、国家権力及び支配階級の認識としては、結局は、国家主義者である黒龍会の内田良平のいう「露西亜が日本の赤化運動に志し、日本の社会主義者及び鮮人等を煽動し、及び日本の社会主義者等が之に共鳴して常に妄動を志しつつありたること、及び朝鮮の高麗共産党等が金品の供給を得て之に操縦せらるるありしは事実にして、又社会主義者と不平鮮人とは暗々裏に其の声息連絡を通じ居たるも事実なり」（『現代史資料6』憲兵隊報告文書「黒龍会の近況に関する件」第1820号）というものに集約され、それ故に朝鮮人虐殺は、そのような動きに対して予防反革命として対抗的に誘発させられたのである。

まさに、国内における階級対立を「民族・国家」対立として「回収」し、国家に対する闘争を他国人民間の闘争に振り向ける、という国家権力の意図はあからさまだった。

内務省「最近内地在留鮮人学生中漸次共産主義に感染して内地社会主義に接近するものあり」、在日朝鮮人は「往々にして社会運動及労働運動に参加し団体行動に出んとする傾向の特に著しきものあり」

「従来日韓併合記念日に際し日本人の意気揚々たるものあるに反し、朝鮮人は祖国喪失の悲哀を感じ快々として楽しまざりしが、今次の震災は正反対に朝鮮人は楽観し、日本人は悲観に居れり。蓋し強暴日本に対する天の責罰なり云々と洩し、社会主義者及び之に類するソウル青年会、労働連盟会、朝鮮教育協会、天道教等は帝都の大惨禍及山本総理の暗殺説等を吹聴し、這回の異変は之偶然のことにあらず日本革命の象徴なり。近くの各地に内

乱起り、現在の制度は改革せらるあるべし」(『現代史資料6』朝鮮総督府警務局文書)

5 「日本人としての責任」とは

国家権力の意図がそうだとして、我々の課題は、姜徳相教授の以下の問いにどう応えるかが重要である。

「個々の生命の尊厳に差があるはずはないし、異をとなえるわけでもないが、家族3人(注:大杉栄等殺害を指す)の生命と6千人以上の生命の量の差を均等視することはできない。量の問題は質の問題であり、事件はまったく異質のものである。異質のものを無理に同質化し、並列化することは官憲の隠蔽工作に加担したと同じであるといえよう。前二者が官憲による完全な権力犯罪であり、自民族内の階級問題であるに反し、朝鮮人事件は日本官民一体の犯罪であり、民衆が動員され直接虐殺に加担した民族犯罪であり、国際問題である。」

日本の国家権力・支配層の意図がどうであれ、虐殺は、当時の在日朝鮮人・中国人を対象として、「官民一体」で行われたという事実をどう捉え、どう反省し、そこから何を学ぶかということである。

6 我々は、国家・民族を乗り越えられるか?

90年を経た、現在も、排外主義のデモが民衆によって行われている。

時として、到底、民族という深い亀裂を乗り越えることは到底無理ではないかという絶望感に襲われる。「民族とは、自分たちの先祖に対して抱く共通の誤解と、自分たちの隣人に対して抱く共通の嫌悪によって結びつけられた人々の集団」(カール・ドイッチェ『ナショナリズムとそれに代わるもの』)なのか。

また、国家という共同体の枠組みの圧倒的存在。獨島(竹島)をめぐる「仕掛けられた対立」により国民の排外意識はあっという間に拡大する(内閣府の世論調査等)。

姜徳相教授が指摘しているとおり、官「民」一体となって、排外意識を持ち、虐殺を行ったのではないか。国民の中に、本質的に根深く排外的な意識が存在するのではないか。

自警団が「朝鮮人」を虐殺したのは何故か。どのような意識からか。

当時、「日本」は「大韓帝国」を侵略＝併合していた。日本人の意識にも、朝鮮人の意識にも、その歴史的事実は深く認識されていた。その中で、「民族」として三一運動が起されたのである。そして、「三一独立運動の大弾圧で、日本人は朝鮮半島の各地で、飲料水、鮮魚、砂糖などの各種の食料品に毒を投じ、朝鮮人を大量に殺害した。このような非人道的方法を自ら行った日本の官憲は、大震災時に今度は在日朝鮮人がやったという卑劣な流言をばらまいたのではないかと推測する」（松尾章一『関東大震災と戒厳令』２００３年、吉川弘文館）と指摘されている。

また、「日本の為政者も軍部もそして一般庶民も、日韓議定書の締結以来その併合までの経過が朝鮮国民の意志を完全に無視したものであることを十分に知っていた。また統監府の苛酷な経済政策によって生活の資を得られずに本内地へ流れ込んできていた朝鮮人労働者が、平穏な表情を保ちながらもその内部に激しい憤りと憎しみを秘めていることにも気づいていた。そして、そのことに同情しながらも、それは被圧迫民族の宿命として見過ごそうとする傾向があった。つまり、日本人の内部に朝鮮人に対して一種の罪の意識がひそんでいたと言っていい。ただ、社会主義運動家のみは朝鮮人労働者との団結を強調し、前年末には朝鮮人労働者同盟会の創立を積極的に支援していた。」（吉村昭『関東大震災』２００４年、文春文庫）という指摘もなされている通り、人々の中に、政府＝為政者の国家としての侵略行為により、国民・民族としての意識が形成されていたことは明らかである。

そのような意識のもとに形成されたのが「自警団」であり、自警団は民間の組織であると同時に、国家・民族意識の体現という性格をもつことを見逃してはならないだろう。

7　2013年情勢　世界的な恐慌情勢の継続と世界の民衆の闘い

２００8年9月15日のリーマン・ブラザーズの破綻（いわゆる「リーマン・ショック」）に始まった金融危機は世界に波及し、19世紀末大不況、１９２9年恐慌に続く、３番目の「大恐慌」と指摘されている。本質的には、新自由主義政策のもと累積された過剰資本・過剰生産力の矛盾が金融政策の暴走と破綻によって露わになったのである。

今日（２０１３年7月現在）、米日を初めとして株高等から「世界経済危機はのりこえられた」とアナウンスされたが、これはＦＲＢ（米連邦準備制度理事会）、日銀、ＥＣＢ（欧州中央銀行）などの各中央銀行が競って超金融緩和政策（米国は10年間で10回債務上限引き上げ）を展開し、国公債の無期限・無制限の購入、余剰マネーの金融市場への流し込み（日本では「アベノミクス」）によるものであり、株式「バブル」、資産「バブル」に過ぎないことは、近日の歴史的乱高下（２０１３年5月下旬）により明らかである。

必ずインフレと国債の暴落が不可避であると同時に、そもそも、私たち民衆・労働者の置かれた状況の改善には全く繋がらないどころか、失業率はユーロ17ヶ国で12％（２０１３年１月）に達し、アメリカでは完全失業率は７・５％前後で高止まりし、日本でも被災により20万人が失職したと推定されており、失業率５％が実勢と言われており、抜本的改善の見通しはない。各国の経済政策が、資本・金融を一時的に救済する為の政策にすぎないことは明らかである。

一方、２０１１年のチュニジア蜂起に始まり、エジプト革命等北アフリカ地域の民衆の決起があり、ロンドンを中心に暴動が拡大し、イスラエルでも低賃金と物価高騰への不満が爆発し30万人のデモが起こった。さらにオキュパイ・ウォールストリートに始まり全世界に「99％」の闘いが拡大し、２０１３年に入ってからは、トルコ、ブラジルでも、大きなデモが行われている。日本でも今や、10万人を超す集会、デモは当たり前という状況が現出している。これらの民衆の蜂起のベースに低賃金と物価高騰への不満、このままでは生きられない、という民衆の切実な怒りがある。

日本の「一億総中流キャンペーン時代」は完全に終わった。その時代、階級というのは見えにくかったが、日本でも class ＝階級はくっきりと姿を表してきた。生活保護受給者２１５万人、非正規労働者38・2％（２０１３年7月）の「格差社会」の現実としてである。支配層の危機意識は、90年前と同じ、もしくはそれ以上であろう。

8　民衆・労働者階級の共通の敵としての新自由主義〜民営化・外注化・非正規化

１９７０年代以降、すなわち、過剰資本・過剰生産により資本主義の末期的状況を突破するべく刹那的な延命政策として「新自由主義」が登場した。レーガン、サッチャー、中曾根の時代である。具体的には民営化、外注化、そして非正規化である。

これらが、効率化・コスト削減等、資本側の都合の為に労働者に対する責任を最小化し、かつ、「個人化され相対的に無力にされた労働者（デヴィッド・ハーヴェイ『新自由主義』２３３頁）」が連帯し団結して闘うことを阻止することと自体が狙いであることは、今日明らかである。

つまり、企業にとっても「最も重要な課題（ピーター・F・ドラッガー『アウトソーシングの陥穽（ハーバード・ビジネス・レビュー）』）」である人材の育成も放棄し、労働者の雇用状況への責任（社会保障、安全性、合法性等）一切を投げ出すことが第一の目的である。

さらに、労働組合として結集を困難にさせ、あるいは、労働組合を分断・解体に追い込むこと、さらに、スト破りを容易にすること、それにより、まさに「流動化」した労働者の労働力だけを搾取することこそ第二の重要な目的なのである。

「新自由主義化の主たる実績は、富と収入を生んだことではなく再分配したことであった。（デヴィッド・ハーヴェイ『新自由主義』２２２頁）」と指摘されている。すなわち、資本蓄積の再活性化ではなく、末期的・刹那的な再分配策動として労働者から全てを奪い去り、責任を投げ出す最後の手段として外注化・非正規化による不安定雇用を図っているのである。

「労働者に対する総攻撃は二面的なものであった。各国内では、労働組合をはじめとする労働者階級の諸機関の力が押さえ込まれ解体される（必要とあらば暴力によって）。フレキシブルな労働市場が確立される。……労働に対する資本の支配が市場において完成する。そして個人化され相対的に無力にされた労働者は、資本家の個々の要望にもとづく短期契約しかない労働市場に直面する。（同233頁）」と指摘されている通り、21世紀の新自由主義は、民衆・労働者を分断し、暴力的に弾圧し、無力化させようとしているのである。

この「新自由主義」＝民営化・外注化・非正規化は、世界共通の労働者に対する「攻撃」として現れている。既に非正規化の割合は、韓国でも30～40％に達する。

この新自由主義が、各国の民衆・労働者の階級に対する資本家の階級からの攻撃であり、いわば、各国の民衆・労働者が、それぞれの国で共通の敵＝資本・権力と対峙していることは明らかである。

9　国家の責任を徹底的に追及することが、民衆（階級）の国際連帯

先にも指摘した通り、日弁連の勧告は内閣総理大臣に対し、

「国は関東大震災直後の朝鮮人、中国人に対する虐殺事件に関し、軍隊による虐殺の被害者、遺族、および虚偽事実の伝達などの国の行為に誘発された自警団による虐殺の被害者、遺族に対し、その責任を認めて謝罪すべきである。国は朝鮮人、中国人虐殺の全貌と真相を調査し、その原因を明らかにすべきである。」

と要求する。つまり、虐殺の国家責任を追及している。

また、「戦争は市民が殺し合ったのではない。市民は殺し合いをさせられたのだ。原因は政治家にあった。少数民

族を取り巻く問題というのは一部の政治家が扇動家として選挙民の支持をあげるその道具として使っている。奴らは罪深いことを平気でやっている。文明化された政治家の方こそが野蛮人だった。」（エーミール・クストリッツア、映画監督）という指摘は今も様々な人々によりなされている。

「ある時代の支配的な思想は支配階級の思想」（『ドイツ・イデオロギー』マルクス）と指摘される。つまり、その時代の権力者は、思想をも支配し、民衆をコントロールしようとするということである。マスメディアが高度に発達した現在、その傾向はさらに顕著である。

「排外主義」は、官民一体に醸成されるが、本質的には権力が欲する支配の思想にすぎない。そもそも労働者に国境はない。各国の労働者は共通の敵を有する。排外主義により利するのは資本と権力だ。私たちは、民族として互いに殺し合う必要はないのだ。

このことを何度も確認すること、そして、そのことを理解したという証として、それぞれの国で、共通の敵である資本・政府（国家）の責任を徹底的に追及すること、それが、民衆・労働者階級の国際連帯に繋がり、反戦の闘いとなるのである。

ヘイト・スピーチは今もある。これと対峙するのは、国際連帯の思想である。そのためには、1923年の朝鮮人虐殺という歴史をどう理解するか。国家の意図は明らかである。但し、「民族犯罪」という指摘も間違っていない。

この「民族犯罪」及び「国民としての責任」を取るために、私たちは、あえて国家に対する「不逞の輩」になる必要がある、「非国民」になる必要がある。時代の中で、自らが立っている場所はどこか、どの階級に居るのかを、惑わされることなく認識し、そこにいる仲間同志として国際的に連帯し、共通の敵と闘っていることを理解しあわなくてはならない。

1923年にも、連帯の可能性はあった。故に権力が先回りして、その芽を刈り取った。したがって、2013年、私たちが学ぶべきは、関東大震災当時、権力が畏れた構図を実現することだ。それが、闘う民衆・労働者の階級意思の連帯である。共通の敵が嫌がることをやってこそ連帯が生まれる。排外主義が横行しようとしている時代、民衆・労働者は、手を取り合って、共に闘おう。お互いにではなく、自らを直接弾圧する自国の資本・権力と！

「万国の労働者、団結せよ」

※本稿は、２０１３年8月の韓国におけるシンポジウム参加用に作成したもので、情報は同年7月のものです。

関東大震災朝鮮人虐殺事件を究明する韓国の市民運動

金鍾洙

1　関東大震災朝鮮人虐殺事件の究明活動の始まり

韓国において関東大震災朝鮮人虐殺の犠牲者を追慕する市民活動の始まりは、劇作家金義卿が戯曲「失われた歴史を求めて」を書くために千葉県八千代市の観音寺を訪れたことがきっかけであった。ジャーナリスト申禹植が中心となって、1985年にその観音寺に鐘楼を建立し、そのための募金公演をして文化芸術界や言論界の人々の賛助を得る過程で、このことは言論の注目を浴びるようになった。

1985年9月1日、観音寺に追悼の鐘と普化鐘楼が建てられ、韓国の市民が中心になった初の追慕祭が開かれた。その後、関東大震災80周年の2003年には「関東大震災韓国人犠牲者追慕会」(会長申禹植・大韓言論人会名誉会長)によって「普化鐘楼」の補修が行われ、追慕祭が行われた。

その後、韓国において関東朝鮮人虐殺事件に対する真相究明活動のもう一つのきっかけとなったのは、アジアの平和のために働くべき人材を養成しようとする二つの市民団体、即ち韓国の「アヒムナ運動本部」と日本の「アジアハウス」が歴史教育や交流活動のために「アヒムナキャンプ」を共同で開催したことである。

（1）季節学校で会った証言者・八木ヶ谷妙子

毎年「アヒムナ運動本部」は季節学校——キャンプを開いてきた。２００６年夏（7月29日～8月1日）には東京都日野市で開かれた。この年は、日本のＮＰＯ「アジアハウス」および子供たちの自然や自由活動を支援する「どろんこの国」と一緒に韓・日・在日が準備をし、参加者も韓・日・在日の次世代青少年で構成された。当時、東北アジアは歴史問題で韓・中・日3国の間で葛藤の溝がますます深まっていた時であったため、アジアの平和をつくるために努めてきた三つの団体は「歴史を正しく認識することからアジアの平和は始まる」ということで合意し、キャンプのテーマを「未来の歴史を書いていく子供たち」に決めた。この時に招かれた講師が八木ヶ谷妙子さんであった。

１９１３年生まれの彼女は、10歳の時、千葉で朝鮮人が自警団によって無惨に殺害される状況を目撃した。

「(…中略) 到着した共同墓地にはすでに穴が掘られており、側に一本の松がありました。引っ立てられてきた人々は、目隠しをされたままその松に縛られていました。その人は銃に打たれてあの穴に埋められましたが、私は怖くて、その場から走って家へ逃げました。私の目の前に縛られていたその人は、一体どこで生まれ育ち、どうやって日本へきて、どこに定着して生きていたのか、どうやってここまで捕まえられてきたのか、忘れることができません。」(…中略)「生活の場を奪われ、生活に困って日本へ渡ってきたはずの彼らは、訳もなくただ朝鮮人という理由で命を亡くしました。」

八木ヶ谷さんが目撃した時と場所は、１９２３年9月、現在の千葉県習志野市であった。この地域の農村の近辺に駐在していた軍隊が習志野収容所の朝鮮人を「呉れるから取りにこい」と命じ、ここに朝鮮人18名を自警団に払い下げ、自警団はその朝鮮人を刀と銃で殺害したのである。

その日以来八木ヶ谷さんは、長い歳月が経っても、夢の中に虐殺されて死んでいった朝鮮人の姿と、微かな声で自分に目を向け「言ってくれ、言ってくれ」といった声が現れ、時には俄かに幻聴のように聞こえてきて、非常に辛かったという。そして虐殺事件の目撃によるトラウマは深まっていった。そのトラウマを自ら乗り越えるために、八木ヶ谷さんは日本に暮す留学生のための憩いの場所を提供するセンターをつくって運営する傍ら、関東大震災朝鮮人虐殺事件の犠牲者を追悼する集会で数十年間隠していた傷をさらけ出して人々に証言している。

(2) 新宿の高麗博物館で開かれた関東パネル展示会

2007年5月25日、筆者は新宿の高麗博物館で開かれた関東朝鮮人虐殺事件の真実を知らせるパネル展示会に参加することになった。パネルの中には軍隊と警察、自警団によって引っ立てられて虐殺された人々の写真があり、朝鮮人を殺してしかるべき存在のようにしてしまった流言蜚語やそれをそのまま書いて本当のことのようにしてしまった新聞記事などがあった。記事の中で朝鮮人はみな「不逞鮮人」であり、「帝都の敵」であった。

宋富子名誉館長に会って、写真と資料の解説を聞きながら、これは単なる歴史を知るという次元を越えて、1923年以来日本も韓国も一度も真相の調査を行ったことがないという事実に気が付いた。牧師であり市民活動家でもある私は、無実なのに死んでいった彼らの恨みを晴らしてあげるべきだという、まるで祭司長のような責任を感じるようになった。そこで宋館長に韓国でもこのパネル展示会を開くように強く要請した。その日、夜から深夜にかけて高麗博物館の理事会が開かれ、そ

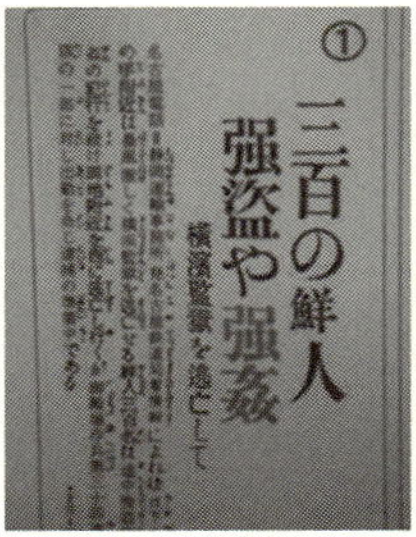
①
三百の鮮人
強盗や強姦
横須賀監獄を逃亡して

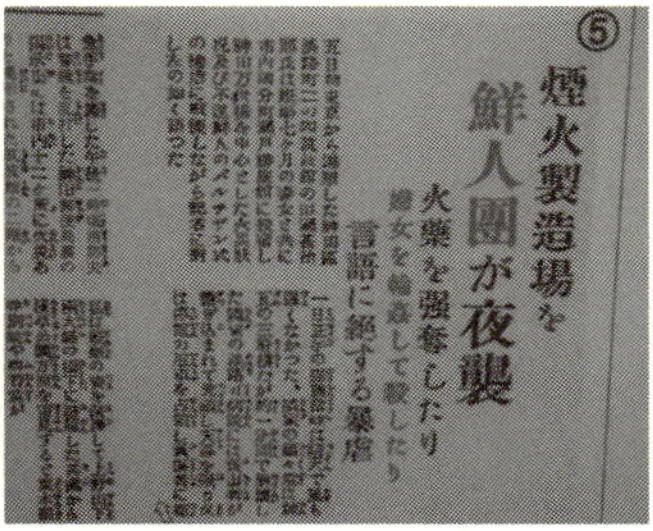
⑤
煙火製造場を
鮮人團が夜襲
火藥を强奪したり
婦女を輪姦して殺したり
言語に絶する暴虐

の要請は受け入れられた。理事会の展示会許可の決定を知らせに新大久保のある場所までやってきた宋館長から、「では、どこで展示するのか」と問われた私たちは直ちに「大韓民国の国会」と答えた。

（３）関東大震災朝鮮人虐殺事件が韓国の国会へ

「アヒムナ運動本部」は国会で関東大震災朝鮮人虐殺の写真資料展示会を開くために、歴史を専攻し、当時在日同胞の人権のために尽力していた民主新党の柳基洪議員を訪ねた。「正しい歴史教育のための議員会」の代表幹事を務めていた柳議員は、国会での開催の提案を快く受け入れ、行事の当日に記者会見を開くことに合意した。

２００７年９月３日午前11時、国会記者会見場において、柳議員と韓国の「アヒムナ運動本部」、そして日本の高麗博物館、アジアハウス、ＮＰＯ法人Ahimna Peace Buildersなど韓日両国の市民社会団体の関係者20人余りが、安部総理をはじめとした日本政府に向けて関東大震災時に虐殺された在日朝鮮人の名誉回復と韓日真相調査団の結成を促す声明書を発表した。

午後には国会議員会館の一階ロビーで柳議員と李美卿議員、関東大震災の日本人証言者らが参席してオープニング行事を行い、写真及び報道資料の展示会を開いた。また、議員会館の小会議室では高麗博物館長による一人芝居が披露され、「関東大震災84周年在日朝鮮人虐殺真相究明及び名誉回復のための韓日国際シンポジウム」が開催された。シンポジウムには、山田昭次教授（立教大学名誉教授）、姜徳相教授（滋賀県立大学名誉教授）、李恩子博士（関西学院大学）などが発表者として参加し、その他に日本の「アジアハウス」及びＮＰＯ法人関係者など10人が席をともにした。

2　東京における関東大震災朝鮮人虐殺の真相究明と名誉回復のための連帯組織の発足

２００７年11月17日、「アヒムナ運動本部」の提案によって、事件後85周年を迎える関東大震災朝鮮人虐殺問題の真相調査と名誉回復のための方法を議論し協力するために、日本と韓国、そして在日の市民や研究者などが集まり、「関東大震災における朝鮮人虐殺の真相究明と名誉回復を求める韓日在日市民の会」（以下、「市民の会」）が発足した。この日の集まりでは、今後「韓日在日市民の会」が主体となってこの問題の真相を究明し、被害者とその遺族の名誉回復の実現のために、韓・日・在日が連帯して韓国と日本の政府に対して「関東大震災朝鮮人虐殺に関する特別法の

制定」を促していくことを決議した。
「市民の会」の発起人名簿は次の通りである。

〈在日〉
姜徳相（関東大震災時朝鮮人虐殺事件史研究者、滋賀県立大学名誉教授）
琴秉洞（関東大震災時朝鮮人虐殺事件史研究者、元朝鮮大学校教授）
朱文洪（在日大韓基督教会小倉教会牧師）
鄭宗碩（韓国・朝鮮・在日と日本の歴史と文化を知る会代表、関東大震災朝鮮人犠牲者を追悼する会幹事）
宋富子（高麗博物館長）
李恩子（関西学院大学客員講師）

〈韓国〉
金鍾洙（アヒムナ運動本部代表、韓神大学校外来教授）
朴京曙（韓国基督教長老会外国人宣教協議会会長）
朴晋雨（韓日民族問題学会、淑明女子大学校教授）
徐紘一（歴史学者、韓神大学校教授）
柳基洪（国会議員、国会正しい歴史教育のための議員会）
趙真敬（日本ＮＰＯ法人 Ahimna Peace Builders 理事長）
河棕文（韓日民族問題学会、韓神大学校教授）

〈日本〉

山田昭次（関東大震災時朝鮮人虐殺事件史研究者、立教大学名誉教授）
松尾章一（関東大震災70周年、80周年記念行事実行委員会委員長、法政大学名誉教授）
八木ヶ谷妙子（NPO法人共に生きる国際交流と福祉の家代表、朝鮮人虐殺目撃者）

〈事務局〉
日本　高橋伸子（アジアハウス代表）
韓国と在日　金令順（アヒムナ運動本部／NPO法人 Ahimna Peace Builders 事務局長）

以下は発起人を代表して行った山田昭次教授の挨拶の言葉である。

韓国の人々と交流しながら、日本において関東大震災朝鮮人虐殺事件を考える今日の意味は何かを私なりに考えてみます。

姜徳相先生は著書『関東大震災』（中公新書、１９７５）でこの事件を「日本の官民一体の犯罪」と規定しました。朝鮮人虐殺を食い止めようとした民衆やこの事件を批判した秋田雨雀、布施辰治、吉野作造、中西伊之助などの知識人もいましたが、それは少数派でした。その意味で先の規定は正しいといえます。

民衆は朝鮮人が暴動を起こしたという官憲の情報をなぜ容易に信じたのか。それは当時の歪められた教育やマスコミの影響に原因があったことはいうまでもありません。それらに影響され、国民に国家に対する強い一体感やそこから生まれた無条件の信頼があったことに根本的な原因があったでしょう。しかし、上記したように、少数とはいえ朝鮮人虐殺を食い止めようとした日本人の民衆もいました。彼らは日常生活の中で在日朝鮮人に接しており、日本という国家の枠を越えて朝鮮人の人間的な長所を知っていたでしょう。ここに未来に向けての遺産があったのです。

人類は今すぐさま国家を廃止することはできません。しかし、国家を相対化していく必要はあります。それなしに各国の民衆の交流と連帯による国際平和はありえません。しかし、それは非常に難しいことです。戦後歴代首相の中でかなりの人がアジア太平洋戦争に対する反省がなく、日本人戦死者を国に命を捧げた殉国者として顕彰し続けてきました。靖国神社に毎年参拝して戦死者に敬意と感謝を捧げた小泉元首相は、その典型的な人物でした。民衆を侵略戦争に動員して、無意味かつ有害な死に追い込んだ国家の責任を認めて謝罪した首相は、残念ながら一人もいません。その一環として、関東大震災時の朝鮮人虐殺の国家責任に対する国家の80余年にわたる沈黙がありす。しかも、現在国家の鞭撻を受けた地方自治体は、公立の小中高学校や養護学校の卒業式や入学式に日の丸掲揚と君が代提唱を強要し、東京都はこれに応じない教員に懲戒処分を下しています。今日、日本ではそれだけ一所懸命国家の権威の回復を図っています。

このような日本の思想状況の中で、韓国の人々と交流しながら、関東大震災朝鮮人虐殺事件を調査し追悼することは、国家の枠を越えた民衆交流の一環として大きな意味を持つと思います。今まで市民によって続けられてきた関東大震災朝鮮人虐殺事件の調査と追悼の貴重な遺産を継承しながら、この運動がさらに前に進むことを期待します。

次は当時の参議院議員大河原雅子さんの祝賀メッセージである。

「関東大震災朝鮮人虐殺の真相究明と名誉回復を促す韓・日・在日市民の会」の出帆に心より敬意を表します。事件後84年を経た今、事件の真相を探る調査や発掘、研究はそれこそ時間との戦いであり、関係者の方々のご苦労は言い尽くせないものだと思います。

9月にあったソウルの国会議員会館における特別行事は、多くの韓国市民の関心を導いたと聞いて、日本での活動にも新たな期待感が寄せられると思い、気をしっかりと持っています。被害をうけた方々とその遺族の名誉回復の実現のために、微力でありながらも力を尽すつもりです。今日の「韓日在日市民会」の出帆と今後の活躍が、韓日両国のみならず、広くアジア市民の連帯を繰り広げ、ともにアジアの未来を切り開いていくように期待しております。

２００７年11月17日　参議院議員　大河原雅子

次は事務局を務めてくださった西崎雅夫さん（グループほうせんか代表）の挨拶の言葉である。

我らは毎年9月初土曜日に荒川、木根川という所ですが、そこで追悼式を行っています。資料が必要な方は、ご自由に持っていってください。25年前からやっています。

それを始めた契機は、当時小学校の先生だった絹田さんが、荒川放水路が人工の川だという事実を子供たちが知らなかったので、それを教えるために人々から話をききながら一人で何年間研究をしていました。その時ちょうど今はなくなった四ッ木橋を調べたが、関東大震災の時、多くの人々が虐殺され、今も遺骨が埋められているかも知れないとの話を聞いてから運動を始めたのです。「関東大震災時に虐殺された朝鮮人の遺骨を発掘し追悼する会」という長い名前の集まりです。「グループほうせんか」はその後につくられた墨田区の社会登録団体です。「追悼する会」の支部のようなものです。市民や会社員など多くの人々が集まりました。

初めは今も遺骨が埋められていると聞いたので、そこを掘って見ましたが、試掘するということがアピールして、堤には人々が並んで立って見守ったんですが、そこからも多くの証言が出てきました。それらの証言をまとめたのがこの本です。墨田地域に限られたことではありますが、地域の虐殺の実態がある程度明らかになったようです。証言が得られた時期は証言者の年齢などの制限があって、１９８２年から１９８５年頃までが限界でした。

その後の発掘においても、実は荒川の堤に埋められているのではないかとか、新聞資料を詳しくみたら、亀戸事件の犠牲者もここに一緒に埋められていて、亀戸警察が二回にかけて遺骨を掘り出してどこかへもっていったとか、いろんな話が出てきて、発掘が難しくなりました。

その後、追悼碑をそこに建てようとしたが、一級河川の敷地は法律の規制が厳しくて、当時建設省に交渉してみましたが、いけないという答えが返ってきました。しかし、墨田区のような公共団体が支えてくれるならば、考えてみるというので、我らは陳述書を墨田区に提出しました。先、鄭宗碩さんもお話しましたが、その陳述書は墨田区議会で検討されましたが、一度継続審議に入り、結局いけないという決定が下されました。公的な資料がなく、市民の利益にもならず、また慰霊追悼という一種の宗教的行為に区が関わってはいけないという結論でした。

中々追悼碑を現場に建てることもできないまま、ずるずる25年が経ちました。何とか私有地でも確保してそこに追悼碑を建てようかとも考えたりしました。今はこんなに遅い足取りですが、今後とも頑張って運動を続けていきたいと思います。

私は今日久しぶりにここにきましたが、多くの方々にお会いできて嬉しかったです。宋富子さんは、私の大学時代にある集まりの講師として招かれて講演をなさいました。姜徳相先生は今日いらっしゃっていませんが、在日の友だちと一緒に先生のお宅を訪ねたこともあります。また山田先生は「追悼する会」の代表をお願いしに立教大学へ行った覚えがあります。山田先生は当時在日韓国人の政治犯の救援資料を一所懸命封筒にいれながら、忙しいから絶対だめだとおっしゃいました。しかし、いい人柄の方なので、結局は引き受けてくれました。会の準備会を始めるのに代表がいなくては会のスタートができないと、ぜひと脅かして臨時代表になっていただきました。

このようにして今日に至っています。実際、まだ日本の中で、日本人の間にもあまり知られていない運動です。しかし、まじめに頑張っていきたいと思います。

次は琴秉洞（共同代表、関東大震災朝鮮人虐殺事件史研究者、元朝鮮大学校副博物館長）さんの挨拶の言葉である。

今日、この「市民の会」が船出することによって、関東大震災問題を解決していくのに主導的な役割を果たしていく、言ってみれば今日は歴史的な日となったと思います。このことに関連して私はまず自分の恥ずかしい話をしなければならないと思います。私は3ヶ月前に満80才になりました。長寿国日本人の平均寿命より長く生きています。70才になった時、長生きしたなと感じましたが、その時からもう10年が経ちました。それでこのような恥じを打ち明けても構わないというか、そしてこれからもう何年をいきるかも知らないし、また明日死ぬかもしれないという気もします。それで恥じを打ち明けるわけですが、先に松尾先生が植民地朝鮮に生まれたという話をされました。そして軍国少年だったとおっしゃいました。実は、私と反対の意味で重なるところがあります。いや、反対ではなく真の意味で。

去る7月だったでしょうか、朝日新聞記者を務めた方が、ご自分の父がかかわっていた『戦う朝鮮』という朝日の写真集を再び新刊書として出し、その出版記念会がありました。その時、私も中塚明先生の次に指名されて、ご挨拶をしたことがあります。その場に参席された方もいらっしゃいますけど、公式的な席で話したことはありませんが、実は私は在日2世です。昔から驚く方も多いですが、満80才の2世です。

あの歴史的な8月15日は、私は満17才、即ち18才でした。日本に生まれ日本で育ちました。松尾先生が13、14才の時に軍国少年だったら、私は何だったでしょうか。

つまり8月15日の歴史的な玉音放送について申し上げますと、私の叔父さんは板橋で小さな工場を経営していました。姉が4月に結婚して静岡へ疎開して富士宮にいたが、そのご夫婦が8月15日に家にくるから、お前もこいという連絡を受けて、叔父さんの家に行きました。その日の11時頃、電報がきて、切符が買えなくて行けないということでした。ちょうどお昼の時間になったので、私は叔父さんと、私と同じ歳の従兄弟と一緒に素麵を食べました。そしたら正午となり、ラジオから玉音放送を始めるというので、私はその席から立ち上がり、一人でラジオの前に膝をついて座りました。玉音放送を聞きながら涙を流しました。そんな愚かな少年でした。教育の成果というのがどんなに強いものかを身をもって知りました。あの『戦う朝鮮』、私はまさにそこで日本の支配層が朝鮮人に要求したことをその通りにしてきた者でした。彼らはそれを願ったし、私はそれをその通りにやってきました。そこで私は天皇の玉音放送を聞いて涙を流しました。私が涙を流すのをみていた叔父さんは、私が席へもどると、日本は負けた、朝鮮は独立だと、私とは正反対というか、こいつをどうにかしなきゃと思われたんでしょう。従兄弟は17才でしたが、マルクスがどうこう、レーニンがどうこうとしゃべる人だったですが、私は同じ歳にもかかわらず、マルクスもエンゲルスも知りませんでした。レーニンはぼんやり知っていました。なぜならば西にレーニンがいれば、東に原敬がいるというあの有名な早稲田の永井柳太郎の演説があって、少し知っているだけで、社会主義とは何か、共産主義とは何なのか全然知りませんでした。そのような中で、親戚の中で私一人がラジオの前に膝をついて涙を流している姿をみて、叔父さんは心配したのでしょう。何とかしなきゃと。それで「独立だ」といいながら腹を立てました。「日本が負けて、朝鮮が独立するといって、嬉しい顔をするな。日本人が見ている」と。

その場ではじめて関東大震災の話を叔父さんから聞きました。関東大震災時に朝鮮人は何千人も殺害されたとおっしゃったのです。関東大震災があったことは知っていましたが、朝鮮人が殺害されたという事実はその時はじめて知りました。歴史的な日に私は関東大震災について聞いたわけです。しかし、私の心は日本人だったので、日本国民はどうなるか、天皇はどんなに胸を痛んでいらっしゃるかということばかり考えていました。なぜ私が関東大震災に関心を持つようになったか。私のように愚かなものでも敗戦から半年か一年がたつと、あらゆる構造がわかるようになりました。ああ、私がどんなに愚かだったのかも痛感しました。だが、まだ完全に変わってはいなかったのです。自己回復というのは。

そして大田区池上に下宿していた時期、下宿屋のおばあさんが70才くらいでしたが、そのおばあさんがいいました。この頃の朝鮮人は紳士的になって、非常にいい人が多いが、以前はそうじゃなかったんです。関東大震災の時、火をつけ、毒をいれたりして……というのです。ああ、そうかと。実はこれがきっかけとなって関東大震災について本当に関心を持つようになりました。叔父さんが話した時は、私を正気に返らせるために言い出したでしょうけど、このおばあさんの話は、これは大変だと思いました。関東大震災は全部でっち上げだということは知っていたと思いましたが、実はそうではなかったわけです。そこでその時から私は関東大震災に関心を持ち、資料を集めることにしました。

ところで、画期的といえばおかしいが、私は若い時姜徳相教授と同じ研究会に出ていましたが、そこには日韓友邦協会といって、総督府の高官だった人々、政務総監とか局長とか、そして京城日報の記者とか、そんな人々が全部集まっていました。そこでは私たち若者が攻撃すると、彼らはそれに応じてくれました。朝鮮に長くいた関係でこの方々の言葉には説得力がありました。そのように質問応答を交していた過程で、姜徳相君が、彼は30少し前か30くらいの歳で、私は彼より五つ年上でしたが、彼が関東大震災について報告をするというので、なるほどと聞いていました。ああ、このくらい理路整然たる話ができるんだと感心し、また私の集めていた資料を彼が歴史学研究に投稿しました。その時、これは彼にまかせるに値すると思い、私の持っていた資料をほとんど彼に渡しました。そのうち、私も1961年から朝鮮大学校に務めるようになり、二人で資料集をだすことにして、2、3年間作業をした後、それを合わせて資料集を出すことになりました。どの出版社に頼むか、大体岩波書店から出そうかと思ったんですが、不思議にも二人の意見がみすず書房の現代史資料に入れたいということに一致しました。それで持っていったら、小尾さんという編集長が出版しましょうと、それも現代史資料の第6巻にいれたいといわれて、1963年に私と姜教授の編著で現代史資料が出ました。そしてその後、私は先に松尾先生もおっしゃったように、中公新書から『関東大震災』を出しました。

さて、私はいろんなことがありましたが、その後緑蔭書房から4冊の資料集を出しました。関東大震災に関連した児童証言資料や官庁資料、その他植民地朝鮮における新聞、先に言った東亜日報だけではなく朝鮮日報などの主要な社説を翻訳して出版し、『朝鮮人虐殺に関する知識人の反応』(緑蔭書房、1996年)という上下2冊の本を出しました。

以上のような経過があって今日に至りましたが、しかし運動体は好きじゃありません。私には他の運動からも運動に参加してくれと要請がありましたが、私は断りました。私はその時、書くべきものが多くて、到底そんなところに時間を割くことができない、いつもそう思いました。

しかし、今年9月1日に関東大震災についての講演の依頼を受けて、カトリックの埼玉県と東京の関口教会と横浜の教会だったが、神父をはじめとした30人余りの前で講演しました。講演が終ってから、私はまさに今日の発言の結語として話すべき内容を言いました。そのことについて、講演を聞いた人々からそれを主導する団体や集まりなどはあるかと聞かれた時、口が聞けませんでした。私はないと答えました。こんなに真面目に関東大震災問題を扱ってきたようでも、実はそうではなかったのです。そこで、今日、その時私が結語で話した内容の要旨だけでも申し上げて、後で本文を書き直してみようかと思いますが、その内容は四つで、その要旨を申し上げます。

まず、日本政府に事件の正確な調査と謝罪を要求する。先に韓国から来られた方がおっしゃいましたが、証拠となるべきものがないことはない。我らは今まで数十年間証拠を集めてきたし、松尾先生も軍関係のものを3本出しました。すごい資料です。また、目撃者もおり、目撃談もあります。これが一つ。

二つ目に、日本の国会で審議できるように各党に働く必要があります。無責任ですが、私は自分の運動体をつくらずにこんなことをいっていました。

三つ目に、虐殺事件が今後起らないように保証する。そのための、即ち再発防止のための具体的な対策を日本政府に要求する。

四つ目にこれをアジア諸民族の信頼回復のために、必ずやるべきじゃないかということです。

以上の四つを実は最近数年間、関東大震災に関する講演を頼まれた時、結語のところで触れていました。

今日、この市民連帯が船出することで、今やっと運動を主導する核心体というか、光がみえるような気がして、みなさんのお話を聞いていました。もし今申し上げた要旨に加えるべき内容があれば、私におっしゃってくださり、また私に市民連帯への賛同アピール文を書いてほしいならば、これらを骨子にしてつくりたいと思います。恥とともに、いや、80にもなれば恥ずかしいこともなくなるようです。

以上で終ります。

3　真相究明と名誉回復のための韓日在日市民連帯の事業

われわれは「市民の会」の韓国事務局として「1923韓日在日市民連帯」(以下、「韓日在日市民連帯」)を組織し、韓国の中で真相究明と名誉回復のための事業を推進するために市民団体として登録した。韓国で関東朝鮮人虐殺問題のために持続的に活動する唯一の団体である。

「韓日在日市民連帯」の事業は、市民への広報事業、虐殺事件の真相究明のための学術討論会、虐殺現場を訪れるスタディーツアーの開催、国家レベルでの真相究明を促す立法化活動、犠牲者の名誉回復のための追悼事業、虐殺犠牲者の遺族探しなどを中心に進められた。

(1) 写真資料の展示会と学術シンポジウム

広報事業としては、写真資料展示会が真相究明のための学術討論会とともに進められた。

①東日本から西日本へ移っていった関東大震災朝鮮人虐殺事件展示会(2008年1月〜2月)

「韓日在日市民連帯」の初仕事は関東朝鮮人虐殺事件を西日本の地域に知らせることであった。北九州と下関には韓国との交流活動を行っている市民団体が多く、また在日朝鮮人も多く住んでいる。

北九州市を皮切りに下関市、田川市を経て、再び北九州市で開かれた巡回展示会は、韓日の友好と平和、ひいては東アジアの平和を願う韓・日・在日の市民らが心と力を合わせてつくり出した貴重な場となった。

関東大震災朝鮮人虐殺に関連したパネルは、2008年1月17日から19日までは在日朝鮮人の人権運動の出発点ともいえる在日大韓基督教会小倉教会において展示され、23日から27日までは下関市民活動センターで、30日から2月3日までは田川市の石炭歴史博物館で展示された。また2月13日から17日までは北九州市立男女共同参画センター・

2008年（平成20年）1月24日 木曜日 山口新聞

関東大震災

「朝鮮人虐殺」考える

市民活動センター 27日までパネル展

不動産2件

西日本新聞 2008年（平成20年）1月31日 木曜日

歴史の真実知って

関東大震災朝鮮人虐殺パネル展

生々しい写真や絵56点

隠された真実

田川市で始まる

（左上）山口新聞
（左下）読売新聞
（右上）西日本新聞

ムーブで展示された。

②韓神大学学術院との共同主催で開かれた学術シンポジウムと写真資料展示会（２００８年３月27日）

２００７年９月に開かれた韓国国会での第一次シンポジウムでは具体的な事実に関する研究成果をもとに報告が行われたとすれば、第二次シンポジウムでは関東大震災朝鮮人虐殺と３・１運動との連携性が強調され（姜徳相、徐紘一）、また日本の政治的状況の中での社会主義運動との関連において虐殺事件の原因が探られた（山田昭次）。

姜徳相教授はこの日の発表の最後において韓国政府に向けて意義深いメッセージを発した。

在外公民を保護するのは国家の当然の義務である。ましてや訳もなく虐殺された人々である。もちろん日本政府はこの抗議を無視し、「不逞なやつら」と毒突いた。その後80年余り、日本政府はこの問題について口を開かなかった。戦前、真相究明を言い出すと、刑務所行きであった。大日本帝国が崩壊した戦後はどうだろうか。真相究明の要求は依然として封じ込められた。筆者の記憶によると、１９５０年代に衆議院でのある国会議員の質問に対して、当時の池田首相は「寡聞にして知らない」と答えただけである。不思議なことだが、韓国政府からもこの在外公民大虐殺に対して日本政府に真相究明と謝罪を要求するとか、また毒の投入や放火などの流言蜚語に対する名誉回復を要求するといっ

第４次国際シンポジウム（2009年３月28日、基督教会館）

「一歩の前進」のために／金鍾洙

独立運動・不逞鮮人・虐殺／姜徳相

関東大震災時の朝鮮人虐殺事件に対する日本の国家責任／山田昭次

関東大震災時の朝鮮人虐殺事件の歴史的意味と国家責任について／朴漢龍

コリアン・ジェノサイドとは何か／前田 朗

国際連帯を通じてのコリアン・ジェノサイドの解決提案／尹美香

日本弁護士連合会の勧告の趣旨と再発防止／梓沢和幸

関東朝鮮人虐殺と日本政府を相手にした訴訟の展望／魏大永

関東朝鮮人虐殺事件の真相究明と名誉回復を要求する声明

たような外交的提議は一度も行われたことがない。上海にあった亡命政府が要求した謝罪と真相究明を、その系譜を受け継いだ今の韓国政府がなぜ声を挙げないのか。歴史に時効はない。不幸な時代の克服には真相究明が不可欠な課題だと思う。

③民族問題研究所との共同主催の学術シンポジウム（2009年3月28日、鐘路、基督教会館）

3・1節90周年、強制併合100周年を控えた時点で、日本の右翼は植民地犯罪を全面否定するだけではなく、むしろ合法的な過程を通じてアジアの民主化を進めるきっかけとなったと主張している状況であった。この時に開かれた第4次国際シンポジウムは、朝鮮人虐殺をジェノサイドの観点から捉えるものだった（前田朗、日本造形大学教授）。そして今後日本国家を相手にどのように訴訟を準備していくべきかを考え、この訴訟のために「韓日在日市民連帯」を越えての国際的な共助の可能性を考えるという意図から企画された。

④済州4・3記念公園で開かれた関東パネル展示会とシンポジウム（2011年8月27日〜9月11日）

「韓日在日市民連帯」は「4・3の地」済州において「関東済州行事実行委員会」を組織し、関東大震災の写真資料展を二週間にわたって開いた。資料は、日本側の協力パートナーの「国家責任を問う会」と「在日韓人歴史資料館」において製作されたものを提供され、それを韓国語に翻訳して製作した。合計22点からなる資料は、市民や学生にやさしく理解してもらえるようにして、学校や市民団体および宗教機関で展示できるように製作された。

済州4・3平和公園をこの行事の場所に決めた理由は、虐殺された朝鮮人の中で3人が済州出身だったので、その遺族を探すためであり、また平和公園内のジェノサイド歴史館の展示に関東朝鮮人虐殺が抜けているので、その是正を要請するためでもあった。

제6차
關東 조선인학살 진상규명을 위한
기획전시·국제심포지움

요코하마 - 학살조사 횟수와 증언
• 지도 내 ○안의 숫자는 학살된 시체의 조사 횟수
• A~Q는 증언이 남아 있는 장소. 증언은 발췌, 원문 그대로.
• 초등학교 이름은 진재 관련 작문이 남아 있는 학교
• 지역 내 회색 칠한 곳은 화재 소실 지역

수용소 및 인근 마을에서의 학살
- 군대가 선별하여 마을 사람들에게 내어 준 조선인 -
9월 7일 나라시노 수용소는 인근 마을에 "조선인들을 내어 줄 테니까 받으러 오라" 고 알렸습니다.
마을 사람들은 "15명 받아 와서 각 구별로 배당" 했다고 기록되어 있습니다. 8일, 9일에도 같은 일이 벌어졌습니다.
군대는 마을 사람들에게 살해시키기 위해 조선인들을 받으러 오라고 한 것입니다. 다카쓰(高津)에서 6명(그 중 1명은 오사카(大阪) 사람이라는 이야기도 있다), 오와다신덴(大和田新田)에서 3명, 가야타시모(萱田下)에서 3명, 가야타카미(萱田上)에서 1명, 오와다(大和田)에서 2명이 살해당한 것이 확인되었습니다. 후나바시에서는 9월 6일 조선인 박해를 금한 계엄사령부의 비라가 배포되었지만 이들 희생자가 살해당한 것은 그 후였습니다.
현재 오와다신덴, 가야타 초후쿠지(萱田長福寺), 가야타 나카다이(萱田中台)묘지, 다카쓰 칸논지(高津観音寺)의 네 곳에 공양비가 세워져 있습니다.

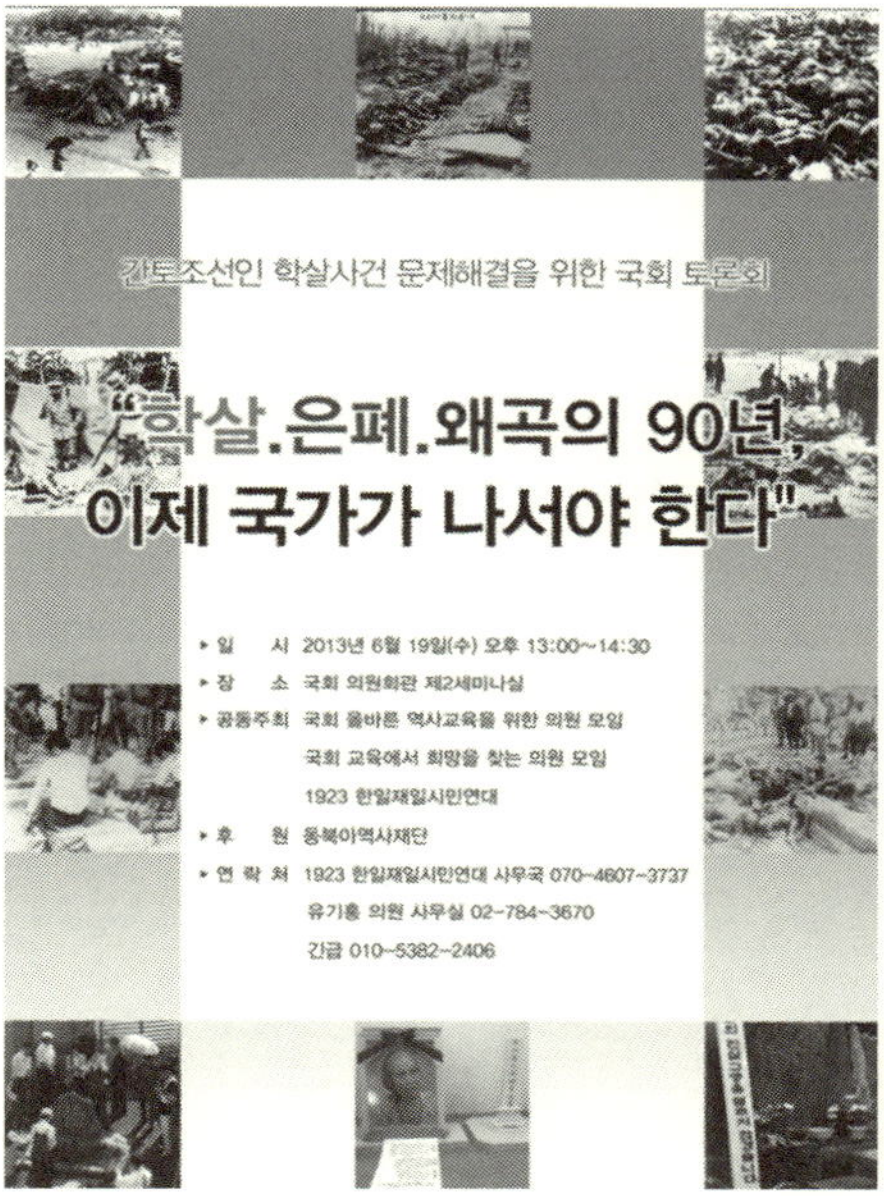

⑤特別法の制定を求める国会議員会館および韓国基督教長老会総会宣教教育院における討論会（2013年6月19日～20日）

2013年は関東朝鮮人虐殺事件が起きてから90年目になる年である。特別法の制定をこれ以上遅らせてはならないということで柳基洪議員と意をともにした。そこで「国会、正しい歴史教育のための議員会」と「国会、教育に希望を見いだす議員会」が「韓日在日市民連帯」との共同主催で、日本の研究者や真相調査活動を行なっている9人と国会議員らが真相究明のための議会での解決方案を模索する座談会形式の討論会を開いた。

翌日には7月初めに派遣される予定の韓国民間調査団のための事前教育として学習討論会が行われたが、それには調査団の他にテアン学校の学生や宗教関係者らが参加して、真摯な学習がなされた。

（2）虐殺現場を訪れるスタディーツアー

関東朝鮮人虐殺の地域は大きく東京、横浜、千葉、埼玉、群馬地域に分けられる。虐殺地域が相当広範囲にわたっており、地域ごとに虐殺の主体と様相が違っ

ている。詳しい聞き取り調査をするためには、一度に全ての場所を訪問することができないので、行くたびに特定地域のいくつかの事例にしぼって聞き取り調査を行った。

２００８年1月は東京と千葉の地域を回った。聞き取り調査というよりは事前調査の性格のものであった。そして8月最後の週に東京ＹＭＣＡで開かれた85周年追悼行事に参加する徐紘一共同代表が、韓神大学校国史学科と日本地域学科の学生らとともにスタディーツアーを企画した。３００席が満席になるほど多くの人々が参加した85周年追悼行事に、観音寺の普化鐘楼の建設工事を監督した高齢の沈雨晟先生をご案内した。関東朝鮮人虐殺事件の研究者は多くがすでに70代を越えている。みんな高齢だったが、この日参加した95才の八木ヶ谷妙子さんが自分たちに向けて「貴方たち若者らがもっと年をとる前に真相究明にもっと頑張ってください」といわれ、みんな大笑いした。

翌日から始まったツアーは東京墨田区の横網町公園にある追悼碑と荒川虐殺現場、八千代市の観音寺の普化鐘楼、ナギの原虐殺地、千葉にある流言蜚語を全国に撒き散らした海軍送信所、在日本朝鮮人連盟が建てた虐殺主体と犠牲者について明確に刻んだ追悼碑を訪ねて説明を聞いた。

観音寺のナギの原は、軍隊に収容されていた朝鮮人を殺害用にこの地域の自警団に払い下げ、数日間夜に刀と銃で朝鮮人を虐殺した場所である。虐殺された朝鮮人の埋められた穴には木蓮が植えられたが、周りのどんな木よりもこんもりと育った。

荒川虐殺現場に追悼碑を建てた西崎雅夫さんは、大学時代から関東事件の真相究明のため、犠牲者の住所をもってその遺族を探しに数回韓国を訪問し、渡韓報告書も書いた。彼らは荒川の川岸で虐殺された朝鮮人を埋めたという多数の証言を確保して、区役所に何度要請したあげく発掘許可を取ったが、ついに遺体は出てこなかった。後で確認してみると、１９２３年、日

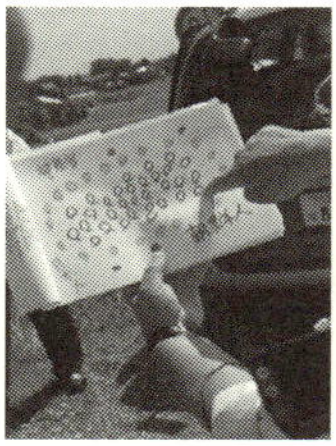

本社会主義者の犠牲者らの家族が遺体の埋められた場所から遺体を取り戻そうとしたが、官憲は事前にすべての遺体をどこかへ移したとする当時の新聞記事が見つかった。新聞記事の見出しは「骨も掘れずに遺族引還す」であった。結局、発掘を行なったメンバーは最初に埋められたとされる川岸に鳳仙花と無窮花の花壇をつくり、その花の種を人々に配って、虐殺の歴史を記憶するようにした。西崎さんは「グループほうせんか」をつくり、真相究明のために頑張っている。また、その趣旨に賛同する多くの市民の助力によって、堤防のそばに小さな土地を買って、虐殺の主体と犠牲者、虐殺の動機を明確に刻み込んだ追悼碑を建てた（２００９年８月29日）。

興味深い点は、各地域において真相究明活動を行っている方々の多くが、学校で子供たちを教えている教師として地域史を教えたり、多文化共生教育をしたりする過程で朝鮮人虐殺事件に出会うことになり、地域における真実究明活動により深く関わることになったということである。

２００９年は、アヒムナ平和学校の学生たちと一緒に、フィールドワークの一環として東京、埼玉、群馬地域の調査に多くの時間を割り当てた。特に埼玉、群馬地域で地震の被害が全くなかった地域であっても多くの虐殺が起ったのは、戒厳令の発布によって、村の有志らが自警団を組織して、朝鮮人を手当たり次第に殺害したためである。埼玉には虐殺した加害者によって建てられた姜大興・具学永の墓があるが、特に具学永の碑文には没年と故郷の住所が刻まれている（具学永、28才、慶南蔚山郡廂面山田里）。

日本には石碑の他に、毎年追悼のための塔婆を建てる習慣がある。そこでアヒムナ平和学校の学生たちは韓国から松の木を持っていき、「朝鮮人虐殺の真相究明を止めません」という決意を込めて、現場にいた人々の名前を連署して虐殺犠牲者追悼碑の後ろに塔婆を立てた。

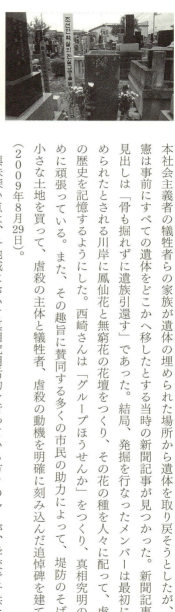

2010年8月9日には、強制併合100周年を迎えて、靖国反対共同行動の会員たちとともに東京横網町公園にある追悼碑の前で追悼をし、また荒川の虐殺現場を訪れて西崎さんたちの永年の尽力によってたてられた追悼碑にかかわる話を聞いた。

［韓国民間調査団］

関東朝鮮人虐殺90周年を迎えて企画した韓国民間調査団の虐殺現場調査は、今まで訪れなかったり、時間の都合で素通りした所に対する調査活動に重点をおいた。日程は2013年7月2日から6日まで、参加者は1923韓日在日市民連帯、関東90周年行事準備委員会、韓国基督教長老会・教会と社会委員会、インターネット新聞「エキュメニアン」など7名から構成された。

韓国における真実究明のための努力が特別法の立法に相当近づいたことを知っている、日本で調査と追悼をしている人びとは例年よりも一層慎重に準備をして、一つでも多くの調査結果を伝えられるよう努めた。調査活動の目的は次の通りである。第一に、日本の各地域の調査団の案内で当時の事件の状況がわかる現場を見回る。第二に、調査過程において多様な証拠資料と当時の人びとの証言を収集・確認する。第三に、韓国政府が真相調査に着手する場合、今まで調査できなかった限界を超えて、新しい事実を明かす可能性があるかどうかについて意見を聴取する。第四に、韓国政府が虐殺被害者らの名誉回復のために取れる措置について傾聴し、このための日本市民社会との協力方法について考えてみる。

4泊5日の日程は次のとおりである。

▼7／2（火）千葉調査　案内及び説明　平形千恵子、大竹米子　ほか

1. 八千代市　高津観音寺
（1）なぎの原
（2）普化鐘楼
（3）詩塔、関東大震災朝鮮人犠牲者慰霊碑
2. 八千代市　長福寺「至心供養塔」

▼7／3（水）：埼玉、群馬調査

案内及び説明　田中正敬、山田昭次、高橋隆亮　ほか

1. 埼玉県さいたま市見沼区　常泉寺「朝鮮人姜大興墓」
2. 埼玉県大里郡寄居町　正樹院
「感天愁雨信士　朝鮮慶南蔚山郡廂面山田里　具学永」
3. 群馬県藤岡市　成道寺　慰霊の碑　17名の犠牲者姓名

▼7／4（木）　東京調査

案内及び説明　姜徳相、西崎雅夫、高野宏康　ほか

1. 旧月島3号地
2. 江東区永代橋東詰　※軍隊による虐殺現場
3. 墨田区横網町公園 東京都慰霊堂、朝鮮人犠牲者之碑、復興記念館
4. 旧おくら橋
5. 江東区　羅漢寺
6. 江東区　浄心寺「亀戸事件犠牲者之碑」

예큐메니안

関東大震災朝鮮人犠牲者
平成十一年
예큐메니안

예큐메니안

7. 墨田区　法泉寺　感謝之碑
8. 墨田区八広　韓国・朝鮮人殉難者追悼之碑

▼7／5（金）横浜調査

案内及び説明　今本陽子、山本すみ子

1. 南区　中村川岸の虐殺地
2. 南区　宝生寺　関東大震災韓国人慰霊碑
3. 西区　関東大震災殉難朝鮮人慰霊之碑
4. 神奈川区　三ツ沢墓地（虐殺朝鮮人埋葬地）
5. 港北区　蓮勝寺
6. コットンハーバー　浅野造船所敷地（虐殺現場、当時の埋立地）

民間調査団の虐殺現場調査を通じて次のような重要な事実を再び確認した。

戒厳令に関連して

1. 日本国家は単なる災害にもかかわらず、流言蜚語を根拠に戒厳令を発布した。戒厳令下で朝鮮人を敵と見なしており、直ちに逮捕または反抗する者には即決処刑を許しており、これは事実上「戦争状態」を宣言したものである。
2. 日本国家は戒厳令発布の根拠を流言蜚語においたが、実際に流言でいわれたような事件はなかった。虐殺がとめどなく広まると、国家は民間に虐殺させるように誘引し幇助した。そして流言蜚語を事実とするために、ありもしない事実をあたかもあったかのように捏造した。流言蜚語がはじめだれによって作られたかについては論議があるが、確かなことは警察と軍隊が確認されていない流言蜚語を流布し、それを根拠に戒厳令を発布したということである。流言蜚語を事実確認もせずに国家が組織的に流布し、戒厳令発布の根拠にしており、自警団はこの戒厳令を根拠に朝鮮人に対する無差別的な虐殺を行ったとすれば、明らかに日本国家は違法的行為を行ったといえ、それに対する責任は全く国家にあるのである。

誰が、どのように虐殺したかについての問題に関連して

3．軍隊、警察、自警団は虐殺の主体として非常に残酷に朝鮮人を虐殺した。首を切り、四肢を切り捨てたり、両腕と両足を綱で吊って引き裂いて殺害したり、特に女性の場合は性器に竹槍を差し込んで妊婦の腹を搔っ切り、臍帯に巻かれて泣いている赤ん坊までも無惨に虐殺したなどの証言があったことを至るところで確認できた。

4．国家は虐殺の主体となった自警団に責任を負わせているが、自警団をつくることを「指示」し、行動指針を下したのは国家であり、軍隊は収容された朝鮮人を自警団に払い下げるなど虐殺に積極的に介入した。自警団もまたその責任を逃れることはできない。皇国臣民として命令に従わざるを得なかった民衆といえども、事実確認もせずにただ「朝鮮人」という理由だけで人道に背く殺人魔の狂気で手あたり次第に虐殺した底には、根強い朝鮮人に対する差別意識とナショナリズムに隷属した集団狂気があったことを確認できる。

日本国家の隠蔽及び歪曲について

5．日本国家は虐殺事実を隠蔽するために、虐殺の犠牲者を震災の被害によって死亡した日本人の死体とともに焼却して、その身元の確認を不可能にしており、虐殺関連の記録を焼却するなど組織的な証拠隠滅をはかって事件を隠蔽してきた。また、根拠もない流言蜚語を名分に戒厳令を発布し、虐殺をほしいままにしたので、国際的非難を避けるため流言蜚語があったかのように事実を歪曲するなど、虐殺に次いで隠蔽、歪曲など第二、第三の国家的犯罪を相次いで犯した。

日本の事件処理が示す責任転嫁及び形式裁判について

6．虐殺に加わった自警団に対する日本の司法による裁判は不充分にしか行われていない。大半の裁判は判事と被告人の間に冗談が交されるほど形式的なものであって、朝鮮人を殺したことに対する罪の意識はない。だからこそ朝鮮人を虐殺した者の多くに対して執行猶予のある判決が下された。判決を受けた者のなかには、国家が顕彰する代わりに罰を下したことに反発するものもいた。

日本の国会と日弁連の質疑に対する政府の公式立場について

7．1923年12月15日、衆議院本会議において憲政会所属議員の永井柳太郎が、関東大震災当時の朝鮮人虐殺に対して「遺憾」を表明すること、朝鮮人犠牲者の「遺族を慰める最善の方法」を示すことを促したが、当時の総理は「現在調査中」という責任逃れの発言をしていた。それ以来今まで日本の議会で政府の責任を問うたことはない。

日本弁護士連合会は2003年、在日朝鮮人の文戊仙さんの訴えにもとづいて事件を調査したことがある。そして虐殺に国家が関与したことを認め、2003年8月、日本政府に対して、

1、国は関東大震災直後の朝鮮人、中国人に対する虐殺事件に関し、軍隊による虐殺の被害者、遺族、および虚偽事実の伝達などの国の行為に誘発された自警団による虐殺の被害者、遺族に対し、その責任を認めて謝罪すべきである。

2、国は、朝鮮人、中国人虐殺の全貌と真相を調査し、その原因を明らかにすべきである。と促した。しかし、当時、小泉純一郎総理はこれを黙殺し、何ら公式的な立場を表明せずに責任逃れをした。

関東朝鮮人虐殺事件に対する教科書の歴史歪曲について

8. 2012年、横浜市教育委員会は、同委員会が発行した中学校歴史副教材『わかるヨコハマ』に出ている関東朝鮮人虐殺事件に関する記述のなかで「軍隊と警察、在郷軍人会と青年会を母体として組織された自警団などが朝鮮人に対して迫害と虐殺をほしいままにした」という内容に対する日本の右翼勢力からの圧力に耐えきれず、副教材を回収するという措置をとった。直された副教材は「政府が戒厳令を発布して軍隊を横浜へ出動させた。理由は自警団の中に朝鮮人を殺害するような行動に進んだ人がいたからである」との趣旨に書き直されており、このように歪曲された副教材をもって日本の青少年に歴史を教えている。

韓国政府の真相究明に対する努力が一切ないことについて

9. 1923年、虐殺事件があった年、上海臨時政府が朝鮮人虐殺事件を調査して以来、現在まで国家的レベルでの真相調査が行われたことは一度もなかった。事件当時は植民地だったので適切な真相究明ができなかったとしても、解放以後、大韓民国政府が真相究明と被害者に対する名誉回復を後回しにしてきたことは国家としての責任を忘却するものである。

韓国の歴史教育において関東朝鮮人虐殺事件が消えたことについて

10. 韓国の歴史教科書には、この事件についての無知あるいは植民史観に基づいた歴史記述によって、「流言蜚語による偶発的虐殺」などと日本教科書の歪曲した内容がそのまま収録されてきた。しかも、最近の歴史教科書には関東朝鮮人虐殺事件に関する記述が全くないという事実を周知すべきである。

したがって、韓国政府は90年前、関東朝鮮人虐殺事件に対する日本の国家的犯罪の責任を問うとともに、現在も行われている在日同胞に対する差別に対して、韓国政府の真相究明と再発防止のための日本の断固たる措置を要求すべきである。これは在外国民の人権を保護すべき国家としての基本的で当然の責務だからである。

関東朝鮮人虐殺事件に対する真相究明と無実の犠牲者の名誉回復が早急に成し遂げられるように、韓国の議会と政府が乗り出すべきである。

２０１３年７月

（３）国家レベルにおける真相究明を促す立法化運動

２００７年９月３日、「正しい歴史教育のための議員会」の代表幹事を務めている民主新党の柳基洪議員と韓国「アヒムナ運動本部」は、午前11時、国会記者会見場において日本の高麗博物館、アジアハウス、ＮＰＯ法人Ahimna Peace Buildersなど韓日両国の市民社会団体の関係者20人余りとともに、安部総理をはじめとした日本政府に向けて関東大震災事件で虐殺された在日朝鮮人の名誉回復と韓日真相調査団の結成を促す声明書を発表した。しかし、２００８年の総選挙で柳議員が落選し、その後、韓日在日市民連帯は関係する様々な政治家に会って、虐殺事件の解決のための特別法制定の必要性を訴えたが、実らなかった。結局、18代国会における立法化活動は失敗に終わり、次の19代国会に期待するしかなかった。

一方、国家をして真相調査をさせ、日本政府に責任を問うようにするため、政府組織の「真実と和解のための過去史整理委員会」（以下、真和委）で関東朝鮮人虐殺事件の真相調査をするように要請するという方案を進めた。しかし、真和委は1923年の関東朝鮮人虐殺事件は同委員会の調査範囲を超えているとの立場を示した。韓国の真和委に前向きな動きを期待して委員長に会って説明しようとしていた日本側の共同代表の山田昭次教授をはじめ、前田朗教授、平形千恵子さんなど研究者と活動家は韓国真和委の立場を確認して帰国した。植民地犯罪を扱う機関の中で、この関東朝鮮人虐殺事件を受け入れて調査してくれるべき機関はなかったのである。

国家に責任を問わせるには、この問題を真相調査できる機構を設立するよう定める特別法の制定が唯一の方法であった。1923韓日在日市民連帯は学術シンポジウムと写真資料展示会を開いたり、宗教機関や大学で特別講義を行うたびに、特別法制定のための署名運動を展開してきた。

それと同時に2009年からは、韓国の歴史団体と連帯して、「強制併合100年共同行動韓国実行委員会」を組織して関与し、植民地の過去の歴史解決のための共同実践を模索した。具体的な実践アジェンダをつくるために、北九州で韓日過去史清算のために活動する人びとと一緒に学習討論会を企画して実行し、韓国実行委員会の2010年活動にも力を合わせていった。もっとも未清算の課題が多い上、諸団体が当面する課題を推進するのにも力が足りない状況だったので、包括的な植民地犯罪清算のための法制定を推進しようとしたが、思うようにはいかなかった。また、言論も日本軍慰安婦問題、強制連行問題、サハリン同胞問題の解決などに集中していた。ただ関東朝鮮人虐殺市民運動が大衆により多く知られるようになった契機は、「強制併合100年特集」として『ハンギョレ新聞』と『京郷新聞』で関東朝鮮人虐殺問題について集中報道がされてからである。その後、ウェブ上においてネチズンの関心度がますます高まるのを確認することができた。

このような中で、この問題の解決により集中的な努力を傾けるために、韓国と日本の基督教の代表機構のNCCを通じて法制定を訴えるようになった。日本NCCJ－URMの牧師らは日本で民主化運動と平和運動に携わってきた宗教家だったので、比較的容易に共感の輪が形成された。

一方、NCCK（韓国基督教教会協議会）と韓国基督教長老会・教会と社会委員会、正義と平和委員会、NCCJ

（日本基督教教会協議会）―ＵＲＭ、ＫＣＣＪ（在日大韓基督教会）などは、韓国と日本の宗教界において関東朝鮮人虐殺問題と現在の在日同胞に対する差別問題が宣教の課題として採択されるよう、関連大会が開かれるたびにその必要性を強調した。その結果、韓日両国が早急に真相究明のための特別法を制定し、日本政府の責任を問えるよう一緒に祈りを捧げるという決議を得て、教会暦の9月初主日を在日同胞人権宣教主日に確定した。

このような努力によって２０１３年、韓日ＵＲＭ協議会（3月18日～20日、京都、日本クリスチャンアカデミー）で朝鮮人虐殺真相究明を韓国と日本の両政府に促す非常に意味のある声明書を作り上げた。国家の責任と謝罪を促しながら、韓国と日本の基督教界が真っ先にこの事件に対する共通の歴史的視点からの公式的な文書を採択したのである。すでに第9回大会（韓国、済州）で強制併合１００年と日帝植民地犯罪に対する歴史的立場を発表したことについて、韓日ＵＲＭ協議会が依然として立場に変わりがないことを確認し、第10次協議会では関東朝鮮人虐殺事件90周年を迎えて、共同声明を発表することになったのである。

関東大震災朝鮮人虐殺事件真相究明を促す共同声明

日本基督教協議会・都市農漁村委員会（NCCJ-URM）、韓国基督教協議会・正義と平和委員会（NCCK-Justice and Peace Committee- 以下、NCCK-JPC）は日本による強制併合１００年の年に開催された第9回韓日 NCC-URM 協議会で日本の強制併合に対する立場を発表した。

NCCJ-URM と NCCK-JPC は、韓国強制併合は日本の武力によって脅かされたことであり、それは国際法上にも締結時より無効だったので、日本政府の韓国植民地化に対するどんな口実も正当化されがたく、したがって今日に残された植民地問題に対する責任を負うべきだと宣言したことを確認し、韓国の植民地化によって発生した問題、即ち関東大震災時の朝鮮人虐殺問題、靖国合社問題、サハリン残留朝鮮人被害問題に対する真相究明と名誉回復、そして被害者に対する謝罪と賠償、植民地支配の結果日本に居住するようになった在日韓国・朝鮮人の基本的人権の保障を含め、韓国政府は一連の文化財返還の要求に留まらず、韓日基本条約の再検討を要求しなければならないと宣言したことを確認し、これに対する具体的な実践課題として韓日両国の教会は、日本政府が植民地犯罪に対して責任を取ることを促し、韓国と日本の未来世代のための正しい近現代史教育を教会においてもっと積極的に実施し、9月初主日を「在日韓国・朝鮮人人権主日」と宣布してこれを守りながら、「関東大震災時朝鮮人虐殺事件」に対する真相究明のため協力していくと宣言したことを再び確認した。

特に今年は「関東大震災朝鮮人虐殺事件」が起ってから丁度90周年になる年で、日本政府及び韓国政府の真相究明を要求する世論が高まっている。こんな中で、「関東ジェノサイド犠牲者90周期追悼式韓日共同準備委員会」は、全世界の基督教人が集まるWCC第10次釜山世界総会で「NEVER AGAIN GENOCIDE」をテーマにした展示会と国際学術討論会を付帯行事として開催するようになった。この行事を通じて「関東大震災朝鮮人虐殺事件」の真相を明らかにし、日本政府と地域教育委員会の責任逃れのための歴史歪曲を指摘し、WCCレベルでの真相調査を促すことにした。

ここにNCCJ-URMとNCCK-JPCは、各所属教団や地域教会とともに次の事項を追及し続けていくことを宣言する。

－日本政府は「関東朝鮮人虐殺事件」に関するすべての資料と歪曲・隠蔽しようとしたすべての試みを公開し、直ちに中断することを促す。

－日本総理は「関東朝鮮人虐殺事件」に対して日本政府の犯した犯罪を公開し、被害者の名誉を失墜した罪を謝罪し、遺族に賠償することを要求する。

－日本と韓国の国会に対して「関東大震災朝鮮人虐殺事件」の真相調査と被害者の名誉回復のための特別法の制定を促す。
－韓国政府は「関東朝鮮人虐殺事件」に対する大韓民国臨時政府の基礎調査を受け継いで全面的な真相調査を直ちに実施すべきであり、このため事件関連の資料すべての公開を日本政府に要求することを促す。
－韓国と日本の歴史教科書に「関東朝鮮人虐殺事件」についての歴史的真実を収録することを要求する。

NCCJ-URMとNCCK-JPCはこのような具体的な要求事項が貫徹できるように持続的に協力していくことにする。

２０１３年3月20日

第10回韓日NCC-URM協議会参加者一同
日本基督教協議会　都市農漁村宣教委員会
韓国基督教教会協議会　正義と平和委員会

立法化議論は２０１２年の総選挙を通じて再び国会に戻った柳基洪議員とともに再開することになった。その間何回も言論で取り上げられることによって、関東朝鮮人虐殺問題が徐々に大衆に知られるようになり、今年が90年目に当たる年であること、そして日本社会の急速な右傾化の現場などが絡み合って、前回の国会で開かれた討論会を経て立法化に対する国会での共感も広がった。また、東北亜歴史特別対策委員会での柳基洪議員と林琇卿議員の尽力によってこの問題が特委の事業となり、今後国家的レベルでの真相究明の第一歩となる見込みである。

関東朝鮮人虐殺真相究明のための立法化は、結局真相調査及び名誉回復のための機構設置が目標であり、調査機構の役割は日本の研究者と真相究明活動家らが収集して著述したすべての資料を韓国語にDB化する作業、国家に虐殺事実を認めてもらうための諸業務、虐殺犠牲朝鮮人の遺族を探すことなどが主たる業務となるだろう。

（4）犠牲者の名誉回復のための追悼事業

韓国基督教長老会の教会暦では、毎年9月初主日が在日同胞宣教主日となっている。しかし、ほとんどの教会はなぜそのように制定されたかについて知らないために、何事もなく過ごしている。だが、２００７年、関東朝鮮人虐殺事件を本格的に韓国社会に知らせはじめてから、韓国基督教長老会を中心にして追悼行事が行われている。

２００７年には新宿の高麗博物館を助けているソウル長老会草洞教会で宋富子館長の一人芝居とともに追悼礼拝が行われ、85周年を迎える２００８年にはソウル長老会香隣教会で、２０１１年には済州長老会の主管で、そして２０１２年には関東ジェノサイド犠牲者90周期追悼行事準備委員会の主催で基督教会館で開かれた。

韓国基督教長老会から始まった9月初主日の在日同胞宣教主日の意味を韓国と日本在日基督教教団が共同で考えることを勧告する重要な文書が採択された。それ以来、多くの教会が日本社会と在日同胞問題を考えるようになり、その後在日同胞の差別問題と協力問題に対する意識の転換をもたらす契機となった。

先に提示した第10次韓日ＵＲＭ協議会（２０１３年3月18日〜20日）声明書では韓国と日本、そして在日韓人基督教団が9月初主日を期して一斉に「在日同胞人権宣教週間」とすることを宣布し、関東大震災犠牲者を追悼する集会を開くことを決議した。これをきっかけにして

改新教（プロテスタント）で先に始まった追悼行事は、今後市民運動の活性化により大きな力となるだろう。

（5）虐殺犠牲者の遺族探し事業

韓国で関東朝鮮人虐殺犠牲者の遺族に会ったのは、九州の平和運動家の鍬野保雄さんの紹介で2007年に在日同胞の趙ゴンチさんに会ったのがきっかけであった。彼は木浦に住む遺族の金大元さん（1926年生まれで2013年3月に死去）の仕事を手伝っていたが、現在は中断したという。

2008年、金大元さんは青少年期に遺族らから彼らの悲惨な人生についての話を聞いた。金さんの親族らは東京へ行った。先に日本へ渡った村人が帰ってきて、日本の工場で働くことを勧めたからである。その後関東大震災が起こり、金さんの親族らは皆殺しにされたのである。日本語のうまいある人は隣家に潜んで被害から逃れることができ、その人が帰ってきてその事実を伝えてくれたという。亡くなられた親族らの死亡記録には、東京浅草でみな同じ日に地震によって死亡したと記されている。

金大元さんはあの亡くなられた親族らの人生があまりにも悲しく恨めしく気の毒な気がして、国家が真相調査をすべきではないかと思うようになった。日本で死んでいった6千人余りの朝鮮人が暴徒ではなく、テロリストでもなく、凶悪犯でもないことを韓国政府が出てはっきり明かすべきだと思った。そして日本の関東大震災虐殺犠牲者追悼集会にも参加した。親族らが働いていた可能性のある横網町公園（被服廠跡）にある慰霊堂を訪れて霊魂にも会いたがっていた。

金大元さんはその間亡くなられた方々の無実な怨恨を晴らしてあげたくて力をつく

したという。解放後、朴正熙政権の下では声を出せなかったが、金大中政権になってから一筋の希望を抱いたようである。朴智元秘書室長を通じて真相究明を要請したが、形式的な答えだけで、これだという政府の措置を期待しがたかったという。参与政府になってからもいろんな努力をしたが、思うようにならず、病気で寝付くようになった。

２００８年、追悼式を終えた後、私たちは木浦へ行って金大元さんに会った。彼は「虐殺事件以後、日本憲兵がやってきて２００円をくれて、金さんはそのお金で土地を買って、今も農業をやっている」という話を聞かせてくれた。そして「日本憲兵が来て韓国の遺族を探して慰労金を与えたとしたら、当時遺族の名簿がどこかにあったであろうし、その文書を探し出すと、重要な手がかりとなる」といって、どうにかして手がかりを探そうと努めていた。

２００９年3月に開かれた関東大震災のシンポジウムを終えて、日本から参加した方々と一緒にまた別の遺族が住んでいる全南新安へ行った。そこには犠牲となった親族の空墓がいくつかの場所にあった。遺族に当たる人々は辛うじて生きて帰ってきた人々の話を通じて生死を確認することができただけで、事件を徹底的に隠蔽した日本政府に対して、植民地朝鮮人としてその責任を問うことすらできなかった。

金大元さんは療養院でケアを受けていたが、２０１３年3月亡くなられた。

遺族探し事業の手がかりは、日本での真相調査活動を通じて苦労して手に入れた資料に現れている虐殺された朝鮮人の身元に求めることができる。当時、大韓民国臨時政府が調査した所によると、６６６１名が虐殺されたと明らかになっているが、その名前と故郷の住所が記されている人は、23人に過ぎない。彼らの一部でも遺族を探すことができれば、日本の国家責任を問い、国家レベルでの謝罪を要求する足場をつくることができよう。

4　韓国における真相究明のための市民運動の評価と課題

日帝下における植民地犯罪について日本国家に責任を問う多くの市民団体と同様に、「1923韓日在日市民連帯」もまた真相究明のための組織的な基盤が備わっていないままでスタートした。そして、それ以後数年間、その状況は大して変わっていない。その理由は、最初からこの仕事に専念することができなかったためである。この仕事はアヒムナキャンプから始まったので、このキャンプを主催した市民団体「アヒムナ運動本部」が主導するしかなかったし、行事準備に必要な資金は、東北亜歴史財団の公募事業を通じて支援を受けたが、その実務はほとんどアヒムナ平和学校の教師らが担った。

2009年と2010年は、民族問題研究所をはじめ多くの対日関連の歴史団体と連帯して、植民地犯罪に対する包括的解決を模索する連帯活動を行い、その結果、強制併合100年となる年に関東朝鮮人虐殺事件もメディアから注目を浴びるようになった。

人びとへの広報事業と特別法制定推進事業、そして追悼事業に大きな力となったのは、2011年より参加して力となってくれた韓国基督教長老会の教会と社会委員会（以下、基長教社委）と生命宣教連帯であった。基長教社委は9月初週が在日同胞宣教主日と制定された理由を教会に知らせるために、全国の教会に勧告文と資料を発送した。また、韓国基督教長老会総会は、関東虐殺犠牲者のための追悼礼拝と在日同胞宣教使役を総会の事業として採択した。これをもとにして韓日基督教会の公式的な機構の一つである韓日URM協議会で関東大震災の問題を解決するように努めようという決議を導き出すことができた。

2013年に推進された「韓国民間調査団」の現場調査活動は韓国のSBSの8・15特集ドキュメンタリーに紹介され、また在外韓国人のためのアリラン放送局でも来る9月初めに放映する予定である。ちょうど90周年となる年なので、言論の関心はかつてなく高まっている。

また、２０１３年10月30日から11月8日まで行われた世界教会協議会（ＷＣＣ）第10次総会（釜山ベクスコ）で「NEVER AGAIN GENOCIDE」をテーマに世界基督教指導者らを対象にした展示行事を準備するために、「関東コリアン・ジェノサイド犠牲者90周期行事準備委員会」を立ち上げた。そのもとで基督教界内での組織を強化するようになったことは、今後の仕事を推進するのに大事な基礎となるだろう。

特別法制定のための法案をつくるために、「民主社会のための弁護士会」の助力を得ており、李サンヒ弁護士が協力している。国会では民主党の柳基洪議員と林琇卿議員が先頭に立って関東虐殺問題に対する議員らの共感を広げており、東北亜歴史歪曲特委においても関東朝鮮人虐殺事件を歴史歪曲の重要なテーマにすることにした。

韓国において真相究明活動が可能だったのは、何よりも少ない人員で活動する「韓日在日市民連帯」のために学術的支援と数十年間の真相調査活動の資料を提供し、行事のごとに自費で韓国を訪れてくれる日本の研究者と真相調査・追悼を行なっている人びとの絶ゆまない熱情があったからだと評価できる。

本稿の最後に、真相究明のための市民運動の今後の事業および課題として、以下の事項を挙げておく。

・関東朝鮮人虐殺の真相究明と名誉回復のための特別法制定
・虐殺犠牲者の遺族を探すこと
・日本政府に国家的責任を問うための活動を支援すること
・日本にある関東大震災虐殺関連文書のテータベースの構築（翻訳、出版）
・全世界に向けて関東虐殺問題について正しく理解してもらうためのウェブサイトをつくること
・韓日民間団体が共同の歴史認識をもとに、関東歴史副教材を製作して教育現場に普及すること
・韓日の歴史など社会科にたずさわる教師のための教育資料の提供及び研修の実施
・定期的なスタディーツアーの実施

・関東朝鮮人虐殺事件を研究する人びとに対する支援
・これらの事業を可能にするために、資金と人材を充実していくための多様な方法に取り組み組織を拡大していくこと

徐鍾珍（ソ・ジョンジン）
1969年、韓国高興生まれ。1991年、漢陽大学校政治外交科卒業。2006年、早稲田大学政治学研究科博士後期課程修了。同大学助手。東京医科歯科大学講師。漢陽大学校講師。現在、東北亜歴史財団研究委員。論文「일본 교과서의 관동대지진과 학살사건 기술 내용 분석」(『歴史教育』、第128集、2013年)、「아베 정부의 영토교육 강화와 검정 교과서의 독도 관련 기술 변화」（『영토해양연구』vol.8、2014年）など。

金仁徳（キム・インドク）
1962年、韓国全羅南道光州生まれ。1985年、成均館大学史学科卒業。1996年、成均館大学大学院史学専攻韓国史専修博士課程修了（文学博士）。成均館大学講師、成均館大学研究教授を経て現在、青巌大学教授。主な著書に『植民地時代在日朝鮮人運動研究』（國學資料院）、『在日朝鮮人史と植民地文化』（京仁文化社）、『在日本朝鮮人連盟全体大会研究』（京仁文化社）ほか論文多数。

張世胤（チャン・セユン）
1959年、韓国全羅南道光州生まれ。1985年成均館大学校文科大学史学科卒業。1997年成均館大学校大学院韓国史博士専攻修了。獨立記念館研究員、成均館大研究教授、國民大講師等を経て現在、東北亞歴史財団責任研究委員、韓国芸術総合学校講師。主な著書に『韓國現代史と社會主義』（共著、ソウル：歴史批評社、2000)、『中國東北地域民族運動と韓國現代史』（ソウル:明知社、2005)、『1930年代滿洲地域抗日武裝闘争』（天安：獨立記念館、2009)、『開化期と大韓帝国』（共著、서울：눈빛出版社、2012)、“History Education and Reconciliation —— Comparative Perspectives on East Asia”（共著、Frankfurt. Oxford. New York: Peter Lang, 2012）『韓日強制併合100年——歴史と課題』（共著、東京：明石書店、2013)、“One Hundred Years after Japan's Forced Annexation of Korea : History and Tasks”（共著、Frankfurt. Main. New York. Oxford: Peter Lang, 2015）等多数。

森川文人（もりかわ・ふみと）
1962年、東京都生まれ。弁護士。1985年、早稲田大学法学部卒業。1988年、司法試験合格。1991年、司法修習終了（43期)。1991年、弁護士登録（第二東京弁護士会・会員番号22250)。2003年12月、ピープルズ法律事務所設立。2004年度第二東京弁護士会副会長。横浜事件第三次再審訴訟弁護団事務局長。ホームレス総合相談ネットワーク代表。NGO団体ピースボート顧問。

金鍾洙（キム・ジョンス）
1963年、大韓民国京畿道楊州生まれ。韓神大學校同大学院（M.A）卒業。韓神大學校講師、韓国基督教長老会牧師、アヒムナ平和学校長（2007-2015)。関東朝鮮人虐殺真実糾明と名誉回復のための韓日在日市民連帯韓国常任代表(2007)、1923韓日在日市民連帯代表（2009~ 현)、関東朝鮮人虐殺特別法制定推進委員会共同代表（2014）www.1023kantou.com

†執筆者紹介（執筆順）

山田昭次（やまだ・しょうじ）
1930年、埼玉県生まれ。1953年立教大学文学部史学科卒業。1962年東京教育大学博士課程日本史専攻修了。現在、立教大学名誉教授。著書に『関東大震災時の朝鮮人虐殺——その国家責任と民衆責任』、『関東大震災時の朝鮮人虐殺とその後——虐殺の国家責任と民衆責任』、『関東大震災時の朝鮮人迫害——全国各地での流言と朝鮮人虐待』（いずれも創史社）、『金子文子——自己・天皇制国家・朝鮮人』、『全国戦没者追悼式批判——軍事大国化への布石と遺族の苦悩』（ともに影書房）ほか。

姜徳相（カン・ドクサン）
1932年、韓国慶尚南道咸陽郡生まれ。1955年、早稲田大学第一文学部史学科卒業。1963年、明治大学大学院史学専攻東洋史専修博士課程修了。明治大学講師、一橋大学教授を経て滋賀県立大学名誉教授。現在、在日韓人歴史資料館館長。主な著書に『関東大震災』（中公新書）、『朝鮮独立運動の群像—啓蒙運動から三·一運動へ』（青木書店）、『現代史資料25～30　朝鮮』（1～6）編、『現代史資料6　関東大震災と朝鮮人』編（いずれもみすず書房）、『朝鮮独立運動の血史』（平凡社）、『朝鮮人学徒動員—もう一つのわだつみのこえ』『錦絵の中の朝鮮と中国』（いずれも岩波書店）、『呂運亨評伝1　朝鮮三·一独立運動』『呂運亨評伝2　上海臨時政府』（いずれも新幹社）、『関東大震災·虐殺の記憶』（青丘文化社）ほか論文多数。

姜孝叔（カン・ヒヨスク）
1961年、韓国全羅北道南原市生まれ。1997年、圓光大学人文大学史学科卒業。1999年、明治大学大学院史学専攻修士課程修了。千葉大学大学院社会文化科学研究科博士修了。漢陽大学研究教授、圓光大学時間講師を経て青巖大学在日コリアン研究所学術研究教授。共著に『関東大地震と朝鮮人虐殺』（東北亞歴史財団）、『東学農民革命の記憶と歴史的意義』（全北史學會）、『清日戦争期 韓・中・日三国の相互戦略』ほか、「清日戦争期日本軍の朝鮮兵站部」（『韓國近現代史研究』、韓國近現代史研究會）など論文多数。

田中正敬（たなか・まさたか）
1965年、東京都生まれ。1989年、専修大学文学部卒業。2000年、一橋大学大学院社会学研究科博士後期課程修了。現在、専修大学文学部教授。編著に『地域に学ぶ関東大震災　千葉県における朝鮮人虐殺　その解明・追悼はいかになされたか』（日本経済評論社）。

関東大震災と朝鮮人虐殺

2016年2月10日　初版第1刷印刷
2016年2月20日　初版第1刷発行

著　者　姜徳相　山田昭次　張世胤　徐鍾珍ほか

発行者　森下紀夫
発行所　論創社
東京都千代田区神田神保町2-23　北井ビル
tel. 03（3264）5254　fax. 03（3264）5232
web. http://www.ronso.co.jp/
振替口座　00160-1-155266
装幀／奥定泰之
組版／フレックスアート
印刷・製本／中央精版印刷
ISBN978-4-8460-1485-8

論　創　社

独島研究◉金学俊

韓日間論争の分析を通じた韓国領有権の再確認　日韓両国の竹島への関わりを歴史的に解明しながら、両国の領有権主張の論拠を徹底検証した韓国側「独島」研究の到達点。保坂祐二監修。　本体 3800 円

増補版 独島／竹島 韓国の論理◉金学俊

韓国と日本の主張を検証。日本海に浮かぶ孤島＝独島／竹島をめぐる日韓の領有権問題を、双方の一次資料と外交文書により論争史的に纏めながら、歴史的・国際法的に考察！　保坂祐二訳。　本体 2500 円

朝鮮戦争◉金学俊

原因・過程・休戦・影響　1995 年ごろ朝鮮戦争に関する重要な情報がロシアと中国で解禁され、多くの新研究が発表された。その成果と新資料を駆使し、あらためて朝鮮戦争の全体像に迫る労作！　保坂祐二訳。本体 3000 円

日本軍の性奴隷制◉鄭鎮星

日本軍慰安婦問題の実像とその解決のための運動　韓国市民団体は解決に向けてどう活動し、国際社会にどう働きかけたか。被害者救済運動にも関わる韓国女性研究者がわれわれ日本人に認識の転換をせまる。　本体 3800 円

韓国人が見た東アジア共同体◉李承律

ドルが基軸通貨から後退し、ユーロが信用未成熟の今こそ、日韓中を軸とした東アジア経済共同体を立ち上げ、推進する好機と著者は見る。日韓中を結ぶ海底トンネルの建設を呼びかける、韓国からの熱い提言の書。村上賢一訳。　本体 2000 円

現代韓国の変化と展望◉山本栄二

激動する韓国の底流をよむ。韓国の政治・経済・社会・文化の動きを、二度の韓国勤務の経験を踏まえて分析し、今後の「日韓関係」の在り方を、韓国の対北朝鮮政策も視野に入れながら大胆に予測する！　本体 2000 円

韓国の伝統芸能と東アジア◉徐淵昊

韓国文化の基層である伝統芸能（巫儀、人形芸能、仮面劇、寺刹芸能ほか）を古代から現代に至るまで広く考察し新たな韓国芸能学を提唱する！　中村克哉訳。
本体 3800 円

北朝鮮危機の歴史的構造 1945-2000 ◉斎藤直樹

韓国侵攻、朝鮮戦争はなぜ起きたか。金日成の独裁体制はどのように完成し、なぜ崩壊しないのか。核兵器と弾道ミサイル開発はどのように行われているのか。多くの資料に基づいて、その謎を解明する！　本体 3800 円

好評発売中